통신사 李藝와 한일관계

충숙공이 세종대왕께 아뢰기를…
"다만 성상께서 신을 늙었다 하여 보내시지 않을까 두렵습니다.
신이 성상의 은혜를 지나치게 입었으므로 죽고 사는 것은
염려하지 않습니다. 이제 종사(從事)할 사람을 가려서
소신을 보내도록 명하시면 포로로 잡혀간 사람들을 모두
찾아서 돌아오겠습니다."
『조선왕조실록』 세종 25년(1443년) 6월 22일(을사)

세종대왕이 충숙공에게 이르기를…
"(일본을) 모르는 사람은 보낼 수 없어서
이에 그대를 보내는 것이니, 귀찮다 생각하지 말라."
『조선왕조실록』 세종 8년(1426년) 2월 12일(병자)

이예연구총서 1

통신사 李藝와 한일관계

한일관계사학회

새로운사람들

통신사 李藝와 한일관계

초판1쇄 인쇄 2006년 12월 29일
초판1쇄 발행 2006년 12월 31일

엮은이 한일관계사학회
펴낸이 이재욱
펴낸곳 (주)새로운사람들

편집실장 김승주
편집 양경아
디자인 장형규
마케팅 · 관리 김종림

ⓒ 한일관계사학회, 2006

등록일 1994년 10월 27일
등록번호 제2-1825호
주소 서울 동대문구 신설동
　　　104-22번지 2층(우 130-812)
전화 02)2237-3301, 2237-3316
팩시밀리 02)2237-3389
http://www.ssbooks.co.kr
e-mail ssbooks@chollian.net
　　　ebam@korea.com

ISBN 89-8120-333-4(03900)
* 책값은 뒤표지에 씌어 있습니다.

발 간 사

　충숙공 이예(1373-1445)는 태종·세종대에 조선의 외교사절로서 일본과 유구국에 40여 차례나 파견된 조선 제일의 대일외교 전문가였다. 공은 대일외교 업무에 진력하는 한편, 왜구에게 붙잡혀 간 조선인 포로를 찾아오는 데에도 크게 활약하였다. 특히 공은 조선시대 대일외교의 근간이라 할 수 있는 문인제도와 계해약조를 체결하는 데에 주도적인 역할을 담당하였으며, 양국 문화 및 경제의 교류에도 크게 공헌하였다.
　공의 이러한 업적은 그 동안 잘 알려지지 못하고 있었으나, 문화관광부가 공을 2005년 2월의 문화인물로 선정하면서 세상에 널리 알려지게 되었다. 이를 계기로 한일관계사학회에서는 공의 업적을 재조명하기 위한 국제 학술대회를 2005년 7월 8일~9일 이틀간에 걸쳐 공의 고향인 울산에서 개최하였다. 당시 학술대회에서 발표되었던 논문을 각 필자가 다시 수정하고 보완하여 이번에 한 권의 책으로 엮어 내게 되었다. 이 책의 출간을 통해 공의 업적을 재조명하면서 그 인간적 향기에도 가까이 할 수 있는 기회가 되었으면 한다. 특히 한일관계가 경색되어 있는 현재에 공의 뛰어난 외교적 수완은 오늘을 사는 우리들에게 많은 시사점을 주고 있다.

이 책이 출간되기까지 많은 사람들의 도움이 있었다. 무엇보다도, 바쁘신 중에 감동적인 기조연설을 맡아 주셨던 이원순 선생님과 나가도메 히사에(永留 久惠) 선생님, 그리고 귀한 원고를 준비해 주신 필자들에게 감사의 말씀을 드린다. 또한 학술대회를 후원해 주신 울산광역시와 궂은 일에 이르기까지 지원을 아끼지 않으신 충숙공이예선양회에도 심심한 감사의 인사를 전하고자 한다.

2006년 12월
한일관계사학회장 연민수

차 례

□ 발간사　　　　　　　　　　　　　　　　　　　　　　　연민수/ 5

□ 기조강연

교섭사 연구의 새 지평선　　　　　　　　　　　　　　이원순/ 11

李藝가 통신사로 활동하던 시대의 對馬
　　　　　　　　　　　　　　나가도메 히사에(永留 久惠)/ 21

□ 주제발표

李藝의 일본 인식　　　　　　　　　　　　　　　　　하우봉/ 57

　1. 머리말

　2. 생애와 대일 외교활동

　3. 일본관계 기록

　4. 이예의 일본 인식과 특성

『鶴坡先生實記』의 종합적 검토　　　　　나카타 미노루(中田 稔)/ 73

　1. 머리말

　2. 『鶴坡先生實記』의 구성 및 편찬과정

　3. 『鶴坡先生實記』에 보이는 李藝 像

　4. 「海外日記」의 검토

　5. 맺음말

세종대 李藝의 대일교섭 활동　　　　　　한문종/ 153

　1. 머리말

　2. 對馬島征伐과 李藝

　3. 日本使行

　4. 文引制度와 癸亥約條의 정약

　5. 맺음말

세종대의 대일통신사 李藝　　　　　　　이명훈/ 175

　1. 조선왕조실록

　2. 이예의 졸기

　3. 이예의 피랍사건

　4. 통신사 이예

　5. 인간 이예

조선 전기 한일관계와 염포연구 　　　　　손승철/ 239

  1. 머리말

  2. 삼포의 연구현황

  3. 염포의 개항과 폐쇄

  4. 맺음말

朝鮮前期 韓日關係와 對馬島 　　　사에키 코우지(佐伯 弘次)/ 261

  1. 머리말

  2. 朝鮮王朝 初期의 倭寇懷柔政策과 對馬

  3. 世宗期의 通交統制와 對馬

  4. 『海東諸國記』의 日本人 通交者의 實像

  5. 맺음말 - 16世紀代로의 展望

□ **종합토론 녹취록** 　　　　　　　　　　　　　　　　　/ 309

□ **국제학술대회 일정표** 　　　　　　　　　　　　　　　/ 342

교섭사 연구의 새 지평선
- 개별과 보편의 통일 -

이원순
서울대학교 명예교수, 전 국사편찬위원회 위원장

1.

　본 심포지엄 조직위원회측에서 저와 나가도메 선생에게 각 10분 정도의 기조강연을 하도록 시간 배정을 통고해 왔다. 이 짧은 시간에 열매 있는 기조강연을 한다는 일은 나의 재간으로는 불가능하다. 고민 끝에 한일관계사 연구의 미래를 위해, 평소 생각하던 소망의 일단을 提言하는 것으로 기조 강연에 가름하기로 한다.

　제언에 앞서, 이 고장 출신의 이예 선생을 역사적으로 현창하기 위해 한일관계사학회의 협찬을 얻어 이 심포지엄을 개최하는 울산시 관·민 여러분의 높은 역사의식을 찬양드리고자 한다. 여말·선초 왜구의 노략질이 거센 시기에 해외 각지로 납치당한 동포의 구출을 위한 외교활동에 생애를 두고 헌신하시어 많은 동포를 본국으로 쇄환해 온 이예 선생의 외교적 공적은 사학을 전공하는 사람도 미처 알지 못할 정도로 아쉽게도 역사의 뒤안에 매몰되어 가는 상태이다. 오늘의 심포지엄을 통해 이곳 출신의 역사적 위인이신 이예 선생의 사적을 학문적으로 밝혀 현창하는 동시에 우리 역사상에 제대로 자리매김하여야 할 것으로 믿는다.

2.

아득한 옛날부터 여러 모습으로 관계되면서 역사를 같이해 온 숙명적인 이웃나라인 일본과의 交涉史 연구는 지금도 여러 모로 연구되고 있으나 앞으로 더욱 활발하게 연구되어야 할 特殊史 분야이다. 특히 굴절된 근대사를 같이해 온 두 나라이기에 그 진상은 더더욱 연구되어야 할 것이다.

지금까지 한·일 양국에서 교섭사 관계의 연구가 있어 왔고, 많은 연구 성과가 축적되어 있다. 특히, 일본 학계에서의 연구는 메이지시대 이래 역사학자만이 아니라 학문 전분야에 걸쳐 방대한 수의 연구물이 발표되었다. 역사적 진실을 밝힘에 가치가 있는 우수한 성과물이 없는 것은 아니나, 그 대부분은 폐쇄적 민족주의나 왜곡된 황국주의로 오염된 政治史的 연구이어서 양국 관계와 양국의 오랜 교섭사를 바로 이해함에 도움이 되지 않음은 물론, 오히려 교섭사의 진실을 왜곡하거나 호도하는 연구로 악용되어 왔다. 한편 한국의 경우, 국가 자주권을 상실한 일제 식민통치기는 학문 연구와 교육의 자주권마저 상실한 시기이기에 자주적인 역사 연구가 심히 제약을 받던 암흑기인지라 교섭사 연구도 부진했다.

한·일 양국에서의 교섭사 연구는 1945년의 8월 15일 새로운 전기를 맞게 되었다. 일본제국주의 패퇴로 정치적 굴레를 벗어난 학문 연구가 활기를 띠게 되었다.

전후 일본의 현대사학은 과학적 역사 연구를 표방하고 나서 역사의 진실 탐구에 노력한 공도 인정되나, 반면에 정치적·국수적 오염을 벗어나지 못함으로써 역사의 왜곡이나 편향적 관계사 연구의 폐해를 극복할 만큼 영향력을 발휘하지 못하고, 근래에 들어서는 자유주의사관을 표방하고 나선 아마추어 사가와 정치사학적 연구자들의 공세 앞에서 정통사학으로의 영향력을 발휘하지 못하고, 초연적 외면으로 대세를 관망하고 있어 문제가 되고 있다.

물론 역사학의 순수성을 고집하며 역사적 진실을 탐구하는 데에 전력을 다하고 있는 사학자가 없다거나 그 성과를 결코 무시하려는 것이 아니다. 주목받을 만하고 수준 높은 연구성과도 양출하고 있다. 그러나 그 반면에 폐쇄적 역사의식을 좀처럼 벗어나지 못한 연구도 많은 것이 사실이다. 玉石混淆의 상태가 오늘날의 일본 학계의 실정이라고 할 수 있다.

한국측의 한·일 교섭사 연구는 '해방공간'의 정치적 혼란과 뒤미처 한반도를 엄습한 한국전쟁으로 학자들이 연구실에서 차분하게 연구에 안주할 수 있는 형편이 아니었다. 3년 유여의 전란이 휴전으로 종식된 후에야 연구실에 들어앉아 현대적 학구생활을 본격화할 수 있었던 것이다. 새로운 한일 관계를 의식한 양국간의 교섭사 연구는 60년대 후반에 들어서 현대사학의 교육을 받은 새 시대의 연구자가 학계로 진출하는 한편, 조기에 일본으로 유학하고 귀국한 연구자들이 현대적 학문 감각을 가지고 연구에 나서게 되고, 차차 집체적 연구활동을 전개하면서 새로운 연구성과를 발표하게 되면서 세상의 주목을 받게 되었다. 현대 한국에서의 한·일 교섭사 연구는 일천한 기간에 걸친 것이고 연구 인력도 소수이기는 하나, 근래에는 주변 제 과학과의 學際的 연구와 일본과의 交流的 연구도 활발해지는 등 앞날이 기대되고 있다.

이 시점에서 나는 한·일 양국의 교섭사 연구에 다소의 도움이 되기를 바라는 마음에서 감히 앞으로의 교섭사 연구는 '個別과 普遍 統一의 새로운 地平線' 위에 서는 연구이어야 할 것임을 提言한다. 個別의 軸線과

普遍의 軸線이 교차하는 座標 위에 서서 추진하는 교섭사 연구이어야 할 것이라고 감히 말하고자 하는 것이다.

3.

역사학에서의 개별과 보편의 문제는 근세 서양 역사철학자들이 교환한 歷史論爭의 한 命題였다. 나는 지금 이 역사철학 논쟁을 재연시키려는 것이 아니다. 다만 교섭사가 상대국가와의 역사적 삶의 교섭 모습을 연구하는 것이고, 그 관계는 다면적인 탐구의 총체로 밝혀져야 한다고 생각하고 있기에 교섭사 연구의 실용적 차원의 문제로 개별과 보편의 문제를 언급하려는 것뿐이다.

교섭사 연구의 원칙으로 개별과 보편의 양극적 통일의 문제는 역사인식의 기본시각을 바르게 설정하기 위한 측면과 바른 역사인식 결과를 도출하기 위한 연구자료 운용 측면의 문제로 구분하여 논해 볼 필요가 있을 것이다.

1) '역사인식 시각'으로의 개별과 보편

'역사적 개별'이란 하나의 歷史的 事象이 지니는 특수성을 말하는 것이고, '역사적 보편'이란 그 역사적 사상이 지니는 보편타당성을 뜻한다. 한일 교섭사의 연구는 한국과 일본 두 역사체간에 관계지어진 교섭이라는 歷史事象의 연구를 목적으로 하는 특수사학이다.

그러기에 교섭사 연구의 문제는 먼저 개별사의 국면에서의 진실 파악을 위해 자기, 자국, 자민족에 초점을 맞춘 학문탐구에 의해 그 문제의 개성을 바르게 인식하는 작업이 선행되어야 한다. 그런 연후에 교섭 관계

상대국가의 입장에서 문제를 성찰하여야 한다. 나아가 세계적·원리적 보편과의 조명 노력에 의해 개별과 보편의 양 국면에서의 조화적 성찰을 굳히는 통일의 탐구노력이 따라야 교섭사의 바른 인식이 가능해지고 바른 인식 체계에 도달할 수 있는 것이다.

이런 연구는 서로의 필요에 의해서 역사적으로 교섭해 온 두 역사체의 교섭모습을 학문적으로 고구하고 바로 인식하는 방법이요, '개별과 보편과의 양극적 통일과정의 성찰을 거쳐 正論을 도출하여야 한다'는 관계사 연구 인식의 기본 믿음이어야 한다.

이런 교섭사 연구의 인식과정을 소홀히 하면 교섭사 이해를 그르칠 수 있는 것이다. 예를 들자면, 고대 동아시아사 세계의 역사의 흐름을 논할 때 '한반도 육교성'론과 같은 보편적 상식을 벗어난 잘못된 역사론이 나오게 된다. 또한 임진·정유 왜란의 성격을 침략 전쟁이 아닌 국력 신장을 위한 '출병행위'였다는 식의 터무니없는 왜곡의 역사 인식의 과오를 범하게 되는 것이다.

2) '역사 연구자료 이용'의 개별과 보편

교섭사 연구가 나와 우리, 그리고 나 아닌, 우리 아닌 역사실체와의 관계의 연구이기에 나, 우리의 연구 자료와 더불어 나와 우리가 아닌 역사실체의 연구 자료도 십분 활용되어야 한다. 나, 우리만의 사료로 연구되는 교섭사 연구는 편향과 독단에 빠질 위험이 크다. 그러기에 인류사회의 보편적 연구로 평가를 받을 수 없게 된다. 교섭사의 진실을 파악하기 위해서는 교섭을 가진 상대측의 자료가 동시에 활용되어야 하고, 때에 따라서는 상대의 유물 유적도 답사할 필요가 있다. 한편 상대편의 先行研究도 섭렵 참용되어야 한다.

정보과학의 발달로 연구에 필요한 외국의 사료를 입수하기 쉬워졌고, 原史料의 國譯 간행과 CD 제공에 따라 연구자료 수집이 매우 손쉬운 시대가 되었다. 이런 편리함에 순치되어 원사료를 직접 접하지 않고 번역된 사료를 통한 연구논문 작성이 늘어나고 있다고 한다. 역사 연구자는 역본을 가지고 손쉽게 연구 작업을 할 수 있다 할지라도 원자료의 원문을 검토하고 대조 확인하여야 한다. 번역자의 자질과 번역자가 사학 전공자가 아닌 경우가 많아 의외로 사실을 제대로 옮기지 못해 정확성에 손상을 주고 있는 예가 많다. 따라서 원문과 대조 교감하며 정확한지 따져 보고 논문을 작성해야 하는 학문적 의무가 있는 것이다. 번역자료만 가지고 연구한다면 그 연구는 飜譯學問에 속하는 글이며, 원사료의 검토를 통해 연구하여야 한다는 학문의 기본자세를 벗어난 과오를 범하는 것이다. 사학자라면 자료의 검색 추출에 한글역본을 사용하더라도 그 원문 번역의 정확을 기하기 위해 반드시 원사료와의 校勘 작업을 거쳐야 한다. 학문의 보편적 법칙을 자의로 개별화할 수는 없는 것이다.

한문 연구의 하드웨어는 날로 발달하고 있으나, 소프트웨어격인 연구자들의 사료 운용 능력은 한글 전용의 어문교육정책에 폐를 입어 한문사료 독해 능력이 저하 일로라고 한다. 교섭사 연구에는 상대국의 사료를 독해할 수 있는 어문 능력이 필수 요건이다. 더더욱 어려운 일은 역사의 사료는 현대문 기록이 아니라 古語로 기록되어 있는 예가 많다는 점이다. 교섭사 연구는 상대의 사료를 소화할 수 있는 어학의 바탕이 튼튼할수록 그 성과를 기대할 수 있는 것이다. 현대문으로 번역된 자료나 내용을 집약한 편람적 간행문을 가지고 연구한 것은 번역 학문의 산물이요, 편의사학의 산물이지 학문의 고귀성을 그르치는 연구임을 명심하여야 한다.

한일 교섭사 연구의 일급사료로 지목되고 있는 '對馬島文書'를 들어보지.

대마도 문서는 일본의 실질적 지배권을 장악하고 있던 江戶幕府로부터 대조선 창구의 역할을 위임받아 국교와 통상 실무를 전담하던 對馬藩의 방대한 記錄群이다. 이 자료에 포괄되어 있는 국서, 교환 공문, 관계

인사들의 개인 서장, 왜관과 같은 기관의 공적 기록, 무역실무의 거래문서 등등의 방대한 문서는 모두 당시의 일본어 문장체인 일본 近世日本語의 소오로오문체(候文文体)의 日文과 漢文草書로 된 고기록이다. 방대한 양에 달하는 대마도문서는 현재 우리나라 국사편찬위원회와 일본 여러 기관에 분산 수장되어 있다. 몇 년 전까지만 해도 연구자가 대마문서를 연구에 이용하려면 관외대출 금지의 귀중 문서이기에 대마문서의 보장처를 찾아가 특별허가를 얻어 어두운 서고에서 고생스럽게 읽어 가며 내용을 검색하여야 했다. 그러나 현재 對馬文書는 양국의 협조에 의해 한일 양국에 분산 수장 중인 전량을 마이크로필름으로 촬영 복사되어 시판되고 있기에, 이를 손쉽게 매입하여 안락한 장소에서 시간을 두고 천천히 열람 검색할 수 있게 되었다. 방대한 문서를 이처럼 하나의 문서군으로 마이크로필름 복사 공개가 결정될 때에는 학문연구의 활성화와 한·일 교섭사 연구를 촉진하리라는 기대를 가졌었으나, 현재 그 필름의 학문적 이용은 기대 밖의 실정이라 한다. 문제는 그 사료를 제대로 읽어 활용할 수 있는 연구자가 적다는 것이다. 일본 근세어로 된 사료를 제대로 읽고 내용을 소화할 수 있는 어문 능력을 갖춘 연구자만이 활용할 수 있는 문서이기 때문이다. 현대 일어를 알고 있고 상당한 한문 소양을 지닌 한학자라도 읽어 낼 수가 없는 일본 근세사료인 것이다. 근세 한·일 교섭사 연구의 기본사료 이용의 활로가 활짝 열려 있으면서도 제대로 연구가 활성화되지 못한 오늘의 실정은 이를테면 산해진미가 상 위에 차려졌는데 먹어 주어야 하는 사람이 딱하게도 먹을 줄 몰라 먹지 못하고 있는 것과 같은 문제가 생긴 것이다. 하루 속히 이런 원사료를 연구에 십분 활용할 수 있는 연구자가 다수 생겨나기를 고대한다.

   조선과 근세 일본과의 교섭사 문제를 연구함에 피해 갈 수 없는 기본사료는 '대마도문서'이고, 근대 이후의 한일 교섭사 연구에는 일본외무성자료, 육해군관계의 군문서와 일제시대의 비밀이 담겨져 있는 방위청

문서, 일제 식민지 지배 대의 내각 기록과 공공기관의 행정문서 등을 독파하고 분석하여 평가 연구되어야 한다. 이런 자료들을 섭렵하지 않고서는 한·일의 교섭사 연구는 피상적인 것으로 맴돌 수밖에 없다. 종래 선배들은 능력이 있다 해도 이런 기본적인 연구자료를 접할 수 없는 안타까움이 있었으나, 현재는 노력한다면 연구실에서 쉽게 구하여 연구에 활용할 수 있는 시대다.

문제는 이런 사료 섭렵을 위한 어학 기초와 사료 탐색 활용 능력에 따라 한·일 관계사 연구의 성패가 갈리게 된다는 것이다. 우리 사료와 일본이나 그 밖의 韓國學을 연구하는 국가가 소장하고 있는 각국 언어로 된 원자료를 능숙하게 다루는 연구자가 다수 배출되기를 기대하는 마음 간절하다. 이런 자료들이 보편적으로 활용하는 연구를 기대하는 것이다. 교섭사 연구는 사료 활용 면에서도 개별과 보편의 동시 활용하는 연구가 진전되어야만 지금까지 가리워진 부분은 밝혀질 것이며, 왜곡된 문제는 바로 잡아지게 되는 것이다.

5.

교섭사 연구가 나, 우리의 문제를 연구하는 것보다 더 부담이 가는 연구 분야다. 편향과 오류로 흐르지 않을 이해를 도출하기 위해 개별과 보편의 상보적 연구 작업에 의해 진실 파악의 학문적 성과를 거둘 수 있다는 확신을 가지고 연구에 임하여야 한다. 개별과 보편의 통일적인 사료의 운용과 논증과 논술 과정에서의 개별과 보편 두 측면에서의 양극적 접근의 고민과 개방적 사고가 발휘될 때에 만인이 수긍하고 공유할 수 있는 교섭사 연구 결과를 산출할 수 있는 것이다.

이상 정제되지 못한 논자의 제언은 새삼스러운 것이 아니고 시금까지

관계사·교섭사 연구가들이 해 온 것이 아니냐고 반문하고 싶은 분이 계시리라. 그렇다. 다만 지금까지 해온 교섭사 연구자들의 연구에 임하는 자세와 연구방법을 견해를 달리하여 제언으로 정리해 본 것이다.

  요컨대 오늘의 이 제언은 자기 중심으로 흐르기 쉬운 교섭사 연구를 대내·대외적으로 개방된 학문자세에 터전하여 연구에 임할 필요가 있다는 것을 전하는 동시에, 우리의 역사가 우리 민족의 고귀한 삶의 구체적 집적이요, 내일에 살려야 하는 민족 유산이듯이 상대의 역사도 그러한 것임을 인정하고 추진하는, 개별과 보편의 통합적 연구로 승화된 자기 이해가 만인이 공감을 받을 것이며, 귀중한 가치를 발한다는 저 나름의 말씀을 올리고자 한 것임을 이해해 주기 바라며 저의 제언을 접기로 한다.

李藝가 통신사로 활동하던 시대의 對馬

나가도메 히사에(永留 久惠)
대마시 문화재위원, 방주회(芳洲會) 會長

1. '쓰시마'는 津島
2. 중세의 對馬
3. 李藝가 처음으로 본 對馬
4. 朝鮮王朝의 신뢰를 받은 宗貞茂
5. 應永의 外寇(己亥東征)
6. 通交條約 締結과 李藝의 공적
7. 李藝라고 하는 문화인물

1. '쓰시마'는 津島

　일본의 고전『古事記』나『先代舊事本紀』에서는 쓰시마를「津島」로 쓰고 있다.『日本書紀』가 이것을「對馬島」라고 쓰게 된 것은 중국의 사서인『三國志』「魏書東夷傳」에「對馬國」이라고 되어 있는 것을 그대로 채용한 것으로서, [쥐마]는 일본어가 아니다.
　「魏書東夷傳」이「對馬」라고 쓴 것은「쓰시마」라고 하는 倭語를 對馬(쥐마)라고 하는 비슷한 소리가 나는 중국말에 갖다 붙인 차음어이기 때문에 그 말의 의미를 찾을 필요는 없다.
　같은 중국의 사서인『隋書』「倭國傳」에는 백제에서 왜국으로 가는 여정에,

　　度百濟, 行至竹島, 南望舳羅國, 經都斯麻國, 迥在大海中. 又東
　　至一支國, 又東至竹斯國

라고 되어 있는데, 觚羅는 濟洲, 一支는 壹岐, 竹斯는 筑紫(福岡縣)인 것으로 보아 都斯麻가 쓰시마라는 것은 의심할 필요가 없을 것이다. 이것은 현지의 발음을 충실하게 따른 것이라고 단정할 수 있다.

『日本書紀』는 7세기에는 「對馬國」이라고 쓰고 있지만, 8세기가 되면 對馬를 國이 아닌 「對馬島」로 고쳐 쓰고 있다. 이것은 일본이 8세기 초(702년)에 새로운 제도를 반포했을 때 對馬나 壹岐는 國에서 섬으로 격하되었기 때문이다. 그 후에 선집된 『日本書紀』에서는 그 전대로까지 거슬러 올라가 對馬國을 對馬島로 고쳤다.

고전을 존중한 『古事記』는 일관되게 「津島」로 기재하고 있는데, 津島라는 이름은 대륙을 오가는 배가 도착하는 「나루터 섬(津の島)」이라는 뜻으로, 이것이 통설로 되어 있다.

한국에서 「대마도」라고 부르는 것은 12세기에 편찬된 『三國史記』가 『日本書紀』와 마찬가지로 고대에까지 거슬러 올라가서 그 당시의 용어로 고쳤기 때문은 아닐까라고 생각한다. 예를 들면 「新羅本紀」에는 옛 시대부터 「對馬島」라고 쓰고 있는데 이 또한 후세에 개정된 명칭이라고 생각한다. 『三國史記』의 원본에서는 어떠했을까 궁금하지만 그것은 전해지지 않는다고 한다. 「對馬」라고 하는 차음어는 『魏書』「東夷傳」에서 나온 것인데 그것이 현재에까지 이어지고 있는 예는 倭人傳에도 韓傳에도 없을 것이다.

2. 중세의 對馬

일본의 중세는 「武家政治」, 즉 무사가 지배하던 체제였다. 바로 이것이 문신이 지배했던 조선과는 크게 다른 점이다. 그중에서도 여기에서 주제로 삼고 있는 시대는 일본사에서는 室町(무로마치)시대, 한국사에서는 조선 전기인 15세기 초부터 중엽에 해당된다.

중세의 對馬를 지배하고 있던 무가는 「惟宗(고레무네)」라고 하는 大宰府에서 파견된 무관이었는데, 惟宗라는 이름에서 惟를 빼고 「宗(소우)」라는 이름을 사용하였다. 그 선조인 宗資國이 1274년의 「元寇」에서 전사했다는 전설은 「순국」 미담으로 유명하다.

14세기는 악명 높은 「왜구」가 노략질을 일삼던 시대로 경인년 (1350) 이래 對馬가 왜구의 소굴로 알려졌다. 「3도(對馬·壹岐·松浦)의 왜구」라는 집단이 조직화하게 된 요인은 다음과 같이 알려져 있다.

    A. 정규 통교무역이 이루어지지 않게 되었다는 것.
    B. 元寇의 피해를 입은 3도 주민들의 대외 인식이 변했다는 것
       (元寇의 보복설도 있다).
    C. 일본의 중앙 정부가 분열되어 지방통치가 어지러워졌다는 것.
    D. 고려의 쇠약.

이 중에서도 가장 큰 원인은 비옥한 토지가 없는 바다 사람들은 교역을 해야만 생계를 유지할 수 있는데 그 당시의 정치가 어지러워져 정규무역을 할 수 없게 되면 약탈산업으로 치닫게 되는 것이 통례였다. 이것은 바이킹을 비롯한 세계사를 통해서도 알 수 있는 현상이다. 이 시대 왜구의 두목들은 무역업자로서의 얼굴과 해적의 우두머리라는 양면적인 얼굴을 가지고 있었으며 신분은 무사였다.

1389년에 고려의 병선 100여 척이 對馬 왜구의 본거지를 공격하여 집을 불태우고 고려인 포로 100여 명을 탈환해 갔다고 한다.

1392년에 고려가 멸망하고 조선이 건국된다. 같은 해에 일본의 남북조를 통일하고 막부에 권력을 집중시킨 足利義滿은 조선에 사신을

보내어 해적을 진정시킬 것을 약속하였다.

　1398년 가을, 對馬島主(對馬島守護)가 된 宗貞茂는 그 이듬해에 조선에 사신을 보내어「禁寇」를 약속한 사실이『조선왕조실록』에 나와 있다. 定宗 元年 秋七月條에,

> 日本國對馬島都摠管宗貞茂, 遣使來獻方物及馬六匹, 具書曰, …
> 今則國土一統, 海陸平靜, 朝命嚴禁, 人民懼法, 今後, 貴國人船來
> 往無碍, 沿海寺字·人家, 依舊經營, 則陪臣心願也. 天日明矣, 不
> 敢食言.

라고 되어 있다. 금구의 공이 큰 태수로는 對馬의 宗貞茂와 防長(山口縣)의 大內義弘이 유명한데 貞茂가 금구에 얼마나 큰 자신감을 가지고 있었는지가 윗글에 잘 나타나 있다. 그 이후 貞茂는 조선왕조의 신뢰를 받게 되었으며 그 또한 교린관계가 잘 유지되도록 성실한 배려를 하고 있었다. 그런데 생각지도 못한 돌발사태가 섬 내부에서 발생하였다.

　북 九州의 태수 小貳氏의 代官이기도 한 貞茂는 小貳氏의 진영에 있었기 때문에 그가 자리를 빈 사이에는 그의 아버지 靈鑑에게 섬을 맡기고 있었는데, 宗氏 일족인 賀茂가 모반을 일으켜 섬 안에 난이 발생하게 된다.

3. 李藝가 처음으로 본 對馬

1) 和田浦에 억류되었던 조선의 사신

　1396년 12월에 울산군수 李殷과 울산의 記官 李藝가 倭寇에 납치되

어「和田浦」에 억류된 채 조선으로 돌아가지 못하는 사건이 발생하였다. 억류되어 있은 지 1개월, 몰래 배를 준비하여 도망쳐 나갈 계획을 세우고 있을 무렵 조선에서 통신사 朴仁貴가 파견되어 賊主와 화해를 하여 그 이듬해 2월에 무사히 귀국할 수 있었다고 한다.

여기에서 和田浦는 어디이며, 조선의 사신을 억류한 것은 누구인가에 대하여 알아보도록 하자.

현재 對馬에는 和多浦라고 하는 지명은 있지만, 거기에는 사람이 살고 있지 않다. 사람이 살지 않는 포구이지만 그 만에는 고대의 분묘군도 있으며 중세의 유적도 있다.

對馬의 중앙부에 깊이 파고 들어와 있는 「淺海灣」의 깊숙한 곳, 『万葉集』에서 「배 백 척이 정박하는 對馬의 淺茅山」이라고 읊은 대 산악의 남쪽, 『万葉集』에 淺茅浦라고 기록되어 있는 곳이 和多浦이다.

내가 이 和多浦를 조사한 것은 1967년 「淺茅灣沿岸遺跡調査」를 했을 때이다. 농경지도 없는 무인(無人)의 포구에 고분이 많이 있다는 사실에 놀랐으며, 또한 중세시대에 한때 호화로운 생활을 했던 유적이 남아 있고 그 유적 속에 조선시대 초기의 무역 도자기가 섞여 있는 것을 보고 의아하게 생각하였다.

그 후 조선에서 「和田浦萬戶」라고 부르는 海商 겸 왜구 두목의 존재 사실을 알게 되었고, 따라서 그 무역도자기가 출토된 곳이 바로 和田浦萬戶의 집터였다는 것을 직감할 수 있었다.

2) 참된 조선관인이라는 칭찬을 받았던 李藝

『조선왕조실록』에 통칭 「萬戶」라는 자는 각 포구에 부하를 거느린 토호로 이름은 早田左衛門太郎이며 통교 무역에 특권을 휘두르는 호상이었다. 『실록』에도 「賊首」라고 기록되어 있는 것을 보면, 조선에서도 그가 왜구의 우두머리라는 사실을 알고 있으면서도 萬戶라는 이름을 주어 통상을 인정하고 있었다는 것을 알 수 있다.

그래서 李殷 일행을 和田浦에 억류하고 있던 사람이 바로 早田萬戶임에 틀림없다는 확신을 했지만 왜 그랬는지 그 목적은 알 수 없다. 다만 조선에 뭔가 중요한 요구를 하고 그 교섭에 대한 인질로 이들을 억류한 것은 아닌가라고 추측해 볼 수 있을 뿐이다.

조선이 통신사까지 파견하여 이들과 화해하려고 한 것으로 보아 심상치 않은 중요한 문제였을 것으로 생각된다. 『실록』에는 "李殷 일행을 죽이려 한다"라고 되어 있기도 한데 그것은 교섭을 하기 위한 위협이었을 것이다.

이때 李藝의 태도가 참으로 훌륭하다. 어느 누구에게나 예절을 지켜 대하여 교섭에서도 신뢰를 얻어 도적들로부터도,

此眞朝鮮官人也, 殺之不祥.

라고 칭찬을 받았다는 사실이 기록되어 있다. 李藝는 外交官으로서의 최초의 使行에서 엄청난 일을 경험하게 된 것이다. 하지만 이때의 활동을 통해 이 사람이 얼마나 고매한 자질을 가지고 태어났는지 그 일면을 엿볼 수 있다.

3) 賀茂의 난

宗賀茂의 모반을 「賀茂의 난」이라고 하는데, 조선의 『海東諸國紀』에서는 島主의 代官 宗茂秀에 대하여 다음과 같이 서술하고 있다.

茂秀의 부친 賀茂가 島主 靈鑑을 몰아내고 그 자리를 빼앗았는데 靈鑑의 아들 貞茂가 賀茂를 쳐서 이를 다시 탈환하였다. 그러나 賀茂의 일족은 세력이 너무 커서 이들을 다 멸하지 못하고 茂秀

를 都代官에 임명하였다.

라고 하는 내용으로, 이것은 對馬에는 없는 사료이다.
　이 난이 발생한 일시를 對馬에서는 종래 應永 9년(1402)으로 하고 있었는데『조선왕조실록』의 세종 27년 2월 丁卯조의「同知中樞院事 李藝卒」에는 경진년(1400)에 李藝가 回禮使 尹銘을 수행하여 처음으로 일본에 갔을 때,

　　가는 길에 對馬에 들렸을 때는 島主 靈鑑을 만날 수 있었는데, 다음 해에 돌아오는 길에 對馬에 갔을 때는 온 섬에 난리가 나서 靈鑑은 숨어서 나타나지도 않고 배까지 도둑을 맞아서 고생했다.

라고 하는 정황이 서술되어 있다. 여기에 기재되어 있는 해는 1401년(일본 연호로는 應永 8년)이기 때문에 이 사료의 내용에 따라 그 동안 對馬에서 應永 9년으로 알려져 있던 賀茂의 난이 應永 8년의 일이었다는 것으로 정정되었다.

4. 朝鮮王朝의 신뢰를 받은 宗貞茂

1) 宗貞茂의 죽음과 弔慰使 李藝

『태종실록』의 太宗 18년(1418) 3월조에,

　　對馬島 宗貞茂가 사람을 보내어 약을 구하다.

라는 기록이 있으며 조선에서도 사신을 보내어 제반 약제를 보낸 사

실이 나타나 있다. 이어서 4월조에,

> 對馬島 宗貞茂가 죽다. 司直 李藝에게 조문을 보내고 쌀과 콩, 종이를 보내다. 貞茂가 對馬島에 있었을 때는 그의 위엄이 곳곳에 미쳤고 도둑들을 禁製하여 우리의 변경을 침범케 하는 일이 없었다. 그런 까닭에 그의 죽음을 애석해 하고 특히 애도품을 많이 내리다.

라고 되어 있다. 이때 弔慰使로 파견된 李藝는 貞茂의 菩提寺「円通寺」에 가서 애도의 선물을 바치고 조문을 했을 것이다. 후에 宗貞盛(貞茂의 아들)이 죽었을 때는 『魯山君日記』 제4에,

> 日本國對馬州太守宗貞盛, 致奠官成均司藝李堅義, 致奠官行司正皮尙宜, 來復命.

이라고 상세한 復命이 있는 속에,

> 円通寺에 가서 금품과 술을 올렸다.

라고 되어 있다. 승려와 속인, 남녀노소 관객이 운집되어 있는 정경과 宗氏일족과 위로연을 벌이고 弔慰한 사실들이 기록되어 있다. 이것은 貞茂가 죽었을 때 李藝가 조문했을 때도 마찬가지인데 그것이 진례가 되었을 것으로 생각된다. 이것으로 貞茂의 菩堤寺가 円通寺였을 가능성이 커진다.

2) 円通寺에 있는 조선의 종

宗貞茂가 사망한 해의 가을, 貞茂의 嗣子 貞盛이 사신을 조선으로 보내 범종과 반야경을 청해 오라는 아버지의 유언을 전하자, 그 청을 들어주었다는 내용이 『세종실록』의 세종 즉위년(1418) 8월조에 기록되어 있다.

그 종이 현재도 円通寺 종루에 걸려 있는데 한국과 일본의 전문가들이 이것이 조선 초기의 조선의 종임에 틀림없다는 감정을 하였다. 이 종은 아무것도 새겨져 있지는 않지만 조선종의 특징을 갖추고 있는 큰 종이다.

円通寺의 본존불도 고려 시대의 동으로 된 약사여래불인데 그 유래는 불명확하다. 범종과 동시에 들어온 대반야경은 円通寺에는 없고, 円通寺가 있는 佐賀의 宗像八幡宮에 있다는 사실이 『對州神社誌』에 나오는데, 대반야경 일부(600卷) 「宗貞盛公御寄進也」라고 되어 있다. 옛날에는 神佛褶合으로 승려가 신사에서 독경을 읽던 시대였기 때문이다.

5. 應永의 外寇(己亥東征)

1) 宗貞茂의 죽음과 왜구의 부활

宗貞茂의 부음이 내외에 전해지고 각지에서 왜구가 재발할 조짐이 나타나자 세종 즉위년 가을부터 다음해 봄에 걸쳐 「日本國對馬島萬戶左衛門太郎」과 「對馬島和田浦都萬戶守助丞」의 견사가 자주 보이는데 이는 양동작전이었을까?

이 시기의 左衛門太郎은 젊은 宗貞盛을 낮게 보고 島政을 좌지우지 했다고 한다. 해가 바뀐 1419년에 왜구가 출몰했다는 보고가 각지에서 날아들어 오자 격노한 太宗은 무력으로 對馬를 습격하기로 정하고

「征對馬島敎書」를 내려 「對馬行兵」을 결행하였다.

> 〈征對馬島敎書〉
> 王若曰, 窮兵黷武, 固聖賢之所戒, 討罪興師, 非帝王之獲已. (中略) 對馬爲島本是我國之地, 但以阻假隘陋, 聽爲倭奴所據, 乃懷狗盜鼠竊之計, 自歲庚寅始肆跳梁於邊徼, 虔劉軍民, 俘虜父兄, 火其室屋, 孤兒寡婦, 哭望海島, 無歲無之(後略)

선전의 대의명분을 포고한 글로, 해적들의 악행을 열거하고 이를 징벌하기 위해 군사를 보내어 토벌한다는 내용으로 되어 있다. 이 글을 宗貞盛에게 보냈는데 貞盛이 이에 대응했다는 사료는 없다. 그 당시 對馬島의 실권은 左衛門太郎의 손에 있었던 것으로 보인다.

2) 朝鮮軍襲來

1419년 5월이 되자 전라도, 충청도, 황해도로부터 빗발쳐 들어오는 보고 속에, 왜구 선단이 중국을 향하고 있다는 보고를 듣고 태종은 東征軍의 출동을 명령하였다.

지휘관 李從茂는 227척의 군선에 1만 7,280여 명의 장병과 60여 일분의 군량미를 싣고 거제도 남면 周防浦에서 對馬를 향해 출격하여, 6월 20일에 對馬 淺海灣의 土寄를 급습하였다.

土寄는 萬戶左衛門太郎의 본거지로서 현재는 尾崎라고 하는데 그 당시의 정황을,

> 干時에 10여 척을 선발로 보냈다. 포구에 있던 자들은 이를 보고 자기 편 사내들이 해외에서 돌아온 것으로 생각하고 술과 고기를 가지고 마중을 나왔는데, 대군이 豆知浦에 정박하자 모두 정신없

이 도망치기에 바빴다. 단지 50여 명만이 상륙을 저지하며 싸웠지만 모두 괴멸하고 말았다.

라고 緖戰을 기술한 후,

포구에 있던 크고 작은 배 129척을 불태우고 또 도적들의 집 1,939호를 불지르고, 114명을 참수하고, 21명을 포로로 잡고 그리고 붙잡혀 있던 漢人 131명을 풀어 주었다. 그리고 섬에 먹을 것이 거의 없어서 사람들이 굶주리고 있다는 사실을 알고 오랫동안 마을을 포위하고 있으면 결국 사람들이 아사해 버릴 것이 분명하다는 판단하에 訓乃串를 제압해 여기에 울타리를 설치하여 사람들의 왕래를 차단하고 오랫동안 머무르겠다는 의지를 표하였다.

라고 『실록』은 기록하고 있다.

여기에서 訓乃串라고 하는 곳은 지금의 「船越」을 이르는 것으로 和田浦萬戶의 관할 구역이었다. 淺海灣의 큰 관문이 서쪽의 尾崎(土寄)이고 동쪽 관문이 船越인데, 그 양쪽을 早田一族이 관할하고 있었다는 사실을 조선군은 알고 있었던 것이다.

『실록』에는 기록되어 있지 않지만 이때 和多浦도 불에 타 없어져 버렸기 때문에 이후 和多浦는 폐허화되어 萬戶의 早田은 小船越로 옮겼다.

淺海灣은 전형적인 「溺谷」으로 후미와 곶이 복잡한 지형을 이루고 있어 다른 나라의 배가 이곳으로 들어온다고 하더라도 수로를 잘 알 수 없었지만 조선군에는 對馬 출신의 길 안내자가 있었고 이름은 井太郞이었다.

이어서 조선군은 仁位浦로 향한다. 거기에는 도적의 무리뿐만이 아니라 宗賀茂의 일족도 있었다.

『실록』에 「我師敗績」이라고 기록된 교전을 보자.

六月己亥, 從茂進至尼老郡, 令三軍分道下陸, 欲與一戰, 督左右軍失下, 左軍節制使朴實, 與賊相遇. 賊據險說伏, 以待之, 實率軍士登高欲戰, 伏發突前, 我師敗績, 褊將朴弘信·朴茂陽·全該·金熹等戰死, 實收兵, 還上船, 賊追擊之, 我師戰死及墜崖死者百數十人, 右軍節制使李順蒙·兵馬師金孝誠等, 亦遇賊, 力戰拒之, 賊乃引, 中軍竟不下陸, 都都熊瓦, 恐我師久留, 奉書乞退師修好. 且曰, 七月之間, 恒有風變, 不宜久留. 秋七月甲辰朔, 丙午, 李從茂等, 引船師, 還泊巨濟島.

여기에서 「都都熊瓦」라고 하는 것은 宗貞盛의 幼名 「虎熊丸」을 이르는 것으로 조선과 싸운 상대는 宗貞盛의 군대였다. 貞盛은 萬戶들의 근거지가 불타 없어지는 것을 방관하기는 했지만 對馬 전체가 정복당하는 사태를 보고만 있을 수는 없었다. 그러나 그렇다고 하더라도 조선과 전쟁을 하는 것도 본래의 뜻은 아니었기 때문에 조선군이 물러나는 시점에 서신을 보내어, 교전은 이 정도로만 하고 후일의 「修好」에 기대를 걸고 있었던 듯 태풍 예보까지 주의를 해 주고 있다.

조선의 對馬行兵도 왜구의 소굴을 공격하여 그들의 악업에 대한 보복과 징벌이 본래의 뜻이었을 뿐이지 對馬를 점령하려는 의도는 없었던 것으로 생각된다. 따라서 「對馬征伐」이라고 하는 숙어는 오해를 불러일으키는 부적당한 개념이다.

6. 通交條約 締結과 李藝의 공적

1) 島主인 宗貞盛이 關知하지 못한 전후 교섭

　전후 교섭이 이루어졌던 시기에 젊은 島主 貞盛은 신변이 불온하다는 유언비어가 퍼지자 남동생과 함께 大宰府의 小貳氏에게로 가서 그의 비호를 받고 있었기 때문에 조선과의 중대한 전후 교섭은 貞盛이 關知하지 못하는 곳에서 이루어질 수밖에 없었다.

　그때 태종이 제시한 「諭對馬島書」를 가지고 간 사신은 藤賢과 邊尙이라고 하는 投化倭(조선으로 귀화한 일본인)였다. 그 교서에서는 신의를 중시하는 貞盛의 치적을 물거품이 되게 만드는 對馬의 황폐한 행동을 태종이 타이르는 형식을 취하면서도 내실로는 恫喝과 회유가 섞인 노골적인 언사로 貞盛에게 항복할 것을 요구한 것으로 보인다.

　왕년의 對馬藩의 한학자이며 조선과의 외교를 담당하고 있던 松浦霞沼는 「우리를 공갈하는 언사」라고 평했는데, 恫喝과 회유는 지금이나 옛날이나 외교의 상투수단이었던 것 같다. 「對馬島 本是我國境」으로 시작되는 倭奴에 대한 매언과 恫喝과 회유책까지 써서 對馬의 귀속문제를 내용으로 하고 있다.

　이에 대하여 宗貞盛의 사자라고 자칭하는 時應界都가 가지고 온 회답은 세종 2년 윤 정월 말,

> 對馬島는 토지가 척박하여 생활이 곤란한 까닭에 … (中略) … 만약 對馬를 귀국의 州郡과 같은 이름으로 州名을 바꿔 주고 貞盛에게 信印을 내려 주신다면 곧 신하의 예절을 다하겠다. 지금 貞盛은 자신의 일족들에게 守護 자리를 빼앗길까 두려워 나다니지도 못하고 있다.

라고 되어 있다. 이러한 경위를 통해 일본에 와서 일본정부가 어떤 의향을 가지고 있는지 탐색하러 왔던 조선의 사신 宋希璟은 對馬에 오자 깜짝 놀랐다. 時應界都의 교섭은 貞盛이 關知하지 않은 일로서, 對馬를 조선의 영토로 삼아달라는 등의 말이 對馬를 주관하고 있는 小貳氏의 귀에 들어가기라도 한다면 큰일이라고 생각하고「조선측에서는 馬島를 영토로 삼을 적극적인 의향이 없다」라는 뜻을 밝히고 있다 (宋希璟,『老松堂日本行錄』).

2) 宗貞盛의 거부

『老松堂日本行錄』에는「早田萬戶三味多羅(左衛門太郎)」와 만났을 때의 감상을,

> 지금 시류를 보건대 馬島는 대부분의 일이 이 사람을 통해서 이루어지고 있는 것 같다. 이 사람은 작년의 行兵으로 가산을 탕진했는데도 불구하고 지금 한마디도 이것에 대해서는 언급하지 않고… (後略)

라고 적고 있다. 時應界都를 조선으로 보낸 것은 左衛門太郎이었다는 것을 알 수 있다. 宗貞盛이 大宰府로 들어간 것도 萬戶들의 위협을 받았기 때문이었을 것이다.

그 이듬해 貞盛이 仇里安이라고 하는 자를 보내어 조선에 바친 장문의 서간이『세종실록』3년 4월조에 기재되어 있다. 그 내용을 보면,

> 對馬島가 慶尙道에 예속된다고 하는 것은 史籍을 통해 생각해 봐도, 촌노들에게 물어 보아도 실로 전혀 근거가 없는 내용이다. … 조선의 속주가 될 까닭이 없다.

라고 명확히 거부하고 있다. 또한 仇里安이 조선의 예조와의 문답에서도 「對馬를 공격한다는 것은 일본을 공격하는 것이 됩니다」라고 하는 말도 기록되어 있다.

이것으로 국적문제는 결착되었지만, 『동문선』이나 『여지승람』 등에는 「對馬島 本之我國之堺」라고 하는 문장이 그대로 남아있다. 宗貞盛을 九州로 보내 놓고 거짓 외교를 한 左衛門太郎 등 海商들에게 있어서는 장사만 된다면 국적이야 어떻게 되든 상관없는 일이었기 때문에 남몰래 획책한 모략이었을 것이다.

3) 文引 제도와 李藝

「文引」이라고 하는 것은 조선이 해적선이나 밀항선을 배제하기 위해 일본에서 건너오는 航主의 신분을 확인하고 그 통교신청을 사증하여 발급한 「통교증명」을 말한다.

그 文引의 사무와 권한을 조선은 對馬州 守護인 宗貞盛에게 위탁했다.

이리하여 足利將軍과 막부의 고관, 그리고 조선과 특별한 관계를 가지고 있던 大內氏의 배를 제외한 다른 모든 배들은 반드시 對馬에 들러 宗氏의 文引을 받아야만 했기 때문에 宗貞盛은 조선 통행자를 일원적으로 관리할 수 있게 되어 왜구를 진정시키는 데 절대적인 공을 세울 수 있었다.(文引을 소지하지 않은 배에 대해서는 조선에서 상대를 해 주지 않았으며 이를 강요하는 배에 대해서는 도적으로 간주하는 장치였다.)

조선왕조의 외교관 중에서 이 文引제도에 가장 정통한 사람은 李藝였다. 수십 번 일본을 왕래하면서 해적정보까지 숙지하고 있던 그가 바로 통행자를 일원 통제할 것을 제안한 것은 아니었을까?

정책을 결정하는 것은 정부의 고관들이었겠지만, 현지 실정을 훤히 꿰고 있는 전문가는 바로 李藝 이상 가는 사람이 없었기 때문이다.

『세종실록』의 세종 20년 政府大臣과 李藝의 회의에서「對馬倭人의 접대」에 관한 논의를 李藝가 제안한 내용을 그대로 따라 결정했다는 사실이 있으며 어떤 때에는 李藝가 使行 중이어서 자리에 없었기 때문에 의결되지 못하고 다음 기회로 미뤄졌다는 내용이 있는 등 李藝가 대일 외교에 있어서 얼마나 큰 존재였는지를 알 수 있다.

4) 통교관계의 제 규정과 李藝

조선과 對馬島主와의 사이에 계해약조(1443)를 비롯하여 통교관계의 제 규정이 생겼지만 이에 관한 상세한 내용을 알고 싶어도 『실록』의 어디에도 나와 있지 않으며 또한 對馬에도 그에 관한 사료가 남아 있지 않지만 명저『海東諸國記』에 그 상세한 내용이 들어 있다.

그것을 보면 위에서 언급한 대신과의 회의에서 李藝가 설명한 의안의 내용이라는 것이 실은 이 규정의「浦留日限」에 해당하는 조항이었다는 것을 알 수 있다. 이를 통해 이들 제 규정(使船定數 · 諸使定例 · 三浦分泊 · 浦留日限 · 三浦禁約 · 기타)에 관한 원안 작성에 李藝가 깊이 관계했으리라는 것을 미루어 짐작할 수 있다.

계해약조를 공표하기 전에 李藝가「對馬島體察使」라는 자격으로 對馬島에 파견되는데 이는 이 약조를 마무리하기 위한 파견이었다고 보는 의견이 많은데 나 또한 그렇게 생각한다.

이 약정의 공로자는 신숙주라고 알려져 있다. 신숙주는 학자이자 정치가로서 足利將軍 義勝이 죽었을 때 京都까지 使行하였다 돌아오는 길에 對馬에서 이 약정을 체결했다고 알려져 있는데 실은 그때 이미 對馬에서는 李藝가 준비를 하고 있었다는 것을 알 수 있다.

약조를 성립시킨 명의인은 신숙주이지만 실무자는 李藝였던 것이다. 신숙주도「교린」을 주장한 문인 정치가로서 유명한데 그의 만년의 저서가『海東諸國記』이다.

7. 李藝라고 하는 문화인물

1) 被擄人 刷還과 李藝

李藝의 두 번째 일본 사행은 1406년『태종실록』의 6년 윤 7월 초하루,

日本回禮官李藝, 以刷出被擄男女七十余名還.

라고 되어 있는데 일본의 어디에 갔는지는 알 수 없다. 여기에서 말하는 被擄人이란 왜구라고 불리던 해적에게 擄(포로)당한 사람들을 이르는 말이고, 이들을 데리고 돌아가는 임무를 가지고 교섭을 위해 파견된 사람이 刷還使이다. 이때의 李藝는 쇄환사가 아닌 다른 사명이었다.

이후 李藝는 자주 쇄환사로서의 실력을 발휘하여 많은 동포를 쇄환시키는데 이는 그가 탁월한 교섭력을 가지고 있었기 때문에 가능한 일이었다고 생각한다. 그 교섭은 입에 발린 화술을 의미하는 것이 아니다.

도적의 우두머리들과도 논쟁을 해야 하는 일이었기 때문에 담력이 없으면 불가능한 일이다. 그런 점에서 李藝는 和田浦에 억류되었을 때부터「참된 조선관인」이라고 인정받을 정도로 침착하고 용감한 사람이었다.

李藝가 쇄환한 피로인의 총수는 667명에 달한다고 한다. (李藝先生宣揚會『李藝』참고) 그는 가깝게는 對馬・壹岐에서부터 九州, 瀨戶內海, 日本海岸 그리고 琉球까지 가기도 하였다. '세상에 琉球까지 가다니' 라고 생각하다가 '琉球로 팔려 간 조선인이 있었으니까 갔었겠지' 라는 생각에 도달하였다.

2) 李藝 선생의 성장과정과 인격

「울산」이라는 무역항구에서 나고 자라 정부의 외교관이 되어 교린외교에 일생을 바치고 친일적 사고방식으로 활약한 李藝 선생의 어머

니가 실은 선생의 어린 시절에 왜구에게 잡혀 일본으로 끌려갔다는 이야기를 듣고 정말 깜짝 놀랐다. 그 곳이 對馬였을지도 모른다. 선생은 일본에 올 때마다 어머니의 소식을 수소문하고 있지는 않았을까?

애초에 선생이 외교관을 지망한 동기도, 피로인의 쇄환에 헌신적인 공헌을 한 것도, 모두 납치당한 어머니에 대한 그리움에 그 뿌리를 두고 있었기 때문에 혼신의 힘을 다할 수 있었던 것은 아니었을까 라고 생각해 본다.

바로 그 「賊」이라고 불리던 사람들에게 「이 사람이야말로 참된 조선 관인」이라는 말을 하게 만들었을 때의 정경을 생각해 보면 그들의 흐트러진 도둑놈 심보도 그때는 정상적인 상태가 됐을 것이다. 그와의 만남이 그들의 악행을 개심시키는 데 큰 공헌을 했다고 말할 수 있다.

선생이 진력한 「文引 제도」, 통교무역에 관한 「약조」의 체결은 정상적인 평화무역을 보증한 발본적인 정책인데, 그것은 나쁜 길로 빠진 사람들을 正道로 걷게 하는 따뜻한 피가 통하는 인도적인 대책이기도 하였다.

위의 사실들을 알게 되었을 때 恩怨을 초월하여 일본, 특히 對馬를 위해 많은 공적을 남긴 李藝 선생의 관대한 인격에 감동하고 외경심을 갖게 되었다.

(번역: 瀧澤規起)

李藝が通信した時代の對馬

1. ツシマは津島

　日本の古典『古事記』や『先代舊事本紀』には、ツシマを「津島」と書いている.
　『日本書紀』がこれを「對馬島」と書いたのは、中國の史書『三國志』「魏書東夷傳」に「對馬國」とあるのを採用したもので、ツィマは日本語ではない.
　「魏書東夷傳」が「對馬」としたのは、「ツシマ」という倭語を對馬(ツィマ)と當て字したもので、當て字に名義は問えない.
　同じ中國の史書『隋書』「倭國傳」には、百濟から倭に至る行程のなかで、

　　度百濟, 行至竹島, 南望舳羅國, 經都斯麻國, 迴在大海中, 又東至
　　一支國, 又東至竹斯國.

とありまして、舳羅が濟洲、一支が壹岐、竹斯が筑紫(福岡縣)であ

ることからして，都斯麻がツシマであることは疑いなく，これは現地の地名音を忠實に當て字したものと斷定しても良い．

『日本書紀』は七世紀の時点では「對馬國」としているが，八世紀になると，對馬を國ではなく「對馬島」と改めている．これは日本が八世紀初頭(702年)に新制を頒布したとき，對馬や壹岐は國から島に格下げされたからで，その後に撰上された『日本書紀』は，先代までさかのぼって對馬島と改めた．

古傳を尊重した『古事記』は，一貫して「津島」と記載していた．津島の名義は，大陸往還の船が着く「津の島」という意で，これが通説とされている．

韓國で「對馬島」(テマド)というのは，十二世紀に撰述された『三國史記』が，『日本書紀』と同様，その時代の用字をもって古代までさかのぼり，改めたに相違ない．例えば，「新羅本紀」には，古い時代から「對馬島」と書いているが，これこそが初例である．『三國史記』の原本ではどうだったのかと思っても，それは傳わっていないという．「對馬」の當て字は「魏書東夷傳」から出たものだが，それが現在まで續いている例は，倭人傳にも韓傳にもないだろう．

2. 中世の對馬

日本國の中世は，「武家政治」と呼ばれる武士が支配した體制で，その点，文士が支配した朝鮮國とは大きく違いがある．そのなかで，ここで主題にする時代は日本史で室町時代，韓國史の李朝前期で，十五世紀初頭から前半期に當る．

中世の對馬を支配した武家は，「惟宗(これむね)」という大宰府よ

り下向した武官であったが, それが惟宗の惟を外して「宗(そう)」と稱したもので, その初見は宗資國が1274年の「元寇」で戰死した所傳で, 「殉國」美談として有名である.

　十四世紀は惡名高い「倭寇」が跳梁した時代で, 庚寅(1350)以來, 對馬が倭寇の巣窟と見られ, 「三島(對馬・壹岐・松浦)の倭寇」と呼ばれる集團の組織化した要因として, 次のように言われている.

　　A. 正規の通交貿易が行われなくなったこと.
　　B. 元寇の被害を受けた三島の民の對外認識が變わったこと.(元寇の報復說もある).
　　C. 日本の中央政府が分裂して, 地方統治が亂れたこと.
　　D. 高麗の弱體化.

　このなかの第一は, 「良田無し」といわれる海民の世界では, 交易によって生計を立てるのに, 時代の政治が亂れ, 正規の交易ができないと, 掠奪産業に走るのが通例で, これはバイキングをはじめ世界史に見られる現象として認識されている. この時代の倭寇の頭目たちは, 貿易業者としての顔と, 海賊の首魁としての顔と, 兩面の顔を持っていたもので, 身分は武士である.

　1389年, 高麗の兵船100余艘, 對馬の倭寇の本據地を攻め, 家を燒き, 俘虜100余人を奪還したという.

　1392年, 高麗國滅び, 朝鮮を建國, 同年, 日本で南北朝を統一して, 幕府に權力を集中した足利義滿は, 朝鮮へ書を送り, 海賊の鎭定を約束した.

　1398年秋, 對馬島主(對馬島守護)となった宗貞茂は, 翌年, 朝鮮に使を遣わし, 「禁寇」を誓ったことが, 『李朝實錄』に見える. 定宗元年秋七月條,

> 日本國對馬島都總管宗貞茂, 遣使來獻方物及馬六匹, 其書曰, …
> 今則國土一統, 海陸平靜, 朝命嚴禁, 人民懼法, 今後, 貴國人船來
> 往無碍, 沿海寺宇・人家, 依舊經營, 則陪臣心願也, 天日明矣, 不
> 敢食言.

というもので, この禁寇に功のあった太守として對馬の宗貞茂と, 防長(山口縣)の大內義弘が有名だが, これに貞茂の自信の程を示している. 以來, 彼は朝鮮王朝に信賴され, 貞茂も誠實に交隣關係に配慮したものだが, ここで思わぬ事態が島內で突發した.

北部九州の太守小貳氏の代官でもある貞茂は, 小貳氏の陣にいたので, 對馬の留守を父・靈鑑に託していたが, 宗氏一族の賀茂が謀反を起し, 島內に亂が起った.

3. 李藝がはじめて見た對馬

1) 和田浦に抑留された朝鮮使

1396年 2月に, 蔚山郡守李殷と蔚山の記官李藝が倭寇に拉致ちれ,「和田浦」に抑留されて, 歸れなくなった. 留まること一月, 密かに船を準備して, 逃れて歸る計畫を練っていたところ, 朝鮮より通信使朴仁貴が遣わされ, 賊主と和解して, 翌年二月, 無事に歸國したという.

そこで, 和田浦とはどこか, 朝鮮使を抑留したのは誰か, について話を進めようと思う.

現在, 對馬に和多浦という地名はあるが, そこに集落は存在しない. 無人の浦であるが, その入江には古代の墳墓群があり, 中世の遺

跡もある.

對馬の中央部に深く灣入した「淺海灣」の奥, 『万葉集』に「百船の泊つる對馬の淺茅山」と讀まれた大山嶽の南側, 淺茅浦と記載されたのが和多浦である.

私がこの和多浦を調査したのは1967年であった. 農耕地もない無人の浦に, 多くの古墳があることに驚いたが, さらに中世の一時期豪勢な生活をした遺跡があって, 李朝初期の貿易陶磁を持っていたことを, 不思議に思ったものである.

その後, 朝鮮名「和田浦万戸」と呼ばれた海商兼倭寇の頭目が居たことを知ったとき, その貿易陶磁が出た處が, 和田浦万戸の屋敷の跡だ, と直感した.

2) 眞の朝鮮官人と稱贊された李藝

『李朝實錄』に「万戸」と通稱される者は浦浦に輩下を持った土豪で, 名は早田左衛門太郎, 通交貿易に特權を振るった豪商であるが, 『實錄』にも「賊首」と書いているところを見ると, 朝鮮側も彼が倭寇の頭首であることを知った上で, 万戸の稱を與えて通商を認めていたものと觀られる.

そこで, 李殷らを和田浦に抑留したのは, この早田万戸に違いないと確信するが, その目的はよくわからない. あくまで推測として考えられることは, 朝鮮に何か重要な事を要求して, その交渉の質として, 抑留したのではないだろうか.

朝鮮が通信使まで派遣して, これと和解したということは, 尋常のことでない重要な問題があったはずである. 『實錄』には, 「李殷らを殺そうとしている」ともあるが, それは交渉と絡めた脅しであろう.

このとき, 李藝の態度が實に立派であった. 誰と對しても禮節を

失わず，交渉にも信頼を得て，賊衆からも．

> 此眞朝鮮官人也，殺之不祥．

と稱贊されたことが書いてある．李藝は外交官としての最初の使行で，大變な事を經驗したわけであるが，この時の活動を通して，この人が持って生まれた資質の高邁な一端を示した觀がある．

3) 賀茂の亂

宗賀茂の謀反を「賀茂の亂」というが，朝鮮國の書『海東諸國記』には，島主の代官宗茂秀について，次のように述べたくだりがある．

> 茂秀の父賀茂が，島主靈鑑を追い出してその任を奪ったが，靈鑑の子貞茂が賀茂を討って之を奪い還した．しかし，賀茂の一族は勢力があって，これを滅ぼすことができず，茂秀を都代官に任じている．

というもので，これは對馬には無い史料である．この亂が起った日時を，對馬では從來應永九年(1402)としているが，『李朝實錄』の世宗二十七年二月丁卯條の「同知中樞院事李藝卒」とした傳には，庚辰年(1400)李藝が回禮使尹銘に隨行して，はじめて日本に遣わされたとき，のこととして，

> 往きがけに對馬に寄ったときは，島主靈鑑に會えたのに，翌年，歸りに對馬に到った時は，島中が亂れていて，靈鑑はかくれて見えず，乘船を盜まれて困った．

との情況が述べられている。るこれに記載されている年は1401年（日本年號で應永八年）で，この史料により，對馬では應永九年としてきた賀茂の亂が，實は應永八年と訂正されることになった．

4. 朝鮮王朝に信賴された宗貞茂

1) 宗貞茂の死と弔慰使李藝

『李朝實錄』の太宗十八年(1418)三月條に．

> 對馬島宗貞茂，人を遣わし，て藥を求む．

とあり，使人を遣わして諸般の藥劑を送ったことが見える．續いて四月條に．

> 對馬島宗貞茂死す．司直李藝を遣わして祭りを致させ，米・豆・紙を送る．貞茂が對馬島に在りし間は，その威令諸諸に行きわたり，群盜を禁制して，我が邊境を侵さしむることなし．故にその死を惜しみ，特に篤く賜る．

とあり，このとき弔慰使として遣わされた李藝は，貞茂の菩提寺「円通寺」に參り，弔いの贈物を供えて，祭りをしたはずである．後に宗貞盛（貞茂の子）が死去した時は，『實錄』の「魯山君日記」第四に．

> 日本國對馬州太守宗貞盛，致奠官成均司藝李堅義，致奠官行司正皮

尚宜, 來復命.

として, 詳細な復命があるなかで,

　　　円通寺に至り, 賻を供え, 奠を致した.

とあり, 僧俗男女老幼, 觀客雲集した情景から, 宗家の一族と宴を設けて弔慰したことが述べられていて, これは貞茂の死に李藝が弔問した時も同じで, それが前例になっていたのであろうと考えられ, これで貞茂の菩提寺が, 円通寺であった可能性が大きくなる.

2) 円通寺の朝鮮鐘

　宗貞茂が死亡した年の秋, 貞茂の嗣子貞盛の使が朝鮮に行き, 父の意志として, 梵鐘と般若經を求請し, その請が聽されたことが, 『實錄』の世宗零年(1418)八月條に記錄されている. その鐘が, 現在も円通寺の鐘樓に懸っている鐘であることは, これが李朝初期の朝鮮鐘であることを, 日韓の專門家によって鑑定されている. この鐘は無銘ですが, 朝鮮鐘の特徴を備えた大きな鐘である.

　円通寺はまた御本尊も, 高麗佛の銅造藥師如來であるが, その由緒は不明である. 梵鐘と同時に來た大般若經は円通寺にはなくて, 同じ佐賀の宗像八幡宮にあることが『對州神社誌』に見え, 大般若經一部(600卷)「宗貞盛公御寄進也」とある. 昔は神佛習合だったので, 神社に僧がいて, 經を讀む時代だったからである.

5. 應永の 外寇(己亥東征)

1) 宗貞茂の死と倭寇復活

宗貞茂の訃報が內外に傳わると各地に倭寇再發の兆が見え,『實錄』に世宗零年秋から翌年春にかけ「日本國對馬島万戶左衛門太郎」と,「對馬島和田浦都万戶守助丞」の遣使がしばしば見えるのは, 陽動作戰だったのか. この時左衛門太郎は, 若年の宗貞盛を見くびって, 島政をも左右した. 年明けて1419年, 倭寇の報が各地から飛んだとき激怒した太宗は, 武力で對馬を襲擊することを決定,「征對馬島敎書」を發して「對馬行兵」を決行しました.

〈征對馬島敎書〉
王若日, 窮兵黷武, 固聖賢之所戒, 討罪興師, 非帝王之獲已.(中略)
對馬爲島本是我國之地, 但以阻假隘陋, 聽爲倭奴據, 乃懷狗盜鼠竊之計, 自歲庚寅始肆跳梁於邊, 虔劉軍民, 俘虜父兄, 火其室屋, 孤兒寡婦, 哭望海島, 無歲無之.(後略)

宣戰の大義名分を布告した書で, その內容は海賊衆の惡行を述べ, これを懲罰するため師(軍)を出して, これを討つとあり, この書を宗貞盛に送ったはずである. 貞盛が對應した史料はない. このとき, 對馬島の實權は左衛門太郎の手にあったと觀られている.

2) 朝鮮軍襲來

1419年5月になると全羅道, 忠淸道, 黃海道より飛報相次ぐなかで, 倭寇船團が中國へ向かったとの報に, 太宗は東征軍の出動を號令した. 指揮官李從茂, 227隻の軍船に, 1万7280余の將兵と, 60余日分

の兵粮を積み，巨濟島南面周防浦より對馬へ向け出撃，六月二十日，對馬淺海灣の土寄を急襲した．土寄は万古左衛門太郎の本據地で，現在は尾崎という浦であるが，その時の情況を，

> 干時，十余艘を先發させた．浦の者たちはこれを見て，我が男たちが海外から歸ったと思い，酒や肉を持って出迎えたが，大軍が豆知浦に碇泊したので，皆靈を喪って遁走した．唯50余人，上陸を拒み戰ったが，潰滅して果てた．

と緒戰を述べたあと，

> 浦にあった大小の船129艘を燒き，また賊の1939戶を焚き，斬首114人，捕虜21人，それに捕らえられていた漢人131名を獲て，島中が甚だしく飢えていることを知り，久しく圍めば餓死すること必定と，訓乃串を制して柵を設け，往來を遮斷して，久しく留まる意志を示した．

と『實錄』は記載している．これに訓乃串とあるのは，「船越」のことで，和田浦万戶の所領であった．淺海灣の大口が西の尾崎(土寄)で，東の關門が船越だが，その兩方を早田一族が押さえていたことを朝鮮軍は知っていた．

『實錄』には書いていないが，この時和多浦も燒き拂われたはずで，以來和多浦は廢墟と化し，万戶の早田は小船越に移っている．淺海灣は典型的「溺れ谷」で，入江と岬が複雑な地形をなし，他國の船が來ても水路は分からないはずだが，朝鮮軍には對馬出身の案內者がいって，その名を井太郎という者であった．

これより朝鮮軍は仁位浦に向う.そこには賊だけでなく,宗賀茂の軍もいたはずである.
『實錄』に「我師敗績」とした合戰を見よう.

> 六月己亥, 從茂進至尼老郡, 令三軍分道下陸, 欲與一戰, 督左右軍先下, 左軍節制使朴實, 與賊相遇, 賊據險設伏, 以待之, 實率軍士登高欲戰, 伏發突前, 我師敗績, 編將朴弘信・朴茂陽・金該・金熹等戰死, 實收兵, 還上船, 賊追擊之, 我師戰死及墜崖死者百數十人. 右軍節制使李順蒙・兵馬師金孝誠等, 亦遇賊, 力戰拒之, 賊乃引, 中軍竟不下陸, 都都熊瓦, 恐我師久留, 奉書乞退師修好, 且曰, 七月之間, 恒有風變, 不宜久留. 秋七月甲辰朔, 丙午, 李從茂等, 引船師, 還泊巨濟島.

これに「都都熊瓦」とあるのは,宗貞盛の幼名「虎熊丸」のことで,ここで朝鮮と戰ったのは宗貞盛の軍だったのである.貞盛は万古らの根據地が燒き拂われた時は傍觀したにしても,對馬が征服されるような事態は許されるはずがなく,だからと言って朝鮮と戰爭をすることも本意ではないので,朝鮮軍が引いた時点で書を送り,合戰はこれくらいにして,後日の「修好」に期待したものと觀られ,台風の予報まで注意しています.

朝鮮の對馬行兵も,倭寇の巢窟を攻めて,惡業に對する報復・懲罰が本意で,對馬を占領しようという意圖はなかったはずで「對馬征伐」という熟語が,誤解を煽る不當な獨り步きをしている.

6. 通交條約締結と李藝の功績

1) 島守・宗貞盛が關知しない戰後交渉

　戰後交渉が行われた時期, 若年の島主・貞盛は, 身邊不穩の流言が立ち, 弟と共に大宰府の小貳氏のもとに庇護されていたので, 朝鮮との重大な戰後交渉が, 貞盛の關知しない形で行われたわけである.

　そのとき, 太宗が示した「諭對馬島書」を持參した使は, 藤賢と邊尙という投化倭(朝鮮に歸化した日本人)であった. その敎書には, 信義を重んじた貞盛の治績を無にするような對馬の荒廢を, 太宗が諭した形式をみせながら, 內實は恫喝と懷柔の露骨な言辭を以って, 貞盛の降伏を迫ったものと見られている.

　往年の對馬藩の漢學者で, 朝鮮外交を擔當した松浦霞沼は,「我を恐喝する言辭」と評したが, 恫喝と懷柔は今も昔も外交の常套手段であろう.「對馬島, 本是我國境」に始まる倭奴への罵言と, 恫喝と, 懷柔の策まで示して, 對馬の歸屬を問題にした內容になっている.

　これに對して, 宗貞盛の使と自稱する時應界都が持參した 回答は, 世宗二年閏正月末.

> 對馬島は土地瘠薄, 生活に困難ゆえ, …(中略)…もし對馬を貴國の州郡の例により, 州名を改め, 貞盛に信印を賜るならば, 則ち臣節をつくさん. 今, 貞盛は一族の者に守護の座を奪われるのではないかと畏れ, 出回ることもできないでいる.

とあります. この經緯を踏まえて來日し, 日本政府の意向など探索した朝鮮使・宋希璟は, 對馬まで來て吃驚した. 時應界都の交渉は貞盛の關知しないことで, 對馬を朝鮮の領土とすることなど, 對馬

を主管する小貳氏が聞いたら大變なことになると知り,「朝鮮側に,馬島を領土とする積極的意向はない」ことを示唆している(宋希璟,『老松堂日本行録』).

2) 宗貞盛の拒否

『老松堂日本行録』には,「早田万戸三味多羅(左衛門太郎)と會った時の感想を,

> 今,時勢を觀るに,馬島はおよその事が此人より出ているようだ.此人去年の行兵により家産を蕩盡したのに,今一言もこれに及ぶことなく…(後略)

と述べている.時應界都を朝鮮に遣わしたのは左衛門太郎だったことがわかる.宗貞盛が大宰府に入歸したというのも,万戸らに脅かされたのであろう.

この翌年,貞盛が仇里安という者を遣わして,朝鮮に致した長文の書簡が,『世宗實録』三年四月條に記載されている.その中で,

> 對馬島が慶尙道に隸すということは,之を史籍によって考えても,之を父老に訊いても,實の據り所は何もない.…朝鮮の屬州となるいわれはない.

と明確に拒否している.また,仇里安が朝鮮禮曹と問答した中でも,「對馬を攻めることは,日本を攻めることになりますよ」と言ったことも記載されている.

これで國籍問題は決着したはずだが,これが『東文選』や『輿地勝

覽」などで,「對馬島, 本之我國之堺」という文辭が獨り歩きしている. 宗貞盛を九州にやり, 僞りの外交を行った左衛門太郎ら海商にとって, 商賣ができれば國籍はどうでもよかったわけで, ひそかに圖った謀略だったようである.

3) 文引の制と李藝

「文引」というのは, 朝鮮國が海賊船や密航船を排除するため, 日本から渡航する航主の身分を確認して, その通交申請を査證し發給した「通交證明」のことである.

その文引の事務と權限を, 朝鮮國は對馬州守護・宗貞盛に委託した. これにより, 足利將軍と幕府の高官, 朝鮮に特別の關係を持つ大內氏以外の船は必ず對馬に寄り, 宗氏の文引を受けなければならないので, 宗貞盛は朝鮮通行者を一元的に管理することが可能となり, 倭寇の鎭靜に絕大の功を果すことができた.(文引を所持しない船は朝鮮で相手にされず, 強要すれば賊と見なされる仕組みであった.) 朝鮮王朝の外交官で, この文引制度に最も精通していたのが, 李藝だったということは, 何十回も日本に往來して, 海賊情報まで熟知していた彼が, 通行者の一元統制を建言したのではないだろうか. 政策を決定するのは政府高官たちであるが, 現地の實情を知悉していた專門家は, 李藝を措いてなかったはずである.

『實錄』の世宗二十年, 政府大臣と李藝らの會議で,「對馬倭人の接待」に關する議が李藝の提案通りに決まったことが見え, ある時は李藝が使行中で居なかったので, 決議されず再會となったことなど, 對日外交における李藝の存在が, いかに大きかったかわかる.

4) 通交關係諸規定と李藝

朝鮮國と對馬島主との癸亥約條(1443)をはじめ, 通交關係諸規定ができたが, これらの詳細を知りたくても『實錄』のどこにもそれがなく, 對馬にもその史料はないが, 名著『海東諸國記』にその詳細がある.

それを見ると, 前に述べた大臣との會議で李藝が説明した議案の内容が, 實はこの規定の「浦留日限」に當る條文だとわかる. これから推して, これの諸規定(使船定數・諸使定例・三浦分泊・浦留日限・三浦禁約・その他)の原案作成に, 李藝が深く關係したものと觀られる.

癸亥約條の公表前に, 李藝が「對馬島體察使」として遣わされたのは, この約條の仕上げの仕事だと觀られていることに, 全くその通りだと思う.

この約定の功勞者は, 申叔舟だと認識していた. 申は學者で, 政治家で, 足利將軍義勝の死に京都まで使行して, 歸途對馬でこの約定を締結したと理解していたが, 實はその時, 對馬で李藝がすでに準備していたのだとわかった. 約條を成立させた表の功績は申叔舟だが, 實務の仕事人は李藝だったわけである. 申叔舟も「交隣」を説いた文人政治家として有名であるが, その晩年の著書が『海東諸國記』であった.

7. 李藝という文化人物

1) 被擄人刷還と李藝

李藝の二回目の日本使行は1406年, 『實錄』の太宗六年, 閏七月朔.

日本回禮官李藝, 以刷出被虜男女七十余名還.

とあるが, 日本のどこに行ったのか分からない. これにいう被擄人は, 倭寇と呼ばれた海賊に, 擄(捕虜)にされた人たちのことで, それを連れ還ることを任務として, 交渉に遣わされるのが刷還使であるが, このときの李藝は刷還使ではなく, 別の使名であった.

　この後李藝はしばしば刷還使として腕を振い多くの同胞を刷還したが, それは彼が卓抜な交渉力を持っていたからだと思ねれる. その交渉は口先だけの話術ではない. 賊首と呼ばれる人たちとも渡り合うのだから度胸がなくてはできない. その点李藝は和多浦で抑留されたときから, これを「眞の朝鮮官人」と認められた沈勇の人であった.

　李藝が刷還した被擄人の總數は, 667人に達したという. (李藝先生宣揚會『李藝』より)

　近くは對馬・壹岐から, 九州, 瀬戸內海, 日本海岸, そして琉球までその足跡は及んでいる. なんで琉球までもと思ったとき, それは琉球に賣られて行った朝鮮人があったのだろう, と思い當ることがある.

2) 李藝先生の生い立ちとその人格

　「蔚山」という開港に生れ育って, 政府の外交官となり, 交隣外交に終世を捧げ, 親日的腹藝を振舞った李藝先生が, 實は幼少の頃, 母が倭寇に捕えられ, 日本に連れ去られたと聞いたとき, 本當に吃驚したものである. 行先は對馬だったかも知れない. 先生は日本に來るたび, 母の消息を尋ねられたのではないだろうか.

　そもそも先生が外交官を志望した動機も, 被擄人の刷還に獻身

貢獻をしたのも，拉致された母への想いが根にあって，魂を奮い立たせたのではないかと思う．

あの「賊」と呼ばれた人たちに，「これぞ眞の朝鮮官人」と言わしめたときの情景を思えば，彼等の亂れた賊心も，そのときは正常に立ち直っていたはずで，これは惡行を改心させるうえに，大きな貢獻をしたものと言えるであろう．

先生が盡力した「文引の制」，通交貿易に關する「約條」の締結は，正常な平和貿易を保證した拔本的政策であるが，それは邪道に走った人たちを，正道に就かせる血の通った對策でもあったわけである．

以上のことを認識したとき，恩讐を超えて日本，特に對馬のために多くの功績を遺してくれた李藝先生の寬大な人格に感動し，畏敬の念を懷くようになったものである．

李藝의 일본 인식

하우봉
전북대학교 인문학부 교수

1. 머리말
2. 생애와 대일 외교활동
3. 일본관계 기록
4. 이예의 일본 인식과 특성

1. 머리말

　조선왕조의 개창 이래 성종대에 이르는 15세기는 한일관계에 있어 여러 가지 특징적인 면모를 보이는 주목할 만한 시기이다. 8세기 후반 통일신라와 일본이 국교를 단절한 이래 고려 중기에 이르기까지 양국간에는 중앙정부 사이의 정식교류가 없었다. 고려 말기에 이르러 고려측에서 왜구의 禁壓을 요청하기 위해 사신을 보내고, 일본측에서도 사신을 파견하는 등의 교섭이 있었다. 고려 말기에는 중앙정부간의 사신교류도 있기는 했지만 임시방편적이고 일시적인 것에 불과한 것으로, 고려시대의 한일관계는 전반적으로 아주 소원했다고 할 수 있다. 그런데 1392년 태조 이성계가 조선왕조를 개창하고 일본에서도 室町幕府의 3대 장군 足利義滿에 의해 南北朝統一이 이루어지자, 한일관계는 새로운 국면을 맞게 되었다. 건국 초 왕권의 안정과 통치체제의 확립을 위해서는 대외관계의 안정이 필수적 요소였으므로 태조는 對明, 對日外交에 적극적으로 대처

하였다.

한편 일본의 室町幕府로서도 600여 년 간의 국제적 고립상태를 벗어나기 위해 1401년 足利義滿이 자진하여 明에 조공하고 사대관계를 맺을 것을 요청하였다. 이와 같이 일본이 律令國家 시대 이래 지켜 왔던 쇄국 체제에서 벗어나 조선과 같이 명을 중심으로 하는 국제질서(冊封體制) 속에 편입됨에 따라 조선과 일본의 국교정상화는 순조롭게 이루어졌다. 그리하여 조선 초기의 한일관계는 약 600여 년에 걸친 국교단절상태에서 벗어났고, 외교의례 면에서도 대등한 교린국(抗禮國)으로서 외교관계를 성립시켰다.

양국의 중앙정부는 각기 정권성립의 초기 대외적 안정의 필요성을 공유하였기 때문에 적극적으로 교류하였다. 이에 따라 양국간에는 사절단의 왕래가 아주 활발하였다. 조선의 경우 임진왜란 전까지 일본에 65회의 사행을 파견하였는데, 그중 48회가 태조에서 세종대에 이르는 개국 초기에 집중되어 있다.[1] 일본의 경우 室町幕府 將軍이 파견한 '日本國王使'만도 70회에 달하며, 그 밖의 다른 통교자들까지 합하면 4,840여 회에 이를 정도로 그 횟수가 엄청나게 많다.[2]

한편 이 시기에 조선인들의 일본 인식은 어떠하였을까?

조선 초기의 일본 인식을 살피는 데 있어 가장 우선적으로 주목해야 할 그룹은 역시 일본에 사행을 다녀온 대일사행원들이다. 조선 초기의 대일사행은 65회에 이르지만 그들이 남긴 기록은 예상 외로 적은 편이다. 사

---

[1] 조선 초기 한일 양국간의 교류형태는 일본측의 경우 室町幕府뿐만 아니라 막부 취하의 三管領과 지방의 守護大名 등 아주 다양한 세력이 독자적으로 조선정부와 교류를 하는 이른바 '다원적인 통교체제'를 유지하였다. 따라서 65회는 막부장군뿐만 아니라 대마도주와 지역의 제 호족들에게 보낸 사절단의 횟수이다. 막부장군 앞으로 보낸 사절단은 18회이며, 그중에서 京都까지 가서 사명을 완수한 사행은 10회뿐이었다.

[2] 한문종, 『조선전기 대일외교정책 연구』, 전북대학교 박사학위논문, 1996.

행원들이 일본에서의 견문을 귀국 후 임금에게 보고한 復命記事가 『조선왕조실록』에 간략하게 기록되어 있고,3) 또 개인적으로 저술을 남기기도 하였다. 일본관련 저술을 남긴 이로는 李藝, 宋希璟, 申叔舟를 들 수 있다. 일본사행록으로서는 宋希璟의 『老松堂日本行錄』이 있고, 그 밖에 李藝의 『鶴坡先生實記』, 申叔舟의 『海東諸國紀』 등이 그것이다. 오늘 살펴보고자 하는 이예는 조선 초기의 대일관계에서 40여 회에 걸쳐 일본에 사행한 인물로서 가장 대표적인 당대의 일본통이라고 할 수 있다. 따라서 그의 일본에 대한 지식과 이해는 조선 초기의 일본 인식의 한 축을 이룬다고 해도 과언이 아닐 것이다.

2. 생애와 대일 외교활동

李藝의 일본 인식을 알아보기 위해서는 먼저 그의 대일 교섭활동과 『鶴坡先生實記』 등 일본관계 기록에 대해 간략하게나마 살펴보는 것이 순서일 듯하다.

이예는 고려 공민왕 2년(1373) 울주군에서 태어나 조선 세종 27년(1445) 73세로 일기를 마친 인물로, 자는 仲游, 호는 鶴坡이며, 후에(1910년) 순종으로부터 忠肅이라는 시호를 받았다. 그의 본관은 蔚州(鶴城)인데 선대의 世系는 확실하지 않다. 『鶴坡先生實記』의 〈諡狀〉을 보면, 그의 先代는 본래 士族이었으나 할아버지와 아버지대에 이르러 새 왕조에 협력

---

3) 조선 초기의 경우 『왕조실록』에 나오는 復命記事 중에 조선 초기의 일본인식을 이해하는 데 참고가 될 만한 것도 없지 않다. 예컨대 1424년(세종 6) 回禮使 朴安臣의 復命과 1429년(세종 11) 通信正使 朴瑞生의 복명이 대표적인 보기이다. 그러나 이것들을 제외한 나머지 대부분의 복명기사는 사행의 경과와 외교적 사건에 대한 처리보고만으로 구성되어 있다.

하기를 거부한 까닭으로 울주의 記官(향리신분)으로 강등되었다. 그 후 조선조에 들어와 이예가 현달함에 따라 始祖가 되었고, 울주를 본관으로 삼았다고 한다. 이예는 부친의 직을 계승하여 울주군의 記官으로 지내다가 태조 6년(1397) 그의 나이 25세 되던 해에 생애의 커다란 전기를 맞이하였다. 즉 태조 5년(1396) 12월에 知蔚州使 李殷이 대마도의 왜구에게 포로로 잡혀 가는 사건이 생겼다. 이때 이예는 도망가지 않고 李殷을 따라가 수개월 간을 같이 포로생활을 하면서 정성과 기지를 발휘하여 이듬해 2월 이은을 구출하여 돌아왔다. 이 공로로 이예는 吏役을 면제받고 조정으로부터 관직을 제수받았다. 동시에 이후부터 이예는 대일교섭의 일선에서 활약하게 되었다. 그 후 3년 만인 태종 즉위년(1400) 回禮使 尹銘을 따라 대마도·일기도, 일본본주 등을 왕래한 것을 필두로 이후 43년 간 40여 회에 걸쳐 대일사행원으로 일본과 유구를 왕래하면서 피로인을 쇄환하고 조일간의 외교현안을 해결하는 데 중심적인 역할을 하였다.

특히 이예는 대마도 문제에 정통하였던 것 같다.

예컨대 세종 8년(1426) 賜物管押使로 對馬島 및 石見州에 사행을 떠나기 전 세종대왕과 이예가 나눈 대화를 잠시 살펴보자.

"임금이 인견해 말하기를 (중략: 대마도주에게 왜구를 금지하라는 뜻을 전하라는 내용) 예가 대답하기를 소신이 이 섬에 왕래한 것이 여러 번이었습니다. 宗貞茂가 살았을 때 신이 이르기를 "너희는 우리나라에 대해 정성껏 섬기지 않으면 안 된다"고 말해 왔습니다 하니, 임금이 이르기를 "몇 번이나 갔다 왔느냐" 하니, 예가 대답하기

---

4) 『세종실록』 8년 2월 12일(병자)
上引見曰 … 藝對曰 小臣往來本島屢矣 其在貞茂時 臣諭曰 汝等向本國 不可不至誠以事之 上曰 往來幾度 藝對曰 凡十六度 上曰 不知之人 不可以遣 玆用命汝以送 勿憚煩數 遂賜笠靴.

를 "모두 16번이었습니다" 하였다. 임금이 이르기를 "모르는 사람은 보낼 수 없어서 그대를 명해 보내는 것이니 귀찮다 생각하지 말라" 하시고 갓과 신을 하사하였다.[4]

당시 조정에서 대마도 문제에 관한 한 이예가 제일 잘 안다는 사실을 세종이 알고 이예를 파견하였다고 하였다. 이 사행 이전에 이예는 대마도를 16차례 왕래하였음을 알 수 있다. 그리고 세종 10년(1428) 6월 28일(丁未)에는 세종이 '歲貢金銀事'에 언급하면서 일본에서의 금, 은 산출여부를 이예에게 물어 보라고 지시하는 기록도 있다. 또 세종 20년(1438) 6월 13일 이예가 敬差官으로 대마도에 파견되어 있는 사이에 조정에서는 '上京倭人들의 留館期間' 문제를 두고 논의하던 중 세종이 여러 신하들에게 의견을 물은즉 모두가 말하기를 "이예가 돌아오기를 기다려 다시 의논하도록 하자"라고 건의하자 그대로 따랐다는 기사가 나온다. 이상의 사료를 볼 때 당시 조정에서 일본 및 대마도에 관계되는 사항은 반드시 이예의 의견을 참고로 하였음을 알 수 있다. 또 이러한 연유로 이예는 대일관계의 실무적인 사항을 거의 전담하다시피 하였다. 그는 이러한 외교실무적 경험을 바탕으로 태종, 세종대의 대일교섭에 가장 중심적인 위치에 있으면서 핵심적인 활동을 전개하였다.[5]

태종대에는 1400년(태종 즉위년) 회례사 尹銘을 따라 일본에 다녀온 이

---

5) 『鶴坡先生實記』와 『조선왕조실록』(세종실록 27년 5월 18일의 「卒記」)에 의하면 이예는 40여 회에 걸쳐 일본과 유구 등지를 사행하였다 한다. 조선 초기 태조대에서 세종대에 이르기까지 일본에 파견된 사행은 모두 48회이다. 그런데 이예가 40여 회에 사행원으로 참여했다고 한다면 이 시기 대부분의 대일사행에 참가하였다는 것이 된다. 그의 이러한 사행원으로서의 경력은 조선시대 전시기를 걸쳐서도 가장 많은 것이다. 또 그의 사행시 직책을 보면 報聘使·回禮官·回禮使·通信使·通信副使·體察使·敬差官 등으로 다양한 목적을 띤 사행에 참가하였음을 알 수 있다. 이예의 대일교섭활동의 내용을 볼 때 요즈음의 표현대로 한다면 그는 직업외교관이라고 할 수 있겠다.

래 태종대 18년 동안 13회에 걸쳐 일본, 유구 등지를 왕래하면서 모두 600여 명의 피로인을 쇄환하였다. 세종대의 활동으로는 우선 세종 원년 (1419) 대마도정벌(己亥東征)시 中軍兵馬副帥의 직을 맡아 참가한 사실을 들 수 있다. 이 전투에서 그는 큰 공을 세워 1등으로 포상을 받았다. 세종 3년(1421)에는 功牌를 하사받아 자손에 이르기까지 면역을 받게 되었고, 동시에 行左軍司直의 관직으로 승진되었다. 세종 20년(1438)에는 對馬島敬差官으로 파견되어 대마도와의 통교무역에 있어 근간이 되었던 文引制度를 대마도주와 정약하였다. 세종 25년(1443)에는 71세의 고령임에도 불구하고 자청하여 對馬島體察使로 가서 서해안을 침입하였던 왜적을 추쇄해 오는 한편 대마도주와 歲遣船 등의 수량을 정한 癸亥約條를 체결하였다. 이 공로로 이예는 향리의 신분으로 資憲大夫(정2품 관위) 同知中樞院使(종2품 관직)에까지 올랐다. 그가 이와 같이 고위관직까지 오르고 후에 忠肅이라는 시호를 받게 되는 공로는 모두 대일교섭에서의 활약 때문이었다.[6]

3. 일본관계 기록

1) 『鶴坡先生實記』

『鶴坡先生實記』는 3권 1책으로 구성되어 있는데 보통 문집과는 성격이 좀 다르다. 즉 이예 자신이 직접 썼거나 자신의 글로 구성된 것이 아니고, 13세손 璋燦이 이예에 관한 행장과 관계기록을 모아 고종 9년(1872)에 간행한 것이다. 따라서 『鶴坡先生實記』에는 이예의 직접적인 저술이 없고 모두 주위의 인물이 쓴 행장과 실록 등에 나오는 관계기사를 편집한 간접

---

6) 이예의 활동과 『鶴坡先生實記』에 대해서는 한문종, 「朝鮮初期 李藝의 對日交涉活動에 대하여」(全北史學 11·12합집, 1989) 참조.

적 기록뿐인 셈이다.

1권에는 〈功牌〉〈海外日記〉〈朝野記載合錄〉 등의 事蹟과 權相一이 쓴 행장, 金炳學이 쓴 諡狀 등이 수록되어 있고, 2권에는 이예를 모신 龍淵祠의 記文과 碑文 등이 19편, 3권에는 〈石溪祠奉安時題詠〉 등 시 13편과 李家煥의 〈識〉, 璋燦이 쓴 〈後識〉 등이 수록되어 있다. 3권의 내용 중 조선 초기 한일관계와 이예의 활동을 이해하는 데 도움이 되는 자료는 1권에 수록되어 있는 〈功牌〉와 〈海外日記〉 정도이다.

〈功牌〉는 대마도정벌 후 세종 3년에 받은 것으로 대마도정벌에 관한 이예의 활동이 기술되어 있다. 〈海外日記〉는 제목과는 달리 이것 역시 이예 자신의 저술이 아니고 그 내용도 일본에 대한 견문이나 사행 중의 사행일기가 아니다. '從事官'이 기술했다고 하는데 태조대에서 태종대에 이르기까지 이예가 일본, 유구 등지에 사행한 사실과 대마도정벌시의 활동이 간략하게 정리되어 있다.

〈朝野記載合錄〉은 『東國輿地勝覽』『攷事撮要』『列朝通紀』『震乘』『國朝寶鑑』『李月沙廷龜辨誣奏文』『楊大峯藏書』『壬辰野話』 등의 책에서 이예의 활동과 관련된 기록을 뽑아 편집한 것인데 아주 간략하게 서술되어 있다.

『鶴坡先生實記』는 조선 초기 이예의 대일 교섭활동을 개괄적으로 파악하는 데 도움이 되는 귀중한 자료이기는 하나 이예 자신이 당시에 저술한 것이 아니라 그가 죽은 지 400여 년 뒤 그의 후손에 의해 편집된 것이라는 점, 또 이예가 주로 활동하였던 세종대의 활동에 대한 기록이 없다는 점 등의 아쉬움이 있다. 그래서 이예의 일본 인식을 알아볼 수 있는 직접적인 자료로서는 한계가 있다.

2) 『조선왕조실록』 기사

『조선왕조실록』에 나오는 이예의 복명기사는 비교적 간략하다. 또 그 내용도 외교적 교섭의 경과를 보고하는 것이 대부분으로 일본의 문화나 사회상, 풍속 등에 대한 이예의 인식을 엿볼 수 있게 해 주는 기사는 많지 않다. 이 점 다소 유감스럽지만 실록에는 '復命' 기사와 함께 '上啓' 형식을 띤 이예의 보고 및 대일대책이 적지 않게 수록되어 있어 간접적이나마 그의 일본 인식을 이해하는 데 도움이 된다.

이예의 복명 및 상계 기사 중 의미 있는 것을 소개해 보면 다음과 같다.

① 태종 18년(1418) 8월 14일(신묘) 상계기사

대마도주 宗貞茂의 죽음에 대해 조위를 표하기 위한 사행에 이예가 대마도 敬差官으로 파견되었다가 귀환시 무쇠(水鐵)로 된 火㷁과 碗口를 구해 왔다. 나아가 그는 종전의 銅鐵製 화통과 완구(火砲) 대신에 水鐵로 된 화통과 완구를 주조할 것을 주청하여 실시를 보게 되었다.[7] 이러한 사실은 이예의 실용적 과학정신의 산물로서 그의 일본 인식과도 연결시킬 수 있는 요소이다.

② 세종 8년(1426) 5월 21일(갑인) 복명기사

사행시의 경과와 대마도주와의 路引制度에 관한 협의 등의 내용과 함께 일본 京都에서 일어난 화재사건도 보고하였다.

③ 세종 11년(1429) 12월 7일(갑신) 통신정사 朴瑞生의 복명기사

이 기사는 조선 전기 대일사행원의 복명 가운데 白眉에 해당한다고 할 수 있다. 15개조에 걸쳐 일본의 정치·경제·사회상·풍속 등 여러 부문에 대한 상세한 견문이 소개되어 있을 뿐만 아니라 일본의 문물과 조선의 문물을 비교 검토하고 나아가 대책을 제시하는 등 실로 의미 있는 기록이

---

7) 「세종실록」 즉위년 8월 14일(신묘).

라 아니할 수 없다. 형식 면에서 주제별로 나누어 서술되어 있다는 점에서 볼 때, 다음에 나오는 『海東諸國紀』의 〈國俗〉〈八道六十六州〉부분에도 영향을 주었을 가능성이 있고, 조선 후기 통신사행원들의 일본사행록에 나오는 〈聞見錄〉의 모델이 되었을 것 같기도 하다.

이 복명보고는 통신정사 박서생의 啓로 되어 있으나 당시 일본 국내사정과 조일관계에 관한 한 통신부사로 수행한 이예가 박서생보다 훨씬 잘 알 수 있었다는 점에서 여기에는 이예의 견해가 많이 반영되었으리라고 여겨진다.[8] 또 내용이 이예의 다른 기록에 나오는 것과 일맥상통하는 바가 있어 이예의 일본 인식을 이해하는 데 참고할 수 있다.

④ 세종 12년(1430) 5월 19일(무오) 상계 기사

박서생의 복명과는 별도로 이예가 전년의 사행시 견문한 바를 보고한 것이다. 장문으로 되어 있으며 박서생의 복명보다는 못하지만 상당히 자세하여 이예의 일본 인식을 엿볼 수 있는 좋은 자료 중의 하나이다.

내용을 간략히 살펴보면 첫째, 筑前지방에서의 大內殿과 小貳殿의 세력다툼과 이에 따른 室町幕府 장군의 조치, 이에 따른 일기도와 대마도의

---

8) 조선 초기 일본으로 보내는 통신사행의 경우, 부사직에 대일교섭에 관한 실무적 전문가를 임명하였던 것 같다. 정사는 대개 일본사행에 초행인 인물이 임명되었는 데 비해 부사는 일본을 왕래한 경험이 많은 인물을 주로 임명하고 있다. 예컨대 조선 초기 대일교섭의 실무에 밝은 인물로는 이예와 尹仁甫(通事 출신으로 일본에 6회 사행하였고 大護軍까지 올랐다)를 들 수 있다. 그런데 이예가 태종 8년의 사행(정사 朴和), 세종 4년의 사행(정사 朴熙中), 세종 6년의 사행(정사 朴安臣), 세종 10년의 사행(정사 朴瑞生) 때 각각 부사로 수행하였고, 윤인보의 경우 세종 21년의 사행(정사 高得宗)과 세종 25년의 사행(정사 卞孝文) 때 부사로 수행하였다. 즉 대일문제에 관해 오랜 실무경험을 가진 이예나 윤인보 같은 인물이 부사로 수행하여 실제적인 일을 처리하거나 정사를 보좌하였던 것으로 보인다. 정사는 조선 초기의 경우 종3품에 해당하는 직위의 관리가 선발되는 경우가 많았다. 박안신, 박서생, 변효문을 비롯한 통신사행의 정사는 거의 모두 대일사행이 처음이자 유일한 것이었다.

상황이다. 즉, 壹岐島主인 志佐殿이 大內殿에게 귀순한 일, 대마도주 宗貞盛과 小貳殿의 아들이 대마도로 와서 大內殿에 항전하고 있다는 사실, 大內殿이 대마도를 칠 가능성을 언급하고 이어 大內殿의 군사력의 강성함과 구주지역민들의 신임을 들어 막부장군까지도 두려워한다고 하였다. 한편 이러한 구주지역과 일기도, 대마도에서의 정치적 상황의 변화가 조선에 끼칠 영향, 그에 따른 조선의 대책에 대해 언급하였다. 이들 제 세력의 대조선 성향에 대해서도 보고하였는데, 이예는 대체로 大內殿에 대해 우호적인 인식을 드러내고 있다. 이예의 이 보고는 박서생의 복명과 함께 조선정부의 대일정책에 직접적인 영향을 끼쳤다. 실제 그 후 조선에서는 이 보고를 바탕으로 하여 小貳殿보다 大內殿에 대한 우대정책을 실시하였다.

다음으로 대일대책의 일환으로 조선 兵船의 개선책을 제시하고 있다. 즉, 海防對策으로 우선 각 연안의 兵船과 軍器를 정비해야 하고, 나아가 조선 병선의 약점을 지적하면서 중국의 江南·琉球·南蠻(동남아시아)·일본 등의 조선술을 도입해야 한다고 하였다. 즉 그는 남방제국의 배와 조선의 배를 제조방법과 그에 따른 성능 수명을 비교하여 그들의 조선술을 도입할 것을 건의하였고, 일본병선과의 전투시 전술도 상세히 제시하였다.[9] 이예의 이 건의는 그대로 채택되었는데, 그의 병선에 대한 지식과 대일 해전에서의 전술 등에서 상당한 지식을 소유하고 있음을 알 수 있다.

---

9) 『세종실록』 12년 5월 19일(무오).
  한편 이예는 세종 2년(1420) 軍器監 副正으로 大護軍 尹得民과 함께 태종의 명을 받고 새롭게 제조된 선박의 성능을 실험하기도 하였다. 즉 종전 조선의 선박이 倭船에 비해 속도가 느렸기 때문에 태종의 명에 따라 쾌속선 3척을 만들어 시주하였는데 그 결과 새로 만든 배가 왜선보다 더 빨랐다는 것이다. 이때 이예의 직책이 軍器副正이었던 만큼 병선건조에 직접 참가하였으며, 당시 왜선의 성능, 선박건조의 기술 등에 대해 깊은 이해를 가지고 있었음을 알 수 있다.(『세종실록』 2년 11월 17일 신사).

또한 일본 병선의 장점에 대해 과감히 도입할 것을 건의하는 실용적 자세를 엿볼 수 있다.

⑤ 세종 21년(1439) 3월 23일(신미), 4월 18일(을미), 5월 11일(무오) 상계기사

그 전해인 세종 20년(1438) 대마도주와 文引制度를 정약한 이후 대마도주의 違約과 文引 남발 등에 대한 대책을 강구하는 것이 주된 내용이다. 文引 위조자에 대한 대책의 일환으로서 대마도주와 小貳殿·大內殿 등에게 감독을 의뢰할 것을 건의하였는데 특히 大內殿의 역할을 중시하고 있다. 또 倭商들이 지나치게 많이 몰려오는 현상에 대해 그들의 私貿易에 대한 구체적인 제한대책을 건의하였다. 이러한 이예의 건의는 예조에서 논의한 결과 대부분 채택되었고, 이 해 5월 27일에는 문인제도의 소루한 점을 보충하여 추가로 대마도에 통고하였다.

⑥ 세종 22년(1430) 3월 22일(갑자), 23년(1431) 2월 9일(병자) 상계기사

대마도 왜인에 대한 회유대책과 연해방비대책을 건의한 내용이다. 이예의 대마도정책을 보면 기본적으로는 외교적 무마를 통한 회유대책이 주류를 이루고 있다. 그와 함께 연해방비책에 있어서는 아주 엄격한 방어체제 구축을 건의하고 있다. 이러한 그의 대책은 항상 대마도의 상황변화에 따르는 정확한 지식을 바탕으로 하고 있었기 때문에 조정에서 중시되었고, 대부분 채택되었다.

4. 이예의 일본 인식과 특성

　이예는 신분적으로는 비교적 낮았고, 대일교섭에 고급관료로서의 정책을 결정하는 역할을 한 인물은 아니었으나 실무적 전문가였다고 할 수 있다. 그런 점에서 조선 초기 對日·對明 사행을 하고, 일본에 관한 주요 저술을 남긴 송희경, 신숙주와는 대비되는 입장이다.

　『鶴坡先生實記』와 『조선왕조실록』의 기사, 그리고 그의 대일교섭활동을 통해서 이예의 일본 인식의 내용과 특성을 정리해 보면 다음과 같다.

　첫째, 실용적 관점을 가지고 일본의 문물을 인식하였다는 점을 들 수 있다.

　이예는 일본의 화포 및 병선에 대해 깊은 관심을 가지고 관찰하였으며, 그들 무기와 병선의 장단점을 조선의 그것과 비교하고 우수한 면이 있으면 적극 수용하자고 건의하였다. 또 건의에 머무르지 않고 직접 왜선이나 무기를 연구 고안하여 실험해 보기도 하였다. 무기뿐만 아니라 화폐 사용의 편리성을 강조하였고, 인력에 의하지 않고 물의 흐름을 이용해 自轉하는 倭水車의 우수성과 단점을 관찰하여 수용토록 건의하였다. 그리고 사탕수수와 같은 일본의 농산물 종자를 도입하자고 건의하는 등 일본의 경제와 기술에 대해 허심탄회하게 관찰하고 좋은 점이 있으면 수용하자는 실용적인 입장을 보여 주었다.

　이예는 또 일본의 사회상이나 풍속에 대해서도 유교적 명분론에 입각하여 야만시하거나 멸시하지 않았다. 가치중립적인 입장에서 담담하게 소개하면서 문화적 독자성을 인정하는 자세를 취하였다. 또 조일관계의 성격에 대해서도 정치적 명분론-예컨대 일본을 교화시킨다거나 경제적 교류를 무시하는 등의 태도-에만 머물지 않고 조일무역의 중요성을 강조하였다. 이러한 요소는 16세기 이후의 일본 인식과는 상당히 대조적일 뿐 아니라 동시내의 송희경이나 신숙주와도 약간 차이가 있다. 송희경과 신숙주의 경우 몹시 교조화되거나 경직적이지는 않았지만 화이관적 입장에서 日本夷狄觀을 일정하게 지니고 있었다. 이에 비해 이예에게서는 일본에 대해 夷狄視하는 관념을 거의 찾아볼 수 없다.

둘째, 대마도인이나 本州의 일본에 대해 어떤 민족적인 특성을 강조하거나 양자를 구분하는 인식을 가지고 있지 않은 것 같다. 단지 대마도주의 違約과 대마도인들이 이익을 탐하고 그들의 요구가 충족되지 않으면 언제든지 변란을 일으킬 소지가 있다는 점 정도를 강조하였을 뿐이다. 이것은 당시의 사정을 사실 그대로 말해 주는 것이므로 특별한 선입견의 표출은 아니라고 생각된다. 대마도인에 대한 대책으로 이예는 외교적인 방법을 강조하는 편이었다. 물론 군사적인 방비를 항상 튼튼히 해야 한다는 점을 강조하고 나름대로 海防對策을 강구하기도 하였지만, 그는 기본적으로 대마도인을 외교적 수단으로 회유해야 한다고 보았다. 그것은 오랫동안의 외교경험의 소산이라고 보이지만, 하여튼 대마도인에 대한 그의 관념은 부정적인 것만은 아니었다.

셋째, 일본 서부(西國) 지역의 정치적 상황에 대해 항상 주의를 기울이며 상황변화에 따른 대책을 건의하였다. 그는 倭寇의 존재실태와 통제방법, 그에 따른 대일통교의 방책을 세밀하게 제시하였으며, 서부지역의 호족 중에서는 大內殿에 대해 우호적인 태도를 나타내었다. 이예의 이러한 정확한 관찰에 따른 건의는 조정에 의해 대부분 채택되어 조선정부의 대일정책으로 반영되었다.

넷째, 이예의 일본에 대한 관심이 주로 정치·군사·경제적인 측면에 집중되어 있는 반면 일본의 유교나 불교문화 및 사회상에 관해서는 별로 언급이 없다. 이 점 송희경과 신숙주와 비교해 볼 때 대비되는 요소이다. 대마도정벌 직후인 세종 2년(1420) 회례사로 일본에 사행한 후 일본사행록 『노송당일본행록』을 저술한 송희경은 일본의 문화와 사회상에 대해 상당히 세밀하게 관찰하고 풍부한 기록을 남기고 있다. 신숙주도 『해동제국기』에서 일본의 풍속과 문화에 대해 깊이 있는 관찰을 남기고 있다. 여기에는 물론 대일관계에서 맡은 활동, 직책 등이 달랐으며, 또 시대적인 차이도 고려되어야 할 것이다.

다섯째, 天皇과 연관된 일본국내의 정치적 권력관계에 대한 인식에는 미흡한 점이 있었다. 이예는 室町幕府 將軍의 권력이 西國 지역의 守護大名과 대마도 등의 소호족들에게 영향력이 적다는 사실에 관해서는 정확하게 파악하고 구체적인 대책까지를 제시하였다. 그러나 天皇의 존재나 室町幕府 將軍과의 권력관계 등에 대해서는 전혀 언급한 바가 없다. 이예뿐만 아니라 송희경도 일본의 천황에 대해서는 전혀 기술하지 않았다.

이에 비해 신숙주는 『해동제국기』 日本國紀에서 〈天皇代序〉 〈國王代序〉라는 독립된 항목을 마련해 조선국왕의 외교상대였던 室町幕府 將軍 외에 천황에 관해 상세히 기술하였다. 천황과 막부장군의 정치적 권력관계는 신숙주에 와서 비로소 본격적으로 인식되었다. 이에 따라 당시 室町幕府의 장군이 '日本國王'의 자격으로서 조선국왕과 대등한 의례를 취하고 있었던 교린체제의 문제점도 제기될 수 있었다. 이와 관련해 주목할 만한 사실은 성종 10년(1479) 10월 일본에 통신사행(정사 李亨元)을 파견하려 했을 때 일본의 천황과 국왕에 대해서 상세히 알아 올 것을 지시하였다는 점이다. 이 시기에 오면 막부장군뿐만이 아니라 천황에 대해서도 관심이 고조되었음을 알 수 있다.

『鶴坡先生實記』의 종합적 검토

나카타 미노루(中田 稔)
동경학예대학 대학원연합(요코하마국립대학) 박사과정,
가나가와현립 시치리가하마고등학교 교사

1. 머리말
2. 『鶴坡先生實記』의 구성 및 편찬과정
3. 『鶴坡先生實記』에 보이는 李藝 像
4. 「海外日記」의 검토
5. 맺음말

1. 머리말

李藝의 일본사행은 『世宗實錄』 卒記[1])에 의하면 40여 회에 이르고, 『태조실록』, 『태종실록』, 『세종실록』의 기사에는 16회의 渡日(표류도 포함)의 구체적 기사가 확인된다. 그 동안 李藝의 활동은 사행원으로서의 외교교섭은 물론이고, 일본 사회나 문화의 관찰과 上申, 선박에 대한 깊은 관심, 일본에서의 상행위라는 다양한 측면을 지니며, 그 범위는 西日本 전역에서 琉球에까지 미치고 있었다. 그것들의 구체적인 내용은 한국에서 발표

---

1) 『世宗實錄』 권 127, 27년 2월 정묘조.
2) 한문종, 「조선 초기 李藝의 대일교섭활동에 대하여」, 『전북사학』 11·12합집, 전북사학회, 1989.
  지두환, 「세종대 대일정책과 李藝의 대일활동」, 『한국문화연구』 5, 부산대학교 한국문화연구소, 1991.
  이명훈, 「한일 문화교류의 선구자: 통신사 李藝의 생애와 업적」, 『李藝의 사명』, 새로운사람들, 2005.

된 3개의 논문에 정리되어 있다.[2]

　李藝에 관한 사료로는 李藝 사후 400년이 지나 간행된 『鶴坡先生實記』가 있다. 『鶴坡先生實記』[3]는 현재까지 『태종실록』이나 『세종실록』 등에서는 알 수 없는 李藝의 대일교섭활동을 살펴보기 위한 사료로서 읽혀져 왔지만[4] 검토가 충분하게 이루어져 있다고 하기는 어렵다.

　본고는 사료로서의 『鶴坡先生實記』를 종합적으로 검토해 보고자 한다. 우선 『鶴坡先生實記』의 구조를 명확하게 한 후 그 편찬과정의 분석을 행하겠다. 분석에서는 『鶴坡先生實記』 편찬과정과 鶴城李氏 후손들의 祠廟·書院 정비 과정과의 관련성을 토대로 하겠다(1절). 다음으로 『鶴坡先生實記』에서 묘사된 李藝像을 정리하고(2절), 마지막으로 그와 같은 李藝像의 사료적 근거가 되는 부분 가운데 「海外日記」를 분석해서(3절), 『鶴坡先生實記』의 사료적 성격을 종합적으로 밝혀 보고자 한다.

2. 『鶴坡先生實記』의 구성 및 편찬 과정

　『鶴坡先生實記』는 3권 1책으로 구성되는데 필자는 한문종 씨와 마찬가지로 두 종류를 확인하였다. 즉 국사편찬위원회소장의 목판본과 서울대학교 규장각도서관 소장의 필사본이다. 전자는 序 2편(정조2년/1790/ 丁範祖 撰, 고종 9년/1872/ 金炳學 撰)을 수록한 것에 비해서 후자는 그것들을 수록하지 않았다. 양자는 종횡의 자수(종 18문자 × 횡 10행)도 같고, 목판본을 기준으로 필사본을 본 경우 전체에서 몇 글자 빠진 것이므로 필

---

[3] 이 기록의 명칭에 대해서는 앞으로 서술하듯이 (이 기록이) 鶴城李氏의 후손들이 李藝를 顯彰하기 위하여 편찬·간행하였다는 색채가 강하기 때문에 『鶴坡先生實記』로 통일하겠다.
[4] 한문종, 각주2 論考.

사본은 이미 성립하고 있었던 목판본을 그대로 베낀 것이라고 생각된다. 따라서 본고는 국사편찬위원회 소장의 목판본을 이용하기로 한다.

1)『鶴坡先生實記』의 구성과 그 특징

우선 전체의 구성을 살펴보기로 한다. 다음 〈표 1〉은 앞부분의 목차를 일람표로 만든 것이다.

〈표 1〉에서『鶴坡先生實記』의 구성 및 편찬과정에 관한 중요사항을 살펴보고자 한다. 우선 구성을 개관하겠다. 주목되는 것은 두 개의「序文」에 이은「事蹟」이다.「功牌」,「海外日記」및 官撰 私撰의 諸文獻에 기재된 李藝 관련 기사를 집약한「朝野記載合錄」으로 이루어진「事蹟」은『鶴坡先生實記』중에서 李藝의 활동을 알 수 있는 사료이다(이하, 본 보고에서는 사

〈표 1〉『鶴坡先生実記』의 全体像 (韓國國史編纂委員會所藏 木版本에 依拠)

| 序文 | 丁範祖 | 正朝 14 (1790) |
| | 金炳學 | 高宗 9 (1872) |

「事蹟」(執筆年代)

功牌		
海外日記		※
朝野記載合錄		
「輿地勝覽」		成宗 12(1481)
「震乘」		不明
「攷事撮要」		明宗 9(1554)
「列朝記紀」		正祖 1-15(1777~91)
「國朝寶鑑」		世宗代から編纂
「李月沙廷龜奏文」		宣祖 31(1598)
「楊大峯家藏書」		不明
「壬辰野話」		不明

「記實文」

行狀	柳相一	英祖 13 (1737)
書行狀後	趙宣陽	英祖代
識狀	金漢喆	英祖 35~45 (1759~69)
識狀	金炳學	高宗 9(1872)
傳	金岱鎭	高宗 8(1871)
遺事	柳厚祚	高宗 8(1871)

※「海外日記」의 집필연대에 관해서는 계속 연구·검토하고 있는 중이다.

「祠院文」

祠院總記	韓鎭庭	哲宗 14(1863)
龍淵祠創建時鄕儒通文	尹就徵等	英祖 13(1737) 頃
龍淵祠開基祝文	鄭權	英祖 13(1737) 頃
廟宇上樑文	鄭重器	英祖 13(1737) 頃
奉安文	李德標	英祖 13(1737) 頃
常享祝文	鄭重器	英祖 13(1737) 頃
石溪祠移建開基祝文	李表吾	正祖 6(1782)
廟宇上樑文	李時潤	正祖 6(1782)
講壇上樑文	南景義	正祖 22(1798)
鄕通文	朴晦錫等	正祖 22(1798)
奉安文	南景義	正祖 22(1798)
常享祝文	南景義	正祖 22(1798)
敬守堂記	金裕憲	正祖 22(1798)?
陞建時道儒通文	金鎭龍 等	哲宗 11(1860)
改題主還安告由文	柳明	哲宗 11(1860)?
書院記	李忠翼	哲宗 14(1863)
尙忠祠揭板幷序	韓鎭庭	哲宗 14(1863)
遺墟碑銘幷書	李晩運	高宗 9(1872)
遺墟碑銘陰記	孫相馹	高宗 9(1872)

題詠

| 石溪祠奉安時題咏 | 崔琮 | 正祖 9(1785) |
| 鄕通題咏 | 李養吾他 | 正祖 23(1799) |

識文・跋文

識	李家煥	正祖 22(1798)
跋	李海祥	高宗 8(1871)
跋	鄭顯德	高宗 9(1872)
後識	李敏粲	高宗 9(1872)

료적 부분이라고 부른다). 다음이 「記實文」으로 중앙정부의 관원들이 사료적 부분을 토대로 하여 李藝의 업적을 顯彰한 문장이다(여기까지가 권 1). 권 2 「祠院文」은 李藝를 시조로 모시는 鶴城李氏 가문에서 행해진 祠廟·書院 등의 정비 과정 중에서 節目이 되는 시기에 기록된 글을 모은 것으로 그중에서도 李藝를 顯彰하는 내용을 포함한 것이 적지 않다. 권 3은 「題詠」과 「識文·跋文」으로 이루어진다.

「題詠」은 鶴城李氏 가문에서 행해진 사묘·서원 등의 정비 과정 중에서 龍淵祠에서 石溪寺로 이건할 때와 鄕祠에 복귀한 때에 더해진 시문을 모은 것이다. 「識文·跋文」은 跋 또는 편집후기에 해당하는 부분으로 그 가운데에도 李藝를 顯彰하는 내용이 포함된다. 이와 같이 사료적 부분(「功牌」「海外日記」「朝野記載合錄」) 이외의 문장은 李藝 顯彰의 성격을 갖는 문장이 대부분이므로 본고에서는 顯彰文으로 일괄하겠다. 즉 『鶴坡先生實記』는 사료적 부분과 그것들을 토대로 撰한 李藝의 顯彰文集이라는 구조를 갖는 것이다.

다음으로 각 顯彰文의 집필 연대에 주목하겠다. 顯彰文은 집필 연대에 따라 ① 영조대 ② 정조대 ③ 철종~고종대라는 3그룹으로 나눌 수가 있으며, 자세하게 보면 ② 정조대에는 말기인 정조 22~23년(1798-99)으로 顯彰文이 집중한 시기이고, ③ 철종~고종대에는 철종대의 顯彰文과 고종대의 그것 사이에는 10년 정도의 차이가 있다. 또한 「序文」「記實文」「題詠」「識文·跋文」의 집필 연대를 자세하게 보면 같은 시기에 쓰인 「祠院文」이 존재하는 것으로 미루어 顯彰文의 집필은 鶴城李氏 가문에서 이루어진 龍淵祠 창건으로부터 石溪書院에 이르는 서원 정비 과정과 깊은 관련이 있는 것이 확실하다.

거기에서 문제가 되는 것은 鶴城李氏 가문에서 있어서 祠廟·書院 등의 정비 과정이다.

이하 項을 달리해시 韓鎭庭의 「祠院總記」를 비롯한 「祠院文」을 토대로

鶴城李氏 가문의 사묘·서원의 정비 과정을 두루 살피고, 그 밖의 顯彰文과의 관련을 보면서 『鶴坡先生實記』 편찬 과정을 기술하고자 한다.

2) 鶴城李氏家門에 있어서 사묘·서원 건립과 『鶴坡先生實記』의 편찬

「祠院文」의 필두에 있는 철종대에 기록된 韓鎭庭[5]의 「祠院總記」는 鶴城李氏의 사묘·서원 정비의 이력을 기록한 문장이다. 그것에 의하면 鶴城李氏의 서원 건립운동의 기원은 영조대로 거슬러 올라간다. 「英祖十三年丁巳」(1737)에 「本鄕」(울산부)의 사림인 「峻發公」이 사우 창건을 의논하였다. 이때 마침 「淸臺權先生相一(權相一)」이 「知府事」였는데, 그에 앞서 遺墟를 방문하던 중 마음이 움직여 李藝의 후손인 李元聃·李光熹로부터 건네진 「家狀」에 기초하여 李藝의 「行狀」을 撰하고,[6] 「尙忠」이라는 廟號와 「龍淵」이라는 社號를 정했다고 한다. 「祠院總記」에는 「아마도 建祠의 일은 선생(權相一)이 제창한 것이리라(盖建祠之議先生倡之也)」라고 나와 있는 것으로 미루어 울산지역에서 李藝 顯彰은 지역의 사림 및 權相一[7]에게서 시작된 듯하다. 나아가 祠宇 創建時에 거둬들인 「龍淵祠創建時鄕

---

5) 韓鎭庭은 권 2 「祠院文」 필두의 「祠院總記」와 말미의 「상충비명서」를 찬하고 있는 것에서 「祠院文」 전체를 정리한 인물로 생각된다. 「상충비명서」 文末에는 「正憲大夫前行兵曹判書兼知 經筵成均館春秋館義禁府事五衛都摠府都摠管西原韓鎭庭撰」으로 되어 있다.
6) 이 정도는 「記實文」의 필두에 있는 權相一 「行狀」의 기재와 일치한다. 「行狀」에 의거하여 쓰인 듯하다.
7) 1672-1759(숙종 5~영조 5). 字는 台中, 호는 淸台, 후에 대사간·홍문관부제학, 대사헌 등을 역임하였다. 그 전 단계로 蔚山府使가 되어(1735) 春秋館 編修官을 겸임하고 있고, 이 시기에 李藝 顯彰에 관여하였다.(한국정신문화연구원, 『한국민족문화대백과사전』, 서울, 1995를 참조하였다.) 이하 인물에 관한 데이터는 이 사전에 의하였다.
8) 鷗江書院은 고려 말기의 문신 정몽주를 배향한 남인계의 서원으로 숙종 5년(1679)에 봉안되었다.

儒通文」에서는 龍淵祠 창건에 즈음하여 울산의 유력서원인 鷗江書院[8] 관계자들의 협력도 있었음을 엿볼 수 있다.

정조대에는 祠의 이건이 이루어졌다. 「正祖六年壬寅」(1782)에 「府治의 서쪽 삼십리에 위치한 文珠山 남쪽 石川里에 移建」이라고 되어 있다. 이 때의 묘호는 「尙忠」 그대로이고(「廟號仍舊」), 社號는 「石溪」로 바뀌었다 (「社號曰石溪」). 또한 권 3에 있는 「石溪祠奉安時題詠」의 모두에는 「乙巳十二月」(1785)이라도 되어 있는 점에서 이건 후 廟宇의 완성까지는 3년여의 시간을 요했음을 추정할 수 있다. 한편 그 5년 후에 丁範祖[9]로부터 「序文」을 얻은 점을 근거로 이 단계에서 鶴城李氏 가문은 「鶴坡李藝先生의實記」 편찬 활동을 본격화하고 있었음이 판명된다.

「祠院總記」에는 실려 있지 않지만 南景羲의 「講堂上樑文」에 의하면 講堂의 上梁(上樑)이 이루어진 것은 정조 22년(1798)이었다(「正祖戊午建」). 이 「講堂上樑文」을 포함하여 그 해에는 「鄕儒通文」 「常享祝文」 「敬守堂記」라는 祠院文이 기록되고, 그중에 두 개는 南景羲의 撰이다. 李家煥[10] 이 「識」을 보낸 것도 이 해이고, 이것에 앞서 撰하여진 丁範祖의 「序文」과 합하면, 정조대 말에는 나름대로의 체제가 정돈된다.(이하, 본 보고에서는 가칭 『原鶴坡先生實記』라고 부른다.)

---

9) 1723-1801(경종 3~순조 1). 字는 法世, 호는 海左, 영조 39년(1763)에 과거에 급제. 시문의 재능을 평가받아 만년까지 官에 계속 등용된 것은 耆老社에 들어가면서 刑曹判書와 知春秋館事를 겸임하고 있었다는 것에서도 알 수 있다. 정조 사후에는 挽章을 찬하고, 『正祖實錄』 편찬에 참여하였다. 『鶴坡先生實記』 「序」에서 지함은 「通政大夫前吏曹參議」로 되어 있다.

10) 1742~1801(영조 18~순조 1). 字는 廷藻, 호는 錦帶, 정조 1년(1777) 과거에 급제, 천주교 신자로 저명한 이승훈의 숙부이고 정약용 등 초기의 천주교 신자와 交友가 있었는데, 辛亥迫害(1791) 때에는 官으로 이것을 탄압하는 측으로 돌았다. 후에 다시 천주교를 연구하고, 이승훈 등과 함께 순교하였다. 천문학과 수학에도 정통하였다고 한다. 『鶴坡先生實記』 「識」에서의 직함은 「資憲大夫前工曹判書兼知義禁府事五衛都摠府都摠管」으로 되어 있다.

石溪寺는 건조물은 늘었지만, 이 단계에서는 祠廟였던 듯하다. 그러나 「祠院總記」에 의하면 다음해인 「二十三年己未十一月十日」(1799)에 「改題하고 奉安하였다」고 되어 있고 이어 「일찍이 나라가 신설을 금하였으므로 그 때문에 撤하여 私廟가 되고, 이때에 이르러 鄕祠로 회복하였다」라고 되어 있는데, 어떻든 鄕祠였던 것이 私廟로 격하되고, 다시 鄕祠로 격상된[11] 것임을 알 수 있다. 鶴城李氏 가문에 있어서 이것은 큰 기쁨이었던 듯하며 권 3에는 후손 李養吾 외 18명이 題永을 보내고 있다. 講堂의 上樑·假稱 『原鶴坡先生實記』의 完成·鄕祠로의 복귀가 이뤄진 정조대 말이 鶴城李氏 가문의 선조 顯彰운동에 있어서 하나의 전기였던 것은 틀림없다.

「祠院總記」는 계속된다. "그 62년 후인 경신년(1860) 道儒는 '陞號之論'을 들기 시작하고……"라고 되어 있고, 이어서 "哲宗二十一年 庚申 3月 陞院"이라 되어 있다. 石溪書院의 탄생이다. 이때 祠院文으로는 「陞院時道儒通文」「改題主還安告由文」「書院記」 등 세 종류가 있다. 그러나 鄕祠 복귀시에 18명으로부터 題永이 보내어졌는데, 서원승격에 동반하여 훨씬 많이 보내어졌을 「題永」(예컨대 이름하자면 「陞院時題永」)이 실려 있지 않은 것은 이해하기 어렵다.

더욱이 "十四年 癸亥(1863) 여름 4월 尙忠祠碑를 院門 밖에 세운다"라고 하여 철종 14년(1863)에 상충사비가 세워진 것을 기술하고 있다. 상충사에 새겨진 문장(「尙忠祠銘竝序」)을 지은 사람은 「祠院總記」를 찬한 韓鎭庭 바로 그 사람이었다. 「祠院總記」는 여기에서 끝나고 있다. 이 단계에서 石溪書院의 체제는 정비되었다.

그러나 여기에서 鶴城李氏 가문에게 커다란 시련이 찾아왔다. 고종대

---

11) 鄕祠로의 승격은 廟가 官에 공인되었음을 의미한다. 이것으로 李藝의 제사는 鶴城李氏로서 私的으로 행하는 것이 아니라 蔚州郡에서 公的으로 하는 것이 다시 허가되었다.
12) 「書院一覽表」(안장헌·이상해, 『서원』, 서울, 열화당, 1998, 391쪽에 所收) 참조.

에 들어가 집정자인 흥선대원군이 지휘한 서원철폐정책의 영향을 받은 것이다. 대원군은 전국 서원 가운데 47개소를 제외하고 대부분을 훼철했는데, 石溪書院도 그 예외는 아니어서 고종 5년(1868)에 훼철되었다.[12] 서원으로 승격된 지 겨우 8년 만의 일이었다. 서원 승격에 동반하여 다수 거두어졌을 「陞院時題詠」이 보이지 않는 것은 그것과 관련이 있는 듯하다.[13] 『鶴坡先生實記』는 당초에는 게재할 예정이었던 「陞院時題詠」이 의도적으로 삭제되어 간행되었다고 추측할 수 있다.

『鶴坡先生實記』의 간행은 석계서원 훼철 4년 후의 일이다. 필자는 고종대의 『鶴坡先生實記』 간행 목적은 鶴城李氏 문중이 힘을 합친 石溪書院의 復設에 있었다고 생각한다. 고종 즉위 후에 좌의정에 승진하고 대원군과 같은 위정척사론자이며, 『鶴坡先生實記』 간행단계에서는 영의정의 지위에 있었던 金炳學[14]으로부터 「諡狀」 및 「序文」을 얻은 것은 金炳學의 가까이에 있었을 대원군에게 강력하게 서원 복설을 하기 위한 포석이었음에 틀림없고, 서원 승격 시에 많이 거둬들여졌을 「陞院時題詠」을 의도적으로 제외한 이유도 서원 복설을 호소하기 위한 문집이라고 생각하면 납득이 간다. 石溪書院 훼철 후는 고종 8년(1871)부터 9년에 걸쳐서 金炳學의 「諡狀」「序文」을 포함한 「記實文」 등 세 종류·「발」 두 종류·李璋燦의 「後識」 등 모두 일곱 종류의 顯彰文이 더해져 있다. 李璋燦 등 후손들은

---

13) 『鶴坡先生實記』에 있어서 「석계사봉안시제영」「鄕祠時題詠」 부분은 13쪽이므로, 혹시 만약, 이것도 같은 정도의 분량의 「陞院時題詠」이 수록되어 있으면 「권 3」도 40쪽을 넘고, 다른 2권과의 균형이 취해지는 것에는 유의해서 좋은 것은 아닐까?
14) 1821~1879(순조 21~고종 16). 철종 4년(1853)에 괴기에 급제. 안동김씨였으므로 세도정치를 배경으로 대사헌·판서를 역임, 고종이 즉위하자 고종 즉위에 대한 공헌과 외척으로서 출세를 계속한다. 보수적인 척왜론자로 병인년(1866)에는 천주교 탄압을 극력 주장, 丙寅洋擾時에도 대원군을 지지하였다. 후에 조일수호조규 체결을 강력하게 반대하였다고 한다. 『鶴坡先生實記』「序文」 및 「시장」에 있는 직함은 「大匡輔國崇祿大夫議政府領議政兼領經筵弘文館藝文館春秋館觀象監事」라고 나와 있다.

『鶴坡先生實記』 간행을 위해 정력적으로 체제를 정비했을 뿐만 아니라 당시 최고위의 정치가들[15]에게도 적극적으로 요청하였던 것이다.

이상에서 鶴城李氏 및 울주군 사림들의 사이에 이루어진 사묘・서원의 정비 과정과 『鶴坡先生實記』 편찬 과정은 관련되어 있고, 크게 보면 세 가지의 흐름이 있었음을 알 수 있다.

제1흐름은 영조대(18세기 전반)로 영조 13년(1737) 사우 창건에 동반한 움직임이다. 權相一의 「行狀」에 의하면 영조대 李藝 顯彰運動의 중심은 후손 李元聃・光憙 등이었다. 그들은 울산에 부임한 權相一에게 그들이 정리한 「家狀」을 건네고, 權相一은 그것들을 기초로 李藝의 「行狀」을 적었다.

제2흐름은 정조대(18세기 후반)로, 정조 6년(1782)의 祠의 이건에 동반한 움직임과 정조 22년(1798)의 講堂上樑文・이듬해인 23년(1799) 鄕祠로의 승격에 동반한 것이었다. 양자의 사이에는 10년 이상의 간극이 있으므로, 제2흐름은 나아가 두 개로 나눌 수도 있다. 정조대의 李藝 顯彰운동의 중심으로서는 「石溪祠移建開基祝文」을 찬한 후손 李養吾・「廟宇上木梁文」을 찬한 9세손 李時潤의 이름이 보인다. 祠院文 안에는 南景憙가 찬한 것이 여럿 있고, 그 밖에 丁範祖와 이가환이라는 고관으로부터 「序文」을 얻었으며 가칭 『原鶴坡先生實記』로서의 체제가 정비된 것이 이즈음이다.

제3흐름은 철종대~고종대(19세기 후반)로 철종 11년(1860)의 陞院・동 14년(1863)의 상충사 건립에 동반한 움직임과 고종 9년(1872)의 『鶴坡先生實記』 간행・유허비 건립에 동반한 움직임이었다. 양자의 사이에는 고종 5년(1868)의 석계서원 훼철이 있으므로, 제3흐름도 두 시기로 나누

---

15) 특히 金炳學과 柳厚祚가 모두 1품 중에서 가장 격상된 「大匡輔國崇祿大夫」의 칭호를 가진 것에 유의하고자 한다.

어 취급할 수 있다. 이 시기 李藝 顯彰運動의 중심은 어디까지나 13세손 李璋燦이다. 협력자로서는 철종대에 「祠院總記」를 찬하고, 「祠院文」 전체의 중심이 된 韓鎭庭, 고종대에 있어서 石溪書院 훼철 후에 「序文」「謚狀」을 찬한 金炳學 등이 있다.

이와 같이 「祠院文」을 축으로 하여 顯彰文 전체를 훑어보면 李元聃 · 光憙(영조대), 李養吾 · 時潤(정조대), 李璋燦(철종~고종대)라는 후손들이 울산 사림들의 협력을 얻으면서 權相一(영조대), 이가환 등(정조대), 韓鎭庭(철종대), 金炳學(고종대)이라는 고관들의 조력을 얻어 『鶴坡先生實記』의 간행에 이르렀다는 것을 알 수 있다.

서원은 어디까지나 경학의 장이었기 때문에 그 곳에서 제사되는 인물에 관한 문집의 편찬은 필수였다. 『鶴坡先生實記』에서도 사묘 · 강당 · 비라는 건조물의 건립과 문집의 편찬은 관련되어 있었다. 그러나 『鶴坡先生實記』는 결과적으로는 서원복설운동의 일환으로서 간행되었다. 즉 『鶴坡先生實記』 간행은 이예를 시조로 우러르는 鶴城李氏 가문의 사족가문으로서의 위신을 유지하는 것이 목적이었다. 그런 의미에서 지극히 사회성 · 정치성이 강한 문집이 되었던 것이다.

鶴城李氏에서 사묘 · 서원의 정비 및 『鶴坡先生實記』 편찬의 움직임이 파상적으로 일어난 18~19세기의 조선사회는 신분제의 동요가 격한 시기였다고 말해진다. 宮嶋博史 씨의 정리[16)]에 의하면 그 실태는 하나는 노비제의 해체이고, 또 하나는 양반 서자 및 非兩班 속에 소위 「饒戶富民」[17)]들, 그리고 지방행정실무 담당자인 향리층의 양반지향이었다. 특히 후자의 경우 서자나 「요호부민」은 향안에 入錄을 요구하고, 향리층 중에는 과

---

16) 宮嶋博史 · 岸本美緖, 『明淸と李朝の時代』(中央公論社, 1998), 所收의 宮嶋稿, 「新たな挑戰者たち―李朝末期の朝鮮」, 328~336쪽.
17) 17세기 이후의 농업집약화 · 상품경제화의 흐름에 의해 부를 축적한 양인 · 노비 신분 출신의 사람들.

〈표 2〉 조선시대 서원·사우의 왕대별 비율
(尹熙勉,『조선시대 서원과 양반』, 115쪽)

	書院	祠宇	合計
中宗	1		1
明宗	16		16
宣祖	70	27	97
光海	35	7	42
仁祖	33	33	66
孝宗	31	11	42
顯宗	48	25	73
肅宗	175	188	363
景宗	8	25	33
英祖	50	166	216
正祖	47	75	122
純祖	52	128	180
憲宗	12	34	53
哲宗	19	34	53
高宗	1	6	7

※ 그 밖에 설립 미상의 서원 82·사우 282개가 있고, 합계로는 書院 680·祠宇 1,041이 된다.

거시험을 목표로 하여, 족보로의 入錄을 요구하는 자도 나타났다. 양반가문의 다수는 고려시대 지방유력자인 토착 邑吏層과 중첩되어 있어서 향리도 양반도 선조를 공유하고 있는 경우가 많았기 때문이다. 그것에 대해서 전통적인 양반사족들도 자신들의 가문의 정통성을 주장함과 동시에 일문의 결집을 꾀하고 여러 가지 움직임을 보였다.

尹熙勉 씨는 정조대부터 순조대 이후에 걸쳐서 서원의 확대가 다시 격화되는 것을 지적하고, 濫設의 주체인 양반이 "내부적으로는 자신들의 족적 결합을 위하여, 대외적으로는 자기 문중의 사회적 위세를 실현하기 위하여…… 족보와 문집을 간행하고 齋室, 亭 등을 건립하였다. 그래서…… 門中書院을 남설하였다"[18])고 하고 있다. 鶴城李氏에 있어서 一門의 시조인 李藝 顯彰의 움직임도 그러한 움직임의 일환으로 생각할 수 있는데, 〈표 2〉에서는 石溪書院은 尹熙勉 씨가 지적한 많은 「문중서원」 건설의 最末期에 상당하는 시기에 행해진 것을 읽어 낼 수 있다.

---

18) 尹熙勉,『朝鮮時代 書院과 兩班』, 서울, 집문당, 108~109쪽.

『鶴坡先生實記』를 보는 한, 鶴城李氏 문중은 〈표 2〉에서 알 수 있는 서원·사우 모두가 활발하게 만들어진 순조대에 어떠한 움직임도 보이지 않고 있다. 그간 어떠한 사정에 의해서 간행을 위한 움직임이 없다가 그 후 철종 11년(1860)에 陞院이 인정되었다. 그러나 그 8년 후인 고종 5년(1868)에 서원이 훼철되고 말았기 때문에 당시 간행을 위해 단계적·피상적인 준비가 진행되고 있었던 문집『鶴坡先生實記』는 결과적으로 書院復設 기도라는 성격을 띠지 않을 수 없었다는 것이 필자의 추측이다.

3. 『鶴坡先生實記』에 보이는 李藝 像

본 절에서는『鶴坡先生實記』에 있어서 顯彰되는 李藝 像을 구체적으로 분석하고자 한다.

본래는 사료적 부분(사료집의 역할을 수행하고 있는 「事蹟」 소재의 「功牌」「海外日記」「朝野記載合錄」)에서 분석해야 할 것이지만, 이 가운데 「海外日記」는 특히 신중한 검토를 요하므로, 여기에서는 顯彰文에 나타나는 李藝 像을 먼저 검토하기로 한다. 우선 가장 오래된 顯彰文인(사묘건립, [龍淵祠創建]시에 李藝 顯彰에 관여하게 된) 權相一의 「行狀」을 비롯하여 영조~정조대에 있어서 李藝 像을 정리하는 것부터 시작하고자 한다.

1) 영조~정조대의 李藝 像: 權相一의 「行狀」과 그 후의 顯彰文

우선 權相一의 「行狀」이다. 權相一은 冒頭에서 李藝 顯彰에 관여한 경위를 기술하고, 다음으로 李藝의 후손 李元聃과 李光憙가 「家乘及雜記」에서 찬한 「家狀一通」을 토대로 「行狀」을 집필하였다고 한다. 다음으로 李藝의 生年[19]을 기록하고, 李藝의 소개에 들어가겠다. 소개는 李藝 본인에 관련된 4개의 요소(이하 A·B·C·D)와 李藝의 아들에 관한 두 개의 요소(E·F)이다.

요소 A: 蔚州의 吏(記官)였던 16세 때 上司(郡司 李殷)이 왜구에 잡혔을 때에 그 뒤를 쫓아 對馬에 건너가고, 對馬에서도 3년 동안 李殷을 모시다가 드디어 왜인 2인과 함께 방환한 것.[20)

요소 B: 태종조에 사절로 일본·유구에 13번 사행하고, 피로인 200여 인을 쇄환한 것.[21)

요소 C: 세종 원년(1419) 왕이 對馬를 토벌하도록 명했을 때 中軍兵馬副帥로서 선봉에서 위험을 무릅쓰고 분전하여 이름을 드날리고 개선하여, 특히 「功牌」를 하사받은 것.[22)

요소 D: 正統 癸亥年(1443) 왜구가 명의 연안 및 제주도를 침략하고 그 남은 무리가 對馬島로 돌아갔을 때 왕에 의해 특별히 對馬島에 파견되었다. 李藝는 島主를 회유하고 島主도 도리어(남은 무리를) 숨기지 않고 57명을 李藝에게 송부하였다. 그들은 명 황제에게 보내졌기 때문에 명황제는 크게 기뻐하였다는 것.[23)

---

19) 「其狀 公生於洪武十四年辛酉」라고 기술하고, 李藝의 생년은 「家狀」에 의하면 洪武 14년(1381)이라고 되어 있다. 『世宗實錄』 卒記에서 생년(1373)보다 8년 느리다.
20) 「十六歲以記官, 隨知郡李殷被虜到倭國, 事殷如在郡時, 朝暮 … 其主守久困拘, 俱放還, 卽洪武戊寅也. 朝廷大加嘉賞, 擢拜奉列大夫禮賓少尹行左軍司直」(『鶴坡先生實記』, 權相一「行狀」, 下線部는 인용자)
21) 「太宗朝 奉命使日本及琉球凡十三度 刷還被虜六百余人」(『鶴坡先生實記』, 權相一「行狀」).
22) 「世宗元年, 命討對馬島, 公以中軍兵馬副帥, 爲先鋒, 掃蕩窟穴, 忘身犯危, 勳名益著, 凱還. 卽命超秩, 特賜功牌」(『鶴坡先生實記』 權相一「行狀」).
23) 「正統癸亥, 倭賊寇 上國沿海地面, 又掠我濟州, 爲邊將所獲余賊, 遁歸對馬島. 上特遣公, 諭島主執送. 島主不敢匿, 執五十七名, 付送因上獻于帝. 帝降勅嘉獎, 又賜澧幣表裏等物.」(『鶴坡先生實記』, 權相一「行狀」, 下線部는 인용자).

요소 E: 李藝의 아들 宗實은 수군절도사로서 세번 對馬島를 토벌하고, 돌아올 때에 폭풍을 만나 바다에 빠져서 조정은 예관을 파견하여 조문하였다는 것.[24]

요소 F: 李藝의 아들 宗謹(또는 宗根)은 司馬에 합격하여 文義縣令을 지냈다는 것.[25]

위의 6가지 요소가 『鶴坡先生實記』에 있어서 李藝顯彰의 기본 부분이다. 다음으로 「行狀」과 사료적 부분 가운데 「朝野記載合錄」「功牌」의 관련을 검토하겠다. 「行狀」과 「朝野記載合錄」은 顯彰要素에 관련되어 그 일부(각주 20 밑줄 그은 부분)가 (「朝野記載合錄」의)『東國輿地勝覽』인용부분[26]과 공통되고, 요소 D에 관해서(각주 23 밑줄 그은 부분)(「朝野記載合錄」의)『攷事撮要』[27] 인용부분[28]과 공통되는 부분이 많다. 여기에서 『攷事撮要』에서는 李藝가 13인을 管送하였다고 기록되어 있는 것에 반하여 「行狀」이 57인으로 되어 있는 것이[29] 주목된다. 이 「57인」의 출처는

---

24) 「子宗實行水軍節度使, 討對馬島凡三度, 及還遇風溺海中. 朝家遣禮官, 招魂以葬.」(『鶴坡先生實記』, 「行狀」〔權相一〕).
25) 「宗謹一作宗根 中司馬行文義縣令」(『鶴坡先生實記』, 權相一 「行狀」).
26) 「李藝本府吏也, 與知郡李殷, 俱被倭虜, 到日本, 事殷如在郡時, 倭人感其有禮, 俱放還. 免吏役, 後官至知中樞院使.」(『鶴坡先生實記』「朝野記載合錄」「輿地勝覽」).
27) 1554년(명종 9)에 魚叔權이 편찬한 類書(백과전서). 조선시대의 事大交隣을 비롯한 필요불가결한 상식을 뽑아서 편찬한 것.
28) 「正統八年 世宗二十五年癸亥 倭賊寇 上國沿海地面 又掠我濟州 爲邊將所獲余賊 逃歸對馬島 遣李藝論島主執送 島主不敢匿 執十三名 付藝以送 遂遣辛引孫 獻于帝 帝降勅嘉奬 又賜禮幣表裏等物」(『鶴坡先生實記』「朝野記載合錄」「故事撮要」).
29) 史實로서는 13명이 맞고, 57명이라는 숫자는 (李藝가 호송한 13명 가운데 12명과 그것에 앞서 제주도를 침탈하려다 사로잡힌 45명을 합친 숫자로) 세종 26년(1444) 2월 2일에 병조참판 辛仁孫에 의해서 명의 수도 북경에 압송된 사람 수이다(이 사건은 명나라 연안을 침탈한 왜구를 조선이 잡아서 명에 보내는 미증유의 사건이었다. 상세한 것은 有井智德, 「十四・十五世紀 倭寇をめぐる中韓關係」(『高麗李朝史の硏究』, 國書刊行會, 1985 所收). 485-502쪽을 참조할 것.

모두「朝野記載合錄」의『國朝寶鑑』인용 부분이다.[30]『國朝寶鑑』에는 李藝의 이름이 보이고, 명에게 管押된 57명의 숫자도 보이지만, 李藝가 대마로부터 호송한 13명이라는 숫자는 없다. 權相一은『攷事撮要』를 토대로 숫자만『國朝寶鑑』에 있는 57명을 쓰고, 李藝가 이와 같이 많은 수를 호송한 것처럼 기록한 것은 아닐까? 사료에서 보는 한 權相一은『東國輿地勝覽』·『攷事撮要』및『國朝寶鑑』을 참조하면서「行狀」을 집필했을 가능성이 크다. 한편 家狀이 그와 같이 기술하고 있었을 가능성도 있는데 현 시점에서의 확인은 불가능하다.

다음으로 權相一의「行狀」이후에 집필된 顯彰文 가운데 영조~정조대의 것을 들어서 사료적 부분과의 비교검토를 하겠다. 우선「記實文」과 그 후에 顯彰요소를 포함한「祠院文」을 보기로 하자.

權相一의「行狀」이후의「記實文」가운데 정조대까지로 기록되어 있는 것은 金漢耈[31]「시장」뿐이다. 이 문장은 문말에「鼇興府院君金漢耈撰」이라고 되어 있는 점에서 그가「鼇興府院君」에 임명된 영조 35년(1759) 이래 사망한 영조 45년까지의 대략 10년 간의 어느 시기에 기록된 것이 된다. 權相一「行狀」에 등장하는 6요소(A·B·C·D·E·F)를 충실하게 계승하고 있고, 각 요소의 기술 분량도「行狀」과 거의 동량이다. 내용면에서 유일하게 요소 D에 관해서 李藝가 대마도에서 호송한 명나라 사람의 수를「13인」이라고 한 것이 눈에 띄지만 도리어 이것은『攷事撮要』에 충실한 것을 보증해 주는 것이라고 할 수 있으므로『攷事撮要』를 참조하고 있

---

30)「世宗二十六年初倭賊寇 上國沿海地面, 又掠濟州, 爲邊所獲余賊, 遁歸對馬島. 上遣李藝, 諭島主執送余賊遁歸者, 島主亦不敢匿, 付李藝以送, 上遣兵曹參判辛引孫, 獻于京師. …(中略)… 玆復 遣陪臣辛引孫, 械送擒獲犯邊倭賊五十七名, 來獻足見王, 遵奉朝命本國安民之意, 亦以見邊守得人而有禦暴之功, 朕甚嘉之 特賜王綵幣表裏, 用答王忠誠.」(『鶴坡先生實記』「朝野記載合錄」「國朝寶鑑」, 下線部는 인용자).
31) ?~1769(?~英祖 45). 영조의 義父. 영조 35년(1759)에 누이를 영조의 비「정순왕후」로 삼고, 같은 해에「鼇興府院君」에 봉해지고, 사후에 영의정에 추증되었다.

었던 듯한 점에서는 權相一 「行狀」과 같다.

　다음으로 「祠院文」인데, 「祠院文」 19개 가운데 李藝의 顯彰要素를 언급한 것이 있는 것은 11개로 그 가운데 顯彰要素가 비교적 갖추어져 있는 (A·B·C·D를 모두 포함하는) 것은 6개이다. 이 가운데 영조~정조대의 것으로는 鄭權「龍淵祠創建時鄕儒通文」(영조대) 및 朴晦錫 등 「鄕儒通文」(정조대)가 있다.

　영조대의 鄭權「龍淵祠創建時鄕儒通文」은 요소 A·B·C·D가 갖춰져 있고, 그 기술량·기술내용도 權相一의 「行狀」과 흡사하다. 李藝의 아들 종실·종근에 관련된 E·F를 빼었지만 참조 인용하고 있는 문헌도 『攷事撮要』『國朝寶鑑』과 「功牌」뿐으로 동 시기의 記實文과 공통이다. 다음으로 정조대의 朴晦錫 등 「鄕儒通文」인데 이것들은 顯彰요소 A·B·C·D는 갖추어져 있기는 하지만 기술량이 적고 기술내용도 간명하여 참조인용하고 있는 事蹟文은 『攷事撮要』와 「功牌」뿐이다.

　이상에서 영조대~정조대의 顯彰文에 보이는 李藝像은 영조대 權相一의 「行狀」의 6개 요소를 넘지 않음을 알 수 있다.

　李藝의 顯彰요소에 변화가 보이는 것은 19세기 후반인 철종대에 들어서부터이다.

2) 顯彰要素의 付加: 철종~고종대의 顯彰文에서

　『鶴坡先生實記』 편찬의 제 3단계에 상당하고 영조~정조대로부터 반세기 이상을 지난 철종대~고종대의 顯彰文에 있어서 李藝像은 이하에 검토하는 것처럼 상당히 부가되어 있다.

　우선 「記實文」인데, 철종대에 쓰인 것은 없고, 고종대에 3가지-金炳學「諡狀」·金岱鎭「傳」·柳厚祚[32]「遺事」-가 쓰여졌다.

　金炳學「諡狀」은 李藝 顯彰에 관하여 영조대의 요소(A·B·C·D)를 근거로 하고 있는 점은 영조대의 權相一이나 金漢喬와 다르지 않지만,

「海外日記」의 기술을 인용하고 있는 점은 주목된다. 또한 요소 B와 관련하여「自是此歲使日本琉球十五度」(波線部는 인용자)라고 되어 있는 점도 눈길을 끈다.「凡奉使倭國四十餘行」이라고 기술한『世宗實錄』의 李藝의 卒記를 참조하고 있지 않은 것은 분명하다. 李藝의 아들에 관한 기술도 아들 종근의 娘壻에 관한『壬辰野話』를 참조하고 있는 점33)이 주목된다.

김대진「傳」도 金炳學의「諡狀」과 마찬가지로 顯彰 요소 A·B·C·D에 대해서「海外日記」를 참조 인용하면서 기술하고 있다. 특히「海外日記」가 상술하는 요소 C(己亥東征)에 관해서는 인용하고 있는 분량이 많아 3쪽에 이른다. 아들 宗根의 娘壻에 관한『壬辰野話』를 인용하였다고 생각되는 부분이 있는34) 점도 金炳學의「諡狀」과 같다.

더욱이 주목할 것은 임진왜란 시에 활약하였다고 생각되는「六義士」의 등장이다.35) 김대진의「傳」에는 宗根36)의 아들 直武의 娘壻에 관한「朝野記載合錄」『楊大峯家藏書』37)의 참조 인용부분(각주 35 밑줄 그은 부분)이 등장한 후 宗實의 자손 중에서 임진왜란 시의「六義士」의 기술이 이어진다(각주 35 파선부).「六義士」는 종실의 네 아들—직강38)·직검39)·직

---

32) 1798~1876(정조 22~고종 13). 조선 말기의 문신. 철종 9년(1858)에 문과에 급제. 남인계로 대원군에게 중용되고, 고종 3년에는 우의정, 병인양요 때에는 상주에 있었던 자 疇睦에게 의병을 일으키도록 독촉하였다. 고종 4년에 좌의정이 되고, 고종 9년(1872)에 관직에서 물러남.『鶴坡先生實記』「遺事」에서의 직함은「大匡輔國崇祿大夫行判中樞府使原任議政府左議政兼領 經筵春秋館事觀象監事」이다.

33)「宗根縣令, 後楊姓人遇倭賊, 自稱李中樞外孫, 賊予食物, 使避兵」(『鶴坡先生實記』「記實文」, 金炳學「諡狀」). 比較對照할 수 있는 부분은「嶺南人楊姓者, 每逢倭賊, 稱李某外孫, 則或賜食物……」(『鶴坡先生實記』「朝野記載合錄」「壬辰野話」).

34)「又有楊姓人, 每遇倭賊, 輒稱李中樞外孫, 則或予食物……」(『鶴坡先生實記』「記實文」金岱鎭「傳」).

35)「宗實七男在仕籍者四, 直剛奉事, 直儉參奉, 直謙軍資監判事, 直柔司宰監副正 …… 宗根一男直武階通德女壻旦, 大峯楊公㶂止時, 公見之曰, 他日廊廟器也, 因勉以一問, 卒爲一代名儒, 伸抹苑寒簀, 諸賢世稱公識鑑. 万曆壬辰倭難, 奉事玄孫謙受 謙益, 參奉來孫翰南, 判事曾孫鳳壽·玄孫說, 副正曾孫景淵, 倡義立績, 俱蒙爵, 賞世以一門六義…」(『鶴坡先生實記』「記實文」金岱鎭「傳」. 下線部·波線部는 인용자).

36) 縣令公派祖.

겸40)·직유41)—각각의 후손으로부터 나온 (直剛→)謙受·謙益, (直儉→)翰南, (直謙→)鳳壽·說, (直柔→)景淵 6명이다.42) 「六義士」는 철종 14년(1863)에 韓鎭庭이 기술한 祠院文 「尙忠寺碑銘幷書」에서 등장한다.

유후조 「遺事」는 金炳學 「諡狀」 金岱鎭 「傳」이상으로 많은 것을 인용하고 있다. 인용은 모두 7쪽에 미치는데, 그 안에 하나하나 출전을 밝히면서 『輿地勝覽』『國朝寶鑑』『列朝通紀』43) 「攷事撮要」 「海外日記」 「功牌」 『楊大峯44) 家藏書』 『壬辰錄』에서 인용을 계속하고 있다.

다음으로 「祠院文」인데, 이 시기의 토대로서는 철종대의 李忠翼 「書院記」·韓鎭庭 「尙忠祠銘幷序」와 고종대의 李晩運 「遺墟碑銘幷書」·孫相駰 「遺墟碑銘陰記」가 있다.

철종 14년(1863)에 쓰여진 李忠翼 「書院記」에 포함되어 있는 요소는 A·B·C·D이고, 영조·정조대의 범위를 넘고 있지 않은데 D에 대해서 기술한 부분에 선조인 李月沙의 「辨誣奏文」에 언급한 부분45)이 있는 것

---

37) 「中樞李公居于鶴城府西十里秣應亭. 其忠義勳業昭著 國乘, 至有功牌不世之賞, 而傳諸子孫. 大峯楊公齡時, 李公見而異之曰, 此兒非特爲文章之士, 他日當作廊廟器也, 嘗勳勉其學問, 辛爲孫壻, 以一代名流, 伸寒諸賢, 世謂, 李公有識鑑, 晩年得園林之趣, 自號鶴坡云」(『鶴坡先生實記』「朝野記載合錄」「楊大峯家藏書」).
38) 奉事公派 또는 判官公派祖.
39) 越津派祖.
40) 曲江派祖.
41) 農所派祖.
42) 2004年에 개설된 鶴城李氏 曲江派홈페이지(http//www.hakseonglee.com)에 記載된 「六義士」중에는 李翰南의 이름이 보이지 않고 대신 李仁常의 이름이 보인다. 「六義士」에는 異說이 전해지고 있는 것 같다.
43) 朝鮮後期에 安鼎福(1712-1791)이 編纂한 것과 正祖의 編纂이므로 編纂年代는 正祖 1年(1777) ~ 正祖 15年(1791)의 사이가 된다. 各王代別의 歷史로 『國朝寶鑑』『東國輿地勝覽』을 參考圖書로 하고 있다고 한다(韓國精神文化硏究院, 『韓國民族文化大百科事典』, 서울, 1995).
44) 大峯은 호. 姓名은 楊熙止. 本貫은 中和. 字는 可行으로 稀枝라는 이름을 사용한 적도 있었다고 한다. 1439~1504(世宗 21~燕山君 10). 『成宗實錄』을 편찬하고 直提學을 거쳐서 大司憲에 이르렀다.

은 주목할 만하다. 『李月沙廷龜辨誣奏文』의 등장은 이 「書院記」가 시초이다. 『李月沙廷龜辨誣奏文』은 정유왜란 직후인 선조 31년(1598)에 명이 왜란에 관하여 조선측에 걸었던 혐의를 해소하기 위하여 李廷龜가 쓴 변명문이다. 李廷龜는 조선 유수의 명문 가문인 延安李氏關東派의 祖이고,[46] 李忠翼은 그 후손이다. 이 『李月沙廷龜辨誣奏文』의 제공자는 李忠翼 자신으로 추측된다.

같은 철종 14년(1863)에 쓰여진 韓鎭庭 「尙忠祠銘幷序」에도 앞에서 기술한 『李月沙廷龜辨誣奏文』에 대한 언급이 있는데 여기에서는 오히려 「六義士」에 대한 언급[47]과 楊大峯의 유소년 때의 이야기가 등장하는 것에 주목하고자 한다. 이 두 요소는 고종대의 「記實文」에 구체적으로 기록되어 있는데, 연대상으로는 철종대의 「尙忠祠銘幷序」가 가장 오래된 것이다. 「六義士」라는 표현은 『鶴坡先生實記』에서는 철종대에 등장하고 있는 것이다.

고종대의 두 가지의 「祠院文」도 顯彰 요소는 철종대의 두 가지와 다르지 않다. 『鶴坡先生實記』의 간행 후에 기록되었다는 고종 9년의 李晩運 「遺墟碑銘幷書」에서는 「六義士」를 배출한 一門이라는 것이 강조되고,[48]

---

45) 「正統癸亥倭寇 上國, 又掠我濟州, 爲邊將所獲余賊遁對馬島. 上特遣公, 諭島主執其余賊, 因獻, 天朝皇帝降勅嘉奬有光東國, 此是吾月沙先祖辨誣奏文中一事件而考諸國朝寶鑑年條, 則奏文中小邦遣人諭島主云者, 卽鶴坡公其人也」(『鶴坡先生實記』「祠院文」李忠翼「書院記」).

46) 吉田光男, 「韓國の士族・氏族・族譜―儒敎の社會化―」(『アジア儒學 제50號 特集朝鮮社會と儒敎』, 勉誠出版, 2003에 所收).

47) 「宗實有七男, 直溫直良直恭, 直剛奉事, 直儉參奉, 直謙軍資監判事, 直柔司宰監副正逮龍蛇島夷之變. 直剛玄孫謙受・謙益, 直謙五世孫翰南, 直謙曾孫鳳壽玄孫說, 直柔曾孫景淵, 慨然相謂曰, 吾家世樹忠勳, 一苑報國, 此其時也, 幷倡義樹忠爲國保障, 而各蒙爵賞, 世稱一門六義士也…」(『鶴坡先生實記』「祠院文」韓鎭庭「尙忠祠銘幷序」).

48) 「…節度公(인용자주: 李藝의 아들 李宗實) 之三討馬夷……至曾玄而有六義士之一門拜擧因士論…」(『鶴坡先生實記』「祠院文」李晩運「遺墟碑銘幷書」).

49) …楊大峯後髮時, 公見而異之勉其學問而以孫女妻之楊公, 果位登台輔, 爲世名儒其鑑識之明…」(『鶴坡先生實記』「祠院文」李晩運「遺墟碑銘幷序」).

楊大峯의 유소년시절의 이야기도 등장한다.49) 한편 孫相駟의 「遺墟碑銘陰記」는 영조대 權相一 「行狀」부터 있었던 네 요소(A·B·C·D)밖에 보이지 않는다.

이상을 정리하면 철종~고종대의 「記實文」 세 종류(金炳學 「諡狀」·김대진 「傳」·柳厚祚 「遺事」)에 있어서 李藝의 顯彰 요소는 영조대의 여섯 요소(A·B·C·D·E·F)를 더하여 李藝의 아들 宗根의 娘壻 楊大峯公의 유소년시절의 일화(이것을 顯彰要素 X라고 한다) 및 종실의 자손 중에서 임진왜란시에 배출한 「六義士」의 일화(이것을 顯彰要素 Y라고 한다)가 더하여졌음을 알 수 있다. 그래서 6종류의 「祠院文」으로부터는 새로운 顯彰要素 X와 Y가 더해진 것은 편찬의 제3단계에 해당하는 철종대였음을 알 수 있다.

〈표 3〉『鶴坡先生實記』에 있어서 「事蹟」을 참조하여 인용하고 있는 顯彰文 일람

顯彰文의 명칭	執筆者名	권	執筆年代	참조 인용된 「事蹟」
行狀	權相一	1	영조 13(1737)	①③⑤⑦
諡狀	金漢喬	1	영조 25-45(1759-69) 사이	①③⑤
龍淵祠創建時鄕儒通文	尹就徵等	2	영조 13(1737)경	①⑤⑦
石溪祠移建開基祝文	李養吾	2	정조 6(1782)	①
廟宇上梁文	李時潤	2	정조 6(1782)	①
鄕儒通文	朴晦錫等	2	정조 22(1798)	①⑤
敬守堂記	金裕憲	2	정조 22(1798)경	①
識	李家煥	3	정조 22(1798)	①⑤⑦
書院記	李忠翼	2	철종 14(1863)	①⑦⑧
尙忠碑銘幷序	韓鎭庭	2	철종 14(1863)	①②⑧⑨
諡狀	金炳學	1	고종 9(1872)	②③④⑤⑥⑦⑩
傳	金岱鎭	1	고종 8(1871)	①②⑤⑥⑨⑩
遺事	柳厚祚	1	고종 8(1871)	⑨
遺墟碑銘幷序	李㬀渾	2	고종 9(1872)	①③⑦
遺墟碑陰記	孫相駟	2	고종 9(1872)	①②⑦
後識	李璋燦	3	고종 9(1872)	

※ 참조 인용된 「事蹟」=사료적 부분을 이하의 숫자로 표기: ③~⑩ 「朝野記載合錄」에 등재된 것. ① 공패, ② 海外日記, ③ 東國輿地勝覽, ④ 震乘, ⑤ 攷事撮要, ⑥ 列朝通紀, ⑦ 國朝寶鑑, ⑧ 李月沙迋龜辨誣奏文, ⑨ 楊人峯家藏書, ⑩ 壬辰野話

4.「海外日記」의 검토

앞 절에서는 『鶴坡先生實記』의 顯彰文에 보이는 李藝像을 검토하고, 편찬의 제3단계(철종대~고종대)부터 顯彰要素가 증가한 것을 지적하였다. 그러나 그것은 어디까지나 顯彰文의 검토에서 이지, 사료적 부분의 검토는 이루어지지 않았다. 본 절에서는 사료적 부분 가운데 가장 신중한 검토를 요하고, 더구나 편찬 제3단계에서 첨가되었다고 생각되는「海外日記」의 분석과 검토를 시도하고자 한다.

1) 事蹟文과 顯彰文의 상관에서 본「海外日記」 집필연대

『鶴坡先生實記』가 사료적 부분=「事蹟」을 토대로 기록된 李藝의 顯彰文集이라는 구조를 갖는 것은 제2절 제1항에서 기술하였다. 각 顯彰文에는 사료적 부분의 일부를 참조·인용하여 기술된 것이 많다. 〈표 3〉은 顯彰文 가운데 사료적 부분=「事蹟」에서 참조 인용한 것을 선택하여 시기별로 나열한 것이다(참조 인용하고 있는「事蹟」은 우측에 번호로 표시하였다).

〈표 3〉에 있어서 각 顯彰文의 집필연대와 각각의 顯彰文이 참조 인용하고 있는 사료적 부분을 보면 어떤 특징을 발견할 수 있다. 제1은 가장 오래된 顯彰文인 權相一「行狀」을 비롯한 영조대의 顯彰文은「功牌」『東國輿地勝覽』『攷事撮要』및『國朝寶鑑』의 네 문헌에서밖에 참고 인용을 하고 있지 않은 점으로, 이 특징은 李養吾「石溪祠移建開基祝文」등 정조대의 顯彰文에도 해당되는 것이다. 제2는 철종대의 顯彰文에서는「海外日記」와『李月沙廷龜辨誣奏文』『楊大峯家藏書』, 더욱이 고종대의 顯彰文에서는『震乘』『列朝通紀』『壬辰野錄』의 세 문헌이 인용되었다는 점이다.

반복하여 기술하였듯이 『鶴坡先生實記』가 李藝의 顯彰文集이고 李藝 자신이 적어 남긴 문장이 없는 상황에서, 顯彰文 집필자가(집필에 즈음하여)「事蹟」에서 참조 인용할 경우(참조 인용할 만한) 자료(사료)가 존재하는데 그 곳에서 참조 인용을 하지 않은 것은 생각하기 어렵다. 가능한 많은 자료(사료)를 기초로 顯彰文을 집필하려고 생각하는 것이 자연스러운 일이기 때문이다. 따라서 위 표에서는 영조 및 정조대에는 『鶴坡先生實記』 편찬자의 바로 옆에는 「功牌」『東國輿地勝覽』『攷事撮要』『國朝寶鑑』

『鶴坡先生實記』「海外日記」의 記事年代	대응하는 顯彰要素
【1】「洪武二十九年 太祖大王五年 丙子」(1396年)	A
【2】「建文三年 太宗大王元年辛巳」(1401年)	B
【3】「永樂五年丁亥」(1407年)	B
【4】「十六年戊戌」(1418年)	B
【5】「十七年 世宗大王元年己亥」(1419年)	C
【6】「正統八年 世宗大王二十五年癸亥」(1443年)	D

의 네 사료밖에 존재하지 않고, 「海外日記」『李月沙廷龜辨巫奏文』『楊大峯家藏書』의 세 사료가 철종대에 더해져서 고종대에 『震乘』『列朝通紀』『壬辰野話』의 세 사료가 더해진 것을 추정할 수 있다. 「朝野記載合錄」에 등재된 여덟 개의 문헌은 단계를 따라서 수집된 것이다.

본 절에서 다루는 「海外日記」가 등장한 것은 철종대이다. 대담한 추측이 허용된다면 「海外日記」는 철종대에 집필되었다고는 말할 수 있지 않을까?

그것에 대해서는 항을 달리하여 「海外日記」의 분석을 해보겠다.

2) 李藝 顯彰文으로서의 「海外日記」

「海外日記」라는 제목에서는 李藝가 사행에서 방일하고 있던 때의 滯在記・己亥東征 시의 종군기와 같은 내용이 상기되지만, 실제의 내용은 일본 체재 중의 李藝의 전기라고 하는 편이 적합하다. 서술은 연대순으로 되어 있는데 이하 여섯 개의 부분으로 분석할 수 있다.

우선 지적하고 싶은 것은 위의 6개의 연대는 權相一「行狀」에서 세시된 李藝 顯彰 요소(A·B·C·D)와 정확히 부합하는 것이다. 다시 말하면 4가지의 顯彰 요소에 부합하지 않는, 예를 들면 李藝가 일본사행을 반복하여 『세종실록』에서 상세한 상황을 알 수 있는 1420·30년대의 일본사행에 있어서 「海外日記」는 없다는 점이다.

「功牌」도 權相一 「行狀」도 「海外日記」도 4가지의 顯彰 요소에 있어서는 부합하고, 성립년대는 「功牌」→「行狀」(영조 13년, 1737)→「海外日記」(「行狀」 이후 철종대까지의 사이)의 순이라고 생각하면, 「海外日記」는 鶴城李氏에 전해지는 「家乘及雜記」를 기초로 李藝 顯彰이라는 목적에서 「功牌」 및 權相一 「行狀」과의 정합성을 보면서 어떤 실마리를 제시한 문장이라는 가설이 생긴다. 「按篇內文義蓋從事官所錄」이라고 하여 집필자를 명시하지 않은 「불확실한 推量」의 구문을 이용한 一文이 「海外日記」라는 제목 아래에 있는데, 이 一文도 「海外日記」를 집필한 어떤 존재를 암시하고 있다.[50]

적어도 「海外日記」를 1차적 「사료」로서 다루는 것에 대해서는 강한 의심을 갖지 않을 수 없다. 다시 말하면 「海外日記」의 문장을 검토하면 이 글의 집필자(「종시관」이라는 인물)는 몇 갠가의 관찬사료를 참조하면서 집필한 것으로 추정되는 부분을 확인할 수 있다. 이하 實例를 제시하면서 「海外日記」의 특징을 그려 내겠다.

---

50) 물론 집필자 불명의 신발견 사료를 그대로 인용 게재한 경우도 생각할 수 있다. 그 경우는 (「海外日記」를 鶴城李氏 가문이 입수한 시기가 철종대라도) 「海外日記」 그것은 별도의 장소에서 철종대 이전에 성립하였던 것이 된다. 그러나 「海外日記」와 「功牌」 「行狀」의 顯彰 내용의 일치 및 三者 모두 己亥東征에 관해서는 『세종실록』의 기재 내용에서 크게 벗어나고 있는 것(『세종실록』의 기해동정 관련 부분에 李藝의 이름은 보이지 않는다), 더욱이 李藝의 生年에 대해서 「行狀」 「海外日記」와 함께 『세종실록』과는 달리 洪武 14년(1381)으로 되어 있는 것(각주 19 참조)에서 「海外日記」가 「功牌」 「行狀」과 완전히 다른 장소에서 성립하였다는 것은 역시 생각하기 어렵다.

3)「사료」로서의「海外日記」: 官撰史料의 참조 인용

그러면「海外日記」집필자가 집필할 때 관찬사료를 참조 또는 인용한 것은 아닐까 하는 의문에 대해서 실례를 들어 검토해 보도록 하자. 참조나 인용되고 있는, 또는 그 가능성이 있는 사료로서는『海東諸國紀』『明史』및『明實錄』·『世宗實錄』권 4 ·『國朝寶鑑』을 들 수 있고, 참조 또는 인용의 가능성이 있는 부분은 前記【4】(이하「永樂 14년조」라고 한다)와【5】(이하「永樂 17년조」라고 한다), 특히【5】에 집중된다. 본 항에서는 참조 또는 인용되고 있다고 생각되는 각 관찬사료와의 비교검토를 하면서「海外日記」의 특징을 살펴보고자 한다.

우선『海東諸國紀』이다.

〈史料 1〉

　a. 十六年戊戌, <u>琉球國中山王二男賀通連寓鎭遣使來聘日</u>, <u>子兄今年奄逝</u>, <u>予始通聘</u> 公奉使以弔, 先使賀封王, 後使弔値喪.
(『鶴坡先生實記』「海外日記」「永樂十六年條」, <u>下線部</u>·<u>波線部</u>는 인용자)

　b. 大明皇帝寵封王爵 <u>十六年戊戌又遣使稱 琉球國中山王二男賀通連寓鎭</u> 其書略日, <u>子兄今年奄逝</u>, <u>予始通聘</u>, 宣德六年……
(『海東諸國記』「琉球國紀」, <u>下線部</u>는 인용자)

사료 1의 a는『鶴坡先生實記』永樂 16년조로 李藝가 유구에 사행하였다고 된 부분이다. b는『海東諸國記』「琉球國紀」인데, 밑줄부분을 비교하는 것만으로도 참조·인용은 확실하다. 이「琉球國中山王二男賀通連寓鎭」의 견사에 대해서는『세종실록』권 1에도 기사가 있으므로[51] 史實이지만,『鶴坡先生實記』기사는『세종실록』권 1과는 문언이 다른데다[52] 波線部와 같은 가색을 볼 수 있다. 즉『鶴坡先生實記』에 있어서 李藝는「賀通

連寓鎭」53)의 遣使에 대해서「왕명을 받들어 사행하고 조문하였다」고 되어 있고, 게다가 (賀通連寓鎭 使者의) 전후 2회에 걸쳐서 유구에 사행한 것이 된다. 그러나 조선왕조에서 琉球로의 조선사절은『태종실록』에 기재된 태종 16년(1416)에 轉買되었던 피로쇄환을 위하여 前護軍 李藝가 파견된 1회뿐이었다. 따라서 이 기술—특히「賀通連寓鎭」의 遣使 후에 유구에 사행한 부분은 각색이라고 생각할 수 있다. 더 나아가「海外日記」는 태종 16년 (永樂14, 1416)의 李藝의 유구사행에 관하여 전혀 언급하고 있지 않으므로 「海外日記」의 집필자는 (李藝의 유구사행을 기록한)『태종실록』을 참조하고 있지 않다는 점 그리고「家乘及雜記」에는 (일본과 유구로의 遣使에는 언급하고 있지만) 遣使의 시기에 대하여 구체적인 기재가 없었던 것을 추측할 수 있다. 그러므로「海外日記」집필자는「功牌」나「家乘及雜記」에 기재된 유구사행을 뒷받침해 주는 사료로서 열람이 가능했다고 생각되는『海東諸國記』「琉球國紀」기사를 사용했을 것이다.

다음으로『세종실록』권 4이다.「海外日記」「永樂 17년조」에서 기해동정 기사는 군사의 움직임을 대략 정확하게 다루고 있지만 꼼꼼하게 검토하면『세종실록』의 기사를 참조 인용하고 있다고 생각되는 부분이 적지 않게 있음을 알 수 있다. 더구나 그것들이『세종실록』가운데 권 4만으로 한정되는 것은 주목할 만하다.『세종실록』권 4는 세종 원년 5월~7월의 기사로 구성되고, 그 가운데에는 왜구의 요동 급습을 시작으로 조선군의 對馬에서의 철병에 이르기까지의 기해동정의 경과 전체가 거의 포함된다.「海外日記」집필자는『세종실록』권 4를 참조하면서 기해동정시의 兵

---

51)『世宗實錄』권 1, 즉위년 8월 辛卯條.
52)『世宗實錄』권 1에는「賀通連寓鎭」에서 글의 내용은 기재되어 있지 않고 여러 헌상품 및 예조판서로부터의 답서의 내용이 기록되어 있다.
53) 田中健夫 씨에 의하면「賀通連」은 沖縄縣 中頭郡 勝連村 南風院에 비정된다고 한다.(申叔舟 著・田中健夫 역주,『海東諸國記-朝鮮人の見た中世の日本と琉球』, 岩波文庫, 1991, 235쪽).

의 움직임을 정확하게 좇은 것은 아닐까? 一例를 들어 보자.

〈史料 2〉
 a. 癸巳日午時, 先鋒十三艘先至馬島. 島倭望見, 以爲本島軍得利而還, 急持酒肉以待之. 大軍至泊豆知浦, 倭喪膽而逃, 惟五十余人拒戰, 見公領兵在前皆日, 是乃李芸而神明所助者. 潰棄糧儲器械, 走入險阻…
(『鶴坡先生實記』「海外日記」「永樂十七年條」, 下線部는 인용자)
 b. 午時, 我師十余艘先至對馬島. 賊望之, 以爲本島人得利而還, 持酒肉以待之. 大軍繼至泊豆知浦, 賊皆喪魄遁逃, 唯五十余人拒戰而潰. 悉棄粮儲什物, 走入險阻, 不與敵. 先投化倭池文, 以書諭都都熊瓦, 不報…
(『世宗實錄』卷4, 1年 6月 癸巳條, 下線部는 인용자)

史料 2는 조선측 원정군의 선봉이 對馬에 도달한 때의 모양이다. a(「海外日記」) 冒頭의 「癸巳日午時」는 b(『세종실록』 권 4), 1년 6월 「癸巳」조의 모두 「午時」와 일치하고, 對馬島人이 일행의 도착을(왜구인) 같은 對馬島人의 歸還으로 잘못 알아 술과 식량을 지참하여 왔던 것, 더욱 豆知浦에 이르렀을 때 「倭」(b에서는 「賊」)가 도망한 부분도 다소의 문자의 차이가 있기는 하지만 내용적으로는 전혀 다르지 않다. 사료 중에 제시한 下線부분이 상하 완전히 같고 점선부분도 내용이 동일하므로 이 부분을 『세종실록』 권 4의 참조 없이 적었다는 것은 불가능할 것이다. 波線部에도 주목하고자 한다. 大軍이 「豆知浦」에 이르러 「倭」(『세종실록』에서는 「賊」)의 대부분은 도주하고 「50여 인」이 싸웠을 때 「海外日記」에 의하면 군사들 앞에 버티고 선 李藝를 보고 왜인들은 모두 「이 사람이 바로 李藝이고, 神익 加護가 있는 인물이다」라고 말했다고 한다. 명백하게 각색이라고 판단할 수 있는 부분이다.

이와 같이「海外日記」에 있어서 관찬사료의 참조 인용을 제외한 부분은 이와 같이 李藝의 활약을 강조하고 있는 곳이 많다.

각색 가운데에는 『세종실록』권4와 모순되는 내용을 포함한 곳도 있다.

〈史料3〉

a. 倭人盡力拒我. 李從茂進至泥老郡, 令三軍分道下陸, 欲與一戰, 督左右先下. 崔潤德止之. 李藝亦告觀勢出軍. 李從茂不聽 左軍右節制朴實不習地利, 兵勢直入于據險設伏處. 偏將朴茂陽金統金熹等皆浪死於亂軍中. 朴實卽收兵卽㘃退, 倭大進追擊. 我師墜崖死者戰敗死者三百余人. 右軍右節制李順義兵馬使金孝誠中軍副帥李芸望見軍敗, 鼓譟疾驅力戰拒之. 倭乃退而賊死者亦數百矣.

(『鶴坡先生實記』「海外日記」「永樂十七年條」, 下線部 등은 인용자)

b. 賊日夜思所以拒我師者. 己亥, 從茂進至尼老郡, 令三軍分道下陸, 欲與一戰, 督左右軍先下. 左軍節制使朴實, 與賊相遇. 賊據險設伏, 以待之. 實率軍士登高欲戰, 伏發突前, 我師敗績. 褊將朴弘信朴茂陽金該金熹等戰死. (朴)實收兵, 還上船. 賊追擊之. 我師戰死及墜崖死者百數十人. 右軍節制使李順蒙兵馬使金孝誠等亦遇賊, 力戰拒之, 賊乃退. 中軍竟不下陸. 都熊瓦恐我師久留, 奉書乞退師修好. 且曰, 七月之間恒有風變, 不宜久留.

(『世宗實錄』卷四, 1年 6月 壬寅, 下線部 등은 인용자)

사료 3은 삼군도체찰사 李從茂가「尼老郡」(a「海外日記」에서는「泥老郡」)에 군사를 내보내 三軍에「分道下陸」을 명했지만 左軍이 고전하는 장면이다. a(「海外日記」에서는 苦戰 前에 崔潤德이「分道下陸」을 멈춰 李藝가 충고를 했다는 것으로 되어 있다(波線部). 그 결과 좌군은 고전하고 전사한 사람 수가 b(『세종실록』 권 4)의 대략 배로 기록하고 있다(a=300여 인, b=百數十人). 李從茂가 李藝의 충고를 듣지 않았기 때문에 보다 많은 희생자를 낸 것으로 되어 있는 것이다. 이어 右軍諸將이 역전하지만 a에서는 「中軍副帥李藝」도 「군이 패할 것을 전망하고, 북을 치고 독려하여 싸워서 막을 수」 있었던 것이 된다(a의 波線部). b에 있는 「中軍이 끝까지 下船하지 않고」(b의 파선부)는 확실히 모순되는 기술이다.[54] 더욱이 a에서는 李藝 등의 역전에 의해서 왜는 물러나고 죽은 사람이 수백에 이르렀다고 했지만, b에는 그런 기술은 없다. 그리고 b에 있는 對馬島主의 奉書에 의해 撤兵한 부분은 a에는 보이지 않는다.

이 부분에 있어서 각색에는 어느 하나의 경향이 감지된다. 즉 李藝의 충고·활약을 강조하는 것은 물론이지만, 李從茂가 (이예를) 돋보이게 하는 역할로서 규정되고 있는 점이다. 이 점은 다음에 제시할 다른 관찬사료의 인용부분도 마찬가지이다.

참조 인용되고 있는 관찬사료의 세 번째는 『國朝寶鑑』이다.

〈史料 4〉

上王命兵曹判書趙末生致書, 諭都都熊瓦. 其略曰 本曹奉 宣旨若曰, 古昔帝王奉天敎民, 因其固有之義理而開導之. 若有强硬不率敎殺越人于貨不畏. 死者小則刑戮, 大則征伐. 君人之道如此而已. 對馬爲島, 本是我國之地, 載在文籍昭然. 可考. 第以其地甚少, 又在海中, 阻於往來. 民不居焉. 於是, 倭奴之黜於其國而無所歸者, 咸來投集, 以爲窟穴, 劫掠平民, 窮凶極惡, 積有年紀. 惟我 太祖康獻大王乃敷大德, 亦以恩信. 予紹大統, 克承先志, 益申撫恤, 常念. 都都熊瓦之父宗貞

---

54) 뒤에서도 다루겠지만 『세종실록』에 있어서는 己亥東征을 기록한 권 4에 이름이 전혀 보이지 않는 것도 附記한다.

茂慕義輸誠, 屢接信使. 乃命禮曹, 厚加勞慰, 又念生理之艱, 許通商舶, 慶尙道米粟運于馬島. 歲率數万石. 予之用心益亦勤矣. 忘恩背義, 自作禍胎, 罪惡貫盈. 是自絶之矣. 若能幡然悔悟, 卷土來降, 則其都都熊瓦錫之好爵, 頒以厚祿. 其余群小幷齒吾民. 俾知盜賊之可恥, 義理之可悅. 古人有言曰, 禍福無不自己求之. 又曰, 十室之邑, 必有忠信. 今馬島之人亦有降, 秉彝之性. 豈無知時識勢通曉義理者哉. 兵曹其移文對馬島, 諭予至懷, 開其自新之路. 俾免滅亡之禍, 以副予仁愛生民之意. 今錄宣旨, 遣人諭意. 惟足下思之.
(『鶴坡先生實記』「海外日記」「永樂十七年條」, 下線部는 『國朝寶鑑』卷之五「世宗朝一」와 文字가 일치하는 부분)

사료 4는 기해동정 직전에 兵曹判書 趙末生이 「都都熊瓦(對馬島主宗貞盛)」에게 致書한 내용인데 두 가지의 주목할 점을 포함한다. 즉 『國朝寶鑑』 권 5 「世宗朝1」의 기사를 대략 기술한 것이라는 것, 그리고 그 기사는 『세종실록』 권 4 소재의 기해동정 철병 후에 제출된 병조판서 趙末生의 書面의 略記라는 것이다.

우선 『國朝寶鑑』 권 5 「世宗朝 1」 게재의 기해동정 기사[55]를 간략하게 기술하고 있는(「其略曰」) 것은 아닐까라는 점을 검토하겠다. 『國朝寶鑑』은 역대 『조선왕조실록』을 토대로 각 왕의 善政만을 정리한 것이다. 게다가 『國朝寶鑑』 「世宗朝」의 전거는 『세종실록』이다. 『세종실록』에서 사료 4의 文面을 포함한 기사를 찾으면 권 4의 세종 1년 7월 경신(17일)조가 그것이다. 즉 이 부분은 『세종실록』 권 4, 1년 7월 경신→『國朝寶鑑』 권 5

---

[55] 『國朝寶鑑』「世宗朝一」에서 기해동정을 다룬 기사는 이 1개소뿐이다. 그 곳에는 우선 왜구가 庇仁을 침입하고 나서 출병·戰勝을 거둔 것이 간결하게 기술되고, 그 후에 병조판서 趙末生으로부터 都都熊瓦(對馬島主 宗貞盛)에게로 서면이 다루어지고 있다. 지면상 전문은 생략한다.

「世宗朝1」→「海外日記」「永樂17년조」의 手順으로 加工(문자의 삭제·변경)이 이루어지고 있는[56] 것이다. 兩者와『鶴坡先生實記』「海外日記」를 비교 대조하여 눈에 띄는 것은『세종실록』(1년 7월 경신)으로부터『國朝寶鑑』(권 5「世宗朝 1」) 기해동정 기사를 만드는 과정에서 생략된 20개소 가운데「海外日記」에서 부활하고 있는 부분은 한 곳도 없고, 또한『세종실록』(1년 7월 경신)에서『國朝寶鑑』(권 5「世宗朝 1」) 기해동정에 걸쳐 변경되고 있는 모든 부분에 대해서 사료 4는『國朝寶鑑』과의 일치를 확인할 수 있다는 점이다. 이상에서「海外日記」사료 4 부분은『國朝寶鑑』을 참조하여 轉記하여 만들어졌음을 알 수 있다.「朝野記載合錄」중에도『國朝寶鑑』으로부터의 轉載가 있었는데, 이 사료 4에서는 전거(가『國朝寶鑑』이라는 점)을 숨기고 있다.

다음으로 이 書面이 출병전에 보낸 것으로 되어 있는 문제이다.

『세종실록』권 4로 돌아가면 兵曹判書 趙末生이 都都熊瓦에게 致書한 것은 세종 1년 7월 경신(17일)으로, 이것은 조선군의 철병 후이다. 이것을 간략하게 기록한『國朝寶鑑』을 봐도 趙末生에게서의 치서가 조선군 철병 후의 것이었다는 것은 쉽게 판단할 수 있다. 이것들에 반해서「海外日記」에서는 趙末生의 치서는 출병 전으로 되어 있다. 한편 출병 전에 조선측에서 대마도주에게 보낸 서면으로서『세종실록』에는 세종 1년 5월 계유(29)가 존재한다.「海外日記」의 집필자는 (『세종실록』권 4를 참조했지만) 이 출병 전의 서면(=5월 계유)을 쓰지 않고 출병 후의 趙末生의 치서(=7월 경신)를 (『세종실록』권 4가 아닌) 약술한 (『세종실록』권 4를 약술한)『國朝寶鑑』에서 인용하여, 더구나 출병 전의 것으로 편집한 것이다. 그 의도는

---

56) 『세종실록』(권 4, 1년 7월 경신조)의 기사는 상당한 長文이다. 이것에 대해서(『國朝寶鑑』(권 5, 세종조 一) 기해동정기사는 그 가운데 20개소 이상의 생략(2문자 이상을 커트한 경우를 셈)과 역시 20개소 이상의 문자 변경을 하여(즉 가공되어) 작성되고 있다.

어디에 있을까?

이 趙末生으로부터의 서면은 原典인『세종실록』권 4의 것을 中村榮孝씨가 요약했는데,[57] 그 요체는「조선에 卷土來降할지 또는 卷土本國에 귀환할지를 권고한 것인데, 어떤 것이라도 對馬島를 空虛하게 해서 해적의 소굴을 없애고 海寇의 어려움을 종식하는 것을 기대하는 것이 목표였다.[58]『세종실록』권 4에 의하면 상왕 태종은 철병 후 7월에 내린 서면에 도주 종정성이 따르지 않을 경우 9월 내지 10월에 재출병할 예정이었다.[59]「海外日記」집필자가『세종실록』가운데 권 4만을 참조하고 있었다고 한다면 집필자는 7월 신유(18일)의 기사도 5월 계유(29일)의 기사도 보지 못하였을 것이다.「海外日記」집필자는 철병 후에 재출병을 생각하면서 對馬島主 앞으로 보낸 서면을 그것을 알고, 출병 전에 對馬島主 앞으로 보낸 통첩으로 사용한 것이 된다.

그러면 출병 전에 李從茂에게 명하여 對馬島主에게 보낸 書契를 등재한「5월 계유(29일)」를 왜 이용하지 않은 것일까?

『세종실록』권 4, 1년 5월 癸酉(29일)의 전반 부분은「我撫育之內」에 있는 對馬島가 고려 말기 이래 해 온 수많은 약탈을 열거하여 기록하고, 그럼에도 불구하고 조선측은 倭人에 대하여 禮에 기초하여 접해 왔다는 것을 강조한다. 그리고 후반 부분에서는 세종 1년 5월의「庇仁之浦」잠입사건에 대해서 상술한 후「賊黨의 섬에 있는 자」의 조사·인도와「先父」宗貞茂의 방침 계승을 說諭한다. 이와 같은「5월 癸巳」내용과『세종실록』(권 4, 1년 7월 庚申)=「國朝寶鑑」(권 5, 세종조 1)=「海外日記」사료 4의 상위점은 두 가지이다.

---

57) 中村榮孝,「朝鮮世宗己亥의 對馬征伐-應永의 外寇를 朝鮮から見る-」(中村,『日鮮關係史の硏究(上)』, 吉川弘文館, 1965에 所收, 254-255쪽).
58) 中村榮孝, 同上論考, 255쪽.
59)『世宗實錄』권 4, 1년 7월 신유조.

우선 「5월 癸酉」는 지금까지의 對馬側의 약탈 행위에 중점을 두고 출병 이유를 설명하고 있지만 「7월 庚申」은 對馬가 조선령이라는 것을 명기하고 (왜구 근절을 위해) 공도화하고 來降할 것을 요구하고 있다. 그리고 또 하나는 「5월 癸酉」는 조선왕조가 都體察使 李從茂에게 명을 내리고 있는 것에 대하여 「7월 庚申」의 書面은 兵曹判書 趙末生으로부터의 것으로 되어 있다는 점이다. 중요한 것은 후자이다.

앞에서 기술한 사료 3 부분에서 검토하였듯이 「海外日記」는 기해동정의 현장 책임자라고 할 수 있는 李從茂가 공적에 있어서는 中軍兵馬副帥 李藝의 後塵을 우러러보는 것처럼 기록하고 있다. 한편 趙末生은 상왕 태종·국왕 세종과 함께 李藝 등을 전송하는 장면이 있고, 또한 기해동정에서 李藝의 평가자로서 등장하는 등 제2주인공과 같은 역할로 묘사되어 있다.

對馬遠征軍 출발에 앞서 조선측은 정보의 누설을 방지하기 위하여 「九州節度使」(九主探題)의 使送 외는 모두 잡아들이고 各館에 分置하고 있었는데[60] 후에 그 처리를 고관들이 의논했을 때 趙末生은 모두 죽이자고 주장하고 있다.[61] 趙末生은 당시 고관 중에서는 對對馬 최강경파였다. 더구나 이 발언은 『세종실록』 권 4 중에 있고, 「海外日記」 편찬자도 당연히 보았을 것이다.

「海外日記」 집필자는 『세종실록』 권 4를 보고, 그 곳에 등장하는 對對馬 최강경파의 官人으로 兵曹判書 趙末生을 「海外日記」에 있어서 중요한 조연으로 하여 그 書面을 참조 인용하였다. 한편 李從茂의 尼老郡에서 下陸의 실패(이것은 사실인 듯하다)를 알았던 「海外日記」의 집필자는 출병 전의 都體察使 李從茂로부터의 致書를 참조 인용하지 않고 尼老郡에서

---

60) 『世宗實錄』 권 4, 1년 6월 정축조.
61) 『世宗實錄』 권 4, 1년 6월 병술조.

下陸을 李藝가 제지하려고 한 것처럼 서술하였다. 이것으로 「李藝=主役」 「趙末生=李藝의 評價者」 「李從茂=李藝를 돋보이게 하는 역할」이라는 역할 분담이 나왔다.62) 趙末生을 중요한 조연으로 한 배경에 대해서 현 단계에서 명확한 답은 어렵다.63) 더구나 『세종실록』에서 기해동정 관련 기사에 李藝의 이름이 전혀 등장하지 않은 것에 유의하고자 한다. 보고자는 당시 관인 중에서 누구보다도 일본을 잘 아는 李藝가 己亥東征에서 작전 참모로서 중요한 역할을 수행하고 있었던 것은 사실일 것으로 생각하고 있다. 그러나 李藝는 누구보다도 일본—특히 對馬島人들을 잘 알고 있었기 때문에 도리어 대마에 상륙하여 많은 공훈을 세웠다고는 생각하기 어려운 것은 아닐까 생각하는 것이다.

참조를 의심하는 것이 가능한 제4는 『明史』 및 『明實錄』이다. 참조가 의심되는 곳은 「海外日記」 「永樂 17년조」, 즉 기해동정 관련 부분의 모두에 해당하는 것으로 왜구가 요동에 침략한 장면이다. 지면상 사료는 생략하지만, 『明史』와 「海外日記」는 「(明側)의 遼東總兵官劉榮이 "望海堝"에서 왜구에 대한 대비를 한 것」 「倭寇가 王家道(『明史』는 "王家山道")에 들어간 것」 「劉榮이 왜구의 귀로를 차단한 것」의 세 가지 점에서 일치하고, 『明實錄』과 「海外日記」는 구체적인 전투 장면에서 「(明側이) 보루를 쌓은 것」 「(왜구가 섬에 들어오자) 伏을 설치하고 산에 의지하여 왜구의 움직임

---

62) 단 하나 납득이 가지 않은 것은 왜 趙末生으로부터의 치서를 다루면서 『國朝寶鑑』에서 原典인 『世宗實錄』 권 4를 이용하지 않았는가 하는 점이다. 이것과 관련하여 설득력 있는 추정은 없지만 굳이 말하면 原典인 『世宗實錄』 권 4에서 (略記할) 작업을 하기보다 어느 정도 생략하여 기록된 『國朝寶鑑』에서 작업을 하는 것을 선택한 것은 아닐까?
63) 작년에 간행된 「李藝의 使命」에 실린 「李藝의 초상화(상상화)」의 해설문에는 「世宗代의 文臣 趙末生이 李藝의 遺像을 보고 읊은 시에서 추측하면 초상화가 존재한 것을 알 수 있지만」라고 되어 있어서 趙末生과 李藝 사이에 개인적인 관계가 있었음을 추측하게 한다. 「海外日記」에서 趙末生을 주요한 협력자로서 삼고 있는 것과 어떤 관계가 있을지도 모르겠다.

을 엿본 것」「(劉榮과는) 다른 장군이 (왜의) 귀로를 차단한 것」「왜가 패하여 도망한 것」의 네 가지 점에서 일치한다. 『海東諸國記』나 『세종실록』 권 4・『國朝寶鑑』의 경우와 달리, 『明史』『明實錄』 두 사료와 「海外日記」는 문자의 일치가 적기 때문에 (참조 인용하고 있다는) 확신을 갖기까지는 이르지 못했지만 앞에 본 『세종실록』 권 4에는 遼東에서의 군사의 움직임에 대한 묘사는 없어, 『明史』『明實錄』 없이 그것들을 묘사할 수 있었을까 하는 의문이 강하게 남는다.

이상 네 가지의 관찬 사료 참조의 가능성을 검토하면서 「海外日記」의 특징을 살펴봤다. 네 가지의 관찬 사료의 참조 인용은 「永樂 16년조」「永樂 17년조」에 집중하고, 특히 永樂 17년조=세종 원년의 기해동정에서 李藝의 서술은 구체화되었다.[64] 그것에 의해 「海外日記」는 「功牌」에 기록된 李藝의 顯彰 요소 가운데 특히 C(己亥東征)에 대해서 인상짓는 것이 된 것이다.

본 절의 검토는 『세종실록』 권 4를 「海外日記」 편찬자가 참조할 수 있었다는 것을 전제로 진행해 왔다. 마지막으로 그와 같은 것이 과연 현실적으로 가능했었는가, 가능했다면 참조한 것은 무엇이었는가를 검토하지 않으면 안 된다. 주지하는 바와 같이 역대 『朝鮮王朝實錄』 편찬은 극히 엄중하게 이루어지고 완성 후에도 그 열람은 국왕조차도 엄격하게 제한되었다. 『세종실록』에 대해서 말하자면 세종의 사후에 편찬이 이루어지고 극히 단기간에 완성되었다고 한다.[65] 완성 후는 서울에 있는 春秋館과 지방의 세 史庫에 보관되었던 것이다. 그러나 16세기 말 임진왜란으로 전주사고를 제외한 사고가 全燒되었기 때문에 전주사고의 것을 급히 增

---

64) 이것에 대하여 『세종실록』 권 4에 李藝의 이름은 한 곳도 보이지 않는다.
65) 文宗 2년(1452)부터 3년 간에 걸쳐서 완성하였다고 한다(末松保和, 「世宗實錄解說」, 學習院東洋文化研究所刊 『李朝實錄』 제11책, 卷末解說, 1957).

刷하여 새롭게 山間要害에 설치된 네 사고와 춘추관에 다시 分置하였다. 그러나 오래지 않아 仁祖 2년(1624) 李适의 亂으로 춘추관은 불타고 仁祖代 이전의 『실록』은 山間要害의 지역에 있는 네 사고에 가지 않으면 열람이 불가능하게 되고 말았다고 한다. 여기까지의 이야기에서 인조대 이전의 『실록』인 『세종실록』의 열람은 극히 불가능에 가까웠다고 말하지 않을 수 없다.

그러나 사고는 언제나 닫혀 있었던 것은 아니다. 3년에 1번 이루어진 曝曬(옷·책 따위를 곰팡이가 나거나 좀먹지 않게 햇볕에 찌고 바람에 쐬는 것)의 때 『실록』은 사고에서 나올 수 있었고 또 왕실행사의 전례 등을 조사할 때에도 열람되었다고 한다.[66] 물론 사고를 열어 열람할 때에도 룰은 있었다. 지방 사고는 춘추관 관리하에 놓여 있었다. 춘추관에는 專任史官과 兼任史官이 있었고, 전임사관은 단독으로 史庫를 열 수가 있었지만 겸임사관은 전임사관의 立會가 없으면 史庫를 열 수가 없었던 것이다. 여기에서 주의해야 할 것은 전임사관은 8품~9품의 하급관인이었던 것에 대해서 겸임사관은 各曹 判書 등 高官을 兼任하는 경우가 많았다[67]고 하는 것이다. 겸임사관이라도 사정이 있으면 지방에 가서 사고를 열게 해서 역대 『조선왕조실록』을 열람하는 것이 가능하였던 것은 아닐까?

『세종실록』 가운데 「海外日記」를 집필할 때 참조했을 가능성이 있는 것은 세종 1년 5월~7월의 부분을 기록한 권 4뿐이다. 이 1책 가운데 기해동정 관련 부분만을 어느 때인가에 필사시켜, 「海外日記」 기해동정 관련기사를 적는 데 편의를 도모할 수 있는 사람이 있으면 되는 것이다.

『鶴坡先生實記』의 각 顯彰文 집필자 중에 그와 같은 인물은 존재하는 것일까?

---

66) 이성무, 『조선왕조실록 어떠한 책인가』, 서울, 동방미디어, 1999, 206-208쪽.
67) 同上書.

『鶴坡先生實記』의 각 顯彰文을 읽으면 집필자 중에는 춘추관의 겸임 사관의 직함을 가진 사람이 5명 존재함을 알 수 있다. 영조대의 權相一, 철종대의 韓鎭庭, 철종대부터 고종대에 걸쳐서 金炳學·柳厚祚·孫相駬 이다. 이 가운데 權相一이 「海外日記」를 보지 않은 것은 「行狀」에서 추측이 가능하고, 고종대에는 이미 「海外日記」로부터 참조 인용되고 있는 것으로 後三者의 가능성도 없다. 남은 것은 철종대의 韓鎭庭이다.[68] 韓鎭庭은 「尙忠碑銘并書」 및 「祠院總記」를 撰하고 있고, 『鶴坡先生實記』 권 2 「祠院文」 전체를 정리한 인물이라고 할 수 있다. 편찬자 李璋燦과도 學緣으로 연결되어 있는 점[69]에서 李璋燦과 함께 『鶴坡先生實記』의 편찬에 중심적으로 관계한 인물 가운데 하나라고 생각할 수 있다. 官位는 「正憲大夫」, 즉 정2품으로 상당한 고관이다(물론 堂上官). 이 인물이 춘추관을 움직여서 『세종실록』 권 4 열람의 편의를 도모하였다고 할 수는 없을까? 「海外日記」 모두의 「按篇內文義蓋從事官所錄」이라고 하는 아무리 봐도 「海外日記」의 신빙성을 제3자에게 전가하는 듯한 말의 표현을 함께 생각하면 우리는 아마도 철종대에 이 韓鎭庭과 관계가 있는 인물 혹은 韓鎭庭 자신[70]이 「海外日記」를 집필한 것은 아닐까 추측하는 것이다.

이상은 소위 상황 증거의 범위를 벗어나지 않는 추측에 지나지 않을지도 모른다. 그러나 필자는 『鶴坡先生實記』 「海外日記」의 성립은 『세종실록』 권 4를 포함한 관찬 사료를 참조할 수 있었던 인물(열쇠를 쥐고 있는 것은 아마도 韓鎭庭)이 편찬에 관계하고 있었던 철종대였다고 생각한다.

---

68) 哲宗 14년(1863)의 韓鎭庭 撰 「尙忠碑銘幷書」의 말미에는 「正憲大夫前行兵曹判書兼知經筵成均春秋館義禁府事五衛都摠部都摠官西原韓鎭庭撰」이라고 되어 있어 그가 春秋館 兼任史官이었음을 알 수 있다.
69) 『鶴坡先生實記』 韓鎭庭 「尙忠祠銘書」.
70) 韓鎭庭이 기록한 祠院總記에 있어서 「盖建祠之議先生倡之也」라고 돌려서 말하는 것과 같이 「불확실한 推量」의 구문이 「海外日記」 冒頭(「蓋從事官所錄」)에서 쓰이고 있는 것도 韓鎭庭과 「海外日記」의 관계를 상정하게 한다.

5. 맺음말

마지막으로 본고에서 밝혀진 여러 가지를 정리해 보고자 한다.

첫째, 『鶴坡先生實記』 편찬부터 간행까지의 사정을 추정하였다. 『鶴坡先生實記』는 李藝의 후손인 鶴城李氏 가문의 祠廟・書院의 정비 과정과 연계되어 있었다. 즉 龍淵祠가 창건된 영조 13년(1737)경에 편찬이 시작되어(제1단계), 講堂上樑・鄕祠로의 승격이 이루어진 正祖 22년(1798)경에는 「序文」「識」을 갖춘 가칭 『鶴坡先生實記』로서의 체재를 갖추었다(제2단계), 哲宗代에 들어가 石溪書院으로 승격하자 祠院文의 集約이 이루어졌지만, 고종대에 書院毁撤의 위기상황이 오자 그 후 정력적으로 顯彰文을 더하고 고종 9년(1872)에 간행이라는 목적달성을 하고 있다(제3단계), 『鶴坡先生實記』 편찬은 鶴城李氏 가문의 지역 士族家門으로서의 위세를 보일 목적으로 착수되었지만 결과적으로는 鶴城李氏 가문에 의한 書院復設運動의 일환으로서 간행된 것은 아닐까 하는 것이 필자의 추측이다.

둘째, 『鶴坡先生實記』에 나타나는 李藝像을 정리하였다. 그 결과 「蔚州記官時代, 상사였던 李殷에 대한 충성」「태종대의 일본・유구로의 사행 13회」「기해동정시의 中軍兵馬副帥로서의 활약 및 功牌의 賜受」「正統癸亥年에 명을 침략하고 對馬로 돌아간 왜구의 연행(이 왜구는 후에 명에 管送)」「아들 宗實이 水軍節度使 3회 對馬島를 토벌」「아들 宗根은 行文義縣令」의 여섯 가지 요소가 편찬 제1단계(영조대)부터 존재하였던 것을 알 수 있다. 제2단계(정조대)에서는 새로운 요소가 부가되지 않았지만, 제3단계(철종・고종대)가 되면 「아들 宗根(宗謹)의 娘壻=楊大峯公의 유년기의 일화」「후손으로 임진왜란 때에 六義士를 배출」의 두 가지 요소가 부가되었다. 그 직접적인 원인은 제3단계에 있어서 『鶴坡先生實記』 편찬자의 주변에 있는 사료의 증가이다. 즉 제1단계에 있어서 사료는 「功

牌」및「朝野記載合錄」소수 문헌 가운데『國朝寶鑑』『攷事撮要』『(동국)여지승람』에 지나지 않았지만 제3단계에서는『震乘』『列朝通記』『楊大峯家藏書』『李月沙廷龜辨誣奏文』『壬辰野話』및「海外日記」가 '수집'되었던 것이다.

셋째, 주로 己亥東征 관련의 李藝에 관해서 구체적으로 기록하고, 또한 중요한 사료로 평가되는「海外日記」를 분석하였다. 그 결과「海外日記」는『海東諸國記』·『世宗實錄(권 4)』·『國朝寶鑑』·『明史』및『明實錄』이라는 관찬 사료를 참조 또는 인용하면서 기해동정시의 李藝의 「활약」을 구체적으로 서술한 것임이 명백해졌다. 더구나 그 참조 인용은 전거가 되는 관찬 사료의 취지와는 상이한 점이 눈에 띄었다.『세종실록』권 4를 인용하면서도 李藝가 尼老郡에서 상륙·분전했다는 서술이나『國朝寶鑑』에 있어서의 趙末生으로부터의 致書를 (전거를 감추고) 시기를 다르게 하여 인용한 부분이 좋은 예이다. 특히『國朝寶鑑』으로부터의 인용 부분에서는 三軍都統使 李從茂는 李藝를 돋보이게 하는 역할이 되고, 병조판서 趙末生은 李藝에 다음가는 주역으로서 묘사되어 있었다. 적어도「海外日記」는 1차 사료로서 다루는 것에 대해서는 신중한 배려를 요함이 판명되었다.

『鶴坡先生實記』에 있어서 李藝는 태종대에 있어서의 일본·유구사행에 대한 평가는 있지만 오히려 구체적인 서술은 기해동정시의 활약·왜구의 연행이라는 무관으로서의 공적만이 강조되어 있고, 세종대인 1420년대부터 1430년대 전반에 걸쳐서 回禮使나 通信使로서 일본에 사행하여 외교교섭을 한 측면 등은 모두 다뤄지지 않고 있다. 나는 韓日關係史上의 李藝는 조선왕조가 왜구를 극복하고『조일통교체제』라고 할 수 있는 시스템을 구축하는 과정에서 실질적인 중심인물로서 이해해야 한다고 생각되는데, 이 점에 대해서는 별고에서 다루고자 한다.

(번역 : 장소순)

《主要參考文獻》

- 中村榮孝, 『日鮮關係史の硏究(上)』, 吉川弘文館, 1965.
- 有井智德, 『高麗李朝史の硏究』, 國書刊行會, 1985.
- 宮嶋博史, 『兩班 李朝社會の特權階層』, 中公新書, 1995.
- 宮嶋博史・岸本美緒, 『明淸と李朝の時代』, 中央公論社, 1998.
- 吉田光男, 「韓國の士族・氏族・族譜-儒敎の社會化-」(『アジア儒學』第50號「特輯 朝鮮社會と儒敎」에 所收), 2003.4.
- 韓文鍾, 「朝鮮初期 李藝의 對日交涉活動에 대해서」(全北史學會, 『全北史學』제11・12합집에 所收), 1989.
- 河宇鳳, 「朝鮮初期 對日使行員의 日本認識」(『國史館論叢』14에 所收), 1990.
- 池斗煥, 「世宗代 對日政策과 李藝의 對日活動」(부산대 한국문화연구소, 『한국문화연구』5에 所收), 1992.
- 이성무, 『조선왕조실록 어떤 책인가』, 서울, 동방미디어, 1999.
- 李樹煥, 『朝鮮後期 書院 硏究』, 서울, 一潮閣, 2001.
- 李明勳 編, 『李藝의 使命』, 서울, 새로운사람들, 2005.
- 尹熙勉, 『朝鮮時代 書院과 兩班』, 서울, 集文堂, 2004.

『鶴坡先生實記』の綜合的檢討

1. はじめに

　李藝の日本使行は、『世宗實錄』卒記[1])によれば「四十余行」に及び、『太祖實錄』『太宗實錄』『世宗實錄』からは16回の渡日(漂流も含む)の具體的記事が確認できる. この間の李藝の活動は, 使行員としての外交交渉はもちろん, 日本社會や文化の觀察と上申, 船舶に對する深い關心, 日本での商行爲といった多樣な側面を持ち, その範圍は西日本全域から琉球にまで及んでいた. それらの具體的內容は韓國の3本の論考[2])にまとめられている.

　李藝に關する史料としては、もう一つ、李藝の沒後400年を經て刊行

---

1) 『世宗實錄』券百二十七, 27年2月丁卯條.
2) 韓文鍾「朝鮮初期 李藝の對日交涉活動に對して」(『全北史學』第11・12合輯, 全北史學會)1989.
　池斗煥、「世宗代對日政策と李藝の對日活動」(『韓國文化硏究』5, 釜山大學校 韓國文化硏究所), 1991.
　李明勳、「朝日文化交流の先驅者：通信使李藝の生涯と業績」(同篇『李藝の使命』, セロウン·サラムドゥル所收), 2005.

された『鶴坡先生實記』[3]がある.『鶴坡先生實記』は, 現在まで,『太宗實錄』や『世宗實錄』等では知り得ない, 李藝の對日交渉活動を探るための史料として讀まれてきた[4]が, 史料としての檢討が十分に行われているとは言いがたい.

　本稿は, 史料としての『鶴坡先生實記』の綜合的な檢討である. まず,『鶴坡先生實記』の構造を明らかにした上で, その編纂過程の分析を行う. 分析においては,『鶴坡先生實記』編纂過程と鶴城李氏後孫たちの祠廟・書院整備過程との關連性を足がかりとする(Ⅰ節). 次に『鶴坡先生實記』において描かれる李藝像を整理し(Ⅱ節), 最後にはそのような李藝像の史料的根據とされる部分のうち「海外日記」の分析を行い(Ⅲ節),『鶴坡先生實記』の史料的性格を綜合的に明らかにしたい.

2.『鶴坡先生實記』の構成および編纂過程

　『鶴坡先生實記』は3卷1册で構成され, 私は韓文鐘氏と同じ2種類を確認している. すなわち, 國史編纂委員會所藏の木版本とソウル大學校奎章閣圖書館所藏の筆寫本である. 前者は序2篇(正祖2年〔1790〕丁範祖撰, 高宗9年〔1872〕金炳學撰)を欠かないのに對し, 後者はそれらを欠く. 兩者は縱橫の字數(縱18文字×橫10行)も同一であり, 木版本を基準に筆寫本を見た場合, 全體で數文字を欠くのみなので, 筆寫本はすでに成立していた木版本をそのまま寫したものと考えられる. したがって本報告は,

---

3) この書物の名稱については, 以下に述べるように, (この書物が)鶴城李氏の後孫たちが李藝を顯彰するために編纂刊行したという色彩がきわめて強いことから,『鶴坡先生實記』で統一する.
4) 韓文鐘 脚注2論考.

國史編纂委員會所藏の木版本を用いるものとする.

1)『鶴坡先生實記』の構成とその特徵

まず, 全體の構成を見たい. 次の表1は, 冒頭の目次を一覽表にしたものである.

表1から,『鶴坡先生實記』の構成, および編纂過程に關わる重要事項を摘出したい.

まず, 構成を概觀する. 注目されるのは, 2本の「序文」に續く「事蹟」である.「功牌」,「海外日記」, および官撰私撰の諸文獻記載の李藝關連記事を集約した「朝野記載合錄」から成る「事蹟」は,『鶴坡先生實記』中において李藝の活動を知る史料としての役割を與えられている(以下, 本報告において

〈表1〉『鶴坡先生實記』の全體像 (韓國國史編纂委員會所藏の木版本に依拠)

序文	丁範祖	正朝 14 (1790)
	金炳學	高宗 9 (1872)

表之一 「事蹟」(執筆年代)

功牌		
海外日記		※
朝野記載合錄		
「輿地勝覽」		成宗 12(1481)
「農巖」		不明
「攷事撮要」		明宗 9(1554)
「列朝通紀」		正祖 1-15 (1777~91)
「國朝寶鑑」		世宗代から編纂
「李月沙廷龜辨誣奏文」		宣祖 31(1598)
「楊大峯家藏書」		不明
「壬辰野話」		不明

「記實文」

行狀	權日一	英祖 13 (1737)
書行狀後	趙宜陽	英祖代
謚狀	金漢喆	英祖 35~45 (1759~69)
謚狀	金炳學	高宗 9(1872)
傳	金岱鎭	高宗 8(1871)
遺事	柳厚祚	高宗 8(1871)

※ 海外日記の執筆年代に關しては,
本論を進める中で檢討してゆく.

表之二 「祠院文」

祠院總記	韓鎭庭	哲宗 14(1863)
龍淵祠創建時郷儒通文	尹就徵等	英祖 13(1737) 頃
龍淵祠開基祝文	鄭權	英祖 13(1737) 頃
廟宇上梁文	鄭重器	英祖 13(1737) 頃
奉安文	李德標	英祖 13(1737) 頃
常享祝文	鄭重器	英祖 13(1737) 頃
石溪祠移建開基祝文	李表吾	正祖 6(1782)
廟宇上梁文	李時潤	正祖 6(1782)
講堂上梁文	南景義	正祖 22(1798)
郷儒通文	朴晦錫等	正祖 22(1798)
奉安文	南景義	正祖 22(1798)
常享祝文	南景義	正祖 22(1798)
敬守堂記	金裕憲	正祖 22(1798)？
陞院時道儒通文	金鎭龍 等	哲宗 11(1860)
改題主還安告由文	柳明	哲宗 11(1860)？
書院記	李忠翼	英祖 14(1863)
尚忠祠銘幷序	韓鎭庭	哲宗 14(1863)
遺墟碑銘幷書	李㮿	高宗 9(1872)
遺墟碑銘陰記	孫相昭	高宗 9(1872)

卷之三 題詠

石溪祠奉安時題詠	崔宗	正祖 9(1785)
嬌祠時題詠	李養吾他	正祖 23(1799)

識文・跋文

識	李家煥	正祖 22(1798)
跋	李㮿祥	高宗 8(1871)
跋	鄭胤慶	高宗 9(1872)
後識	宇㮽燉	高宗 9(1872)

は史料的部分と呼ぶ)．次が「記實文」で，中央政府の高官たちが史料的部分をもとにして李藝の業績を顯彰した文章である(ここまでが卷之一)．卷之二「祠院文」は，李藝を始祖として仰ぐ鶴城李氏家門において行われた祠廟・書院等の整備過程の中で，節目になる時期に記された文を集めたもので，それらの中にも李藝を顯彰する內容を含むものが少なからずある．卷之三は「題永」と「識文・跋文」から成る．「題永」は，鶴城李氏家門において行われた祠廟・書院等の整備過程の中で，龍淵祠から石溪祠に移建した時，および鄕祠に復歸した時に寄せられた詩文を集めたものである．「識文・跋文」は，後書きまたは編集後記に相當する部分で，この中にも李藝を顯彰する內容が含まれる．このように，史料的部分(「功牌」「海外日記」「朝野記載合錄」)以外の文章は，李藝顯彰の性格を持つ文章が大部分なので，本報告では顯彰文として一括する．すなわち『鶴坡先生實記』は，史料的部分と，それらをもとに撰した李藝の顯彰文集という構造を持つのである．

次に，各顯彰文の執筆年代に注目する．顯彰文は執筆年代によって① 英祖代，② 正祖代，③ 哲宗～高宗代という3グループに分けることができ，細かく見れば，② 正祖代の中では末期である正祖22～23年(1798～99)に顯彰文が集中した時期があり，③ 哲宗～高宗代については哲宗代の顯彰文と高宗代のそれの間には10年ほどの開きがある．また，「序文」「記實文」「題永」「識文・跋文」の執筆年代を細かく見ると，同じような時期に書かれた「祠院文」が存在することから，顯彰文の執筆は，鶴城李氏家門において行われた，龍淵祠創建から石溪書院にいたる書院整備過程と深い連關があることは明らかである．

そこで問題になるのは，鶴城李氏家門における祠廟・書院等の整備過程である．

以下，項を改め，韓鎭庭「祠院總記」をはじめとした「祠院文」をもとに鶴城李氏家門における祠廟・書院の整備過程を通觀し，その他の顯彰文

との關聯をみながら『鶴坡先生實記』編纂の過程を素描したい.

2）鶴城李氏家門における祠廟・書院建立と,『鶴坡先生實記』の編纂

「祠院文」の筆頭にあり, 哲宗代に記された韓鎭庭[5]「祠院總記」は, 鶴城李氏の祠廟・書院整備の履歴を記した文章である. それによれば, 鶴城李氏の書院建立運動の起源は, 英祖代にさかのぼる.「英祖十三年丁巳」(1737)に「本鄕」(蔚山府)の士林である「峻發公」が祠宇創建を議した. この時, たまたま「淸臺權先生相一(權相一)」が「知府事」で, これに先立って遺墟を訪れたところ心を動かされ, 李藝の後孫である李元聃・李光熹から渡された「家狀」にもとづいて李藝の「行狀」を撰し,[6]「尙忠」という廟號と「龍淵」という祠號を定めたという.「祠院總記」には「おそらく建祠のことは先生(權相一)が提唱したのであろう(盖建祠之議先生倡之也)」とあるので, 蔚山地域における李藝顯彰は, 地域の士林および權相一[7]から始まったようだ. さらに祠宇創建時に納められた「龍淵祠創建時鄕儒通文」からは, 龍淵祠創建にあたり, 蔚山における有力書院である鷗江書院[8]に

---

5) 韓鎭庭は券之二「祠院文」筆頭の「祠院總記」と末尾の「尙忠碑銘序」を撰していることから「祠院文」全體をまとめた人物であると考えられる.「尙忠碑銘序」文末には,「正憲大夫前行兵曹判書兼知經筵成均館春秋館義禁府事五衛都摠府都摠管西原韓鎭庭撰」とある.

6) このあたりは,「記實文」の筆頭にある權相一「行狀」の記載と一致する.「行狀」に依據して書かれているようである.

7) 1672～1759(肅宗5～英祖5). 字は台中, 號は淸台. のちに大司諫・弘文館副提學, 人司憲などを歷任した. その前段階で蔚山府使となって(1735)春秋館編修官を兼任しており, この時期に李藝顯彰に關わった.（韓國精神文化大究院,『韓國民族文化大百科事典』, ソウル, 1995を參照した. 以下, 人物に關するデータはこの事典によった).

8) 鷗江書院は高麗末期の文臣鄭夢周を配享した南人系の書院であり, 肅宗5年(1679)の奉安である.

集まる士林達の協力もあったことがうかがわれる.

　正祖代には祠の移建が行われた.「正祖六年壬寅」(1782)に「府治の西三十里文珠山南石川里に移建」とある. このときの廟號は「尙忠」のままで(「廟號仍舊」),祠號は「石溪」に變わった(「祠號曰石溪」). また, 卷之三にある「石溪祠奉安時題詠」の冒頭には「乙巳十二月」(1785)とあることから, 移建後, 廟宇の完成までには3年余りの年月を要したと推定される. 尙, この5年後に丁範祖[9]から「序文」を得ていることから, この段階で鶴城李氏家門は「鶴坡李藝先生の實記」編纂の動きを本格化していることが判明する.

　「祠院總記」には記載がないが, 南景義「講堂上樑文」によれば, 講堂の棟上げ(上樑)が行われたのは正祖22年(1798)だった(「正廟戊午建」). この「講堂上樑文」を含め, この年には「鄕儒通文」「常享祝文」「敬守堂記」といった祠院文が記され, このうち2本は南景義の撰である. 李家煥[10]が「識」を寄せたのもこの年で, これに先だって撰された丁範祖「序文」と合わせれば, 正祖代末には一應の體裁が整ったことになる(以下, 本報告では假稱『原鶴坡先生實記』と呼ぶ).

　石溪祠は, 建造物こそ增えたが, この段階では私廟であったようだ. しかし, 「祠院總記」によれば, 翌年である「二十三年己未十一月十日」(1799)

---

[9] 1723～1801(景宗3～純祖1). 字は法世, 號は海左. 英祖39年(1763)に科擧に及第. 詩文の才能を評價されて晩年まで官に登用され續けたことは, 耆老社に入りながら刑曹判書と知春秋館事を兼任していたということからもわかる. 正祖沒後には挽章を撰し, 『正祖實錄』編纂に參與した. 『鶴坡先生實記』「序」での肩書きは「通政大夫前吏曹參議」となっている.

[10] 1742～1801(英祖18～純祖1). 字は廷藻, 號は錦帶. 正祖1年(1777)科擧に及第. 天主教信者として著名な李承薰の叔父で, 丁若鏞ら初期の天主教信者と交友があったが, 辛亥迫害(1791)時には官としてこれを彈壓する側に回った. 後に再び天主教を研究し, 李承薰らとともに殉教した. 天文學と數學にも精通していたという. 『鶴坡先生實記』「識」での肩書きは「資憲大夫前工曹判書兼知義禁府事五衛都摠府都摠管」とある.

に「改題し奉安した」とあり,續けて「嘗て邦が新設を禁じたので,そのために撤して私廟となり,ここに至って鄕祠に復した」とあるので,どうやら鄕祠であったものが私廟に格下げされ,再び鄕祠に格上げされた[11]ことがわかる.鶴城李氏家門にとって,これは大きな喜びであったようで,卷之三には後孫李養吾ほか18名の者が題詠を寄せている.講堂の棟上げ・假稱『原鶴坡先生實記』完成・鄕祠への復歸がなされた正祖代末が,鶴城李氏家門における祖先顯彰運動のひとつの山であったことは間違いない.

「祠院總記」は續く.「その六十二年後の庚申年(1860),道儒は"陞號之論"を擧げ始め…」とあり,續けて「哲宗二十一年庚申三月陞院」とある.石溪書院の誕生である.このときの祠院文としては「陞院時道儒通文」「改題主還安告由文」「書院記」の3本がある.が,鄕祠復歸時に18名から題詠が寄せられたのに,書院昇格に伴い數多く寄せられたはずの「題詠」(あえていえば「陞院時題詠」)が載っていないのは不可解である.

さらに「十四年癸亥(1863)夏四月,尙忠祠碑を院の門外に竪てる」とあり,哲宗14年(1863)に尙忠祠碑が建てられたことを述べている.尙忠祠に刻する文章(「尙忠祠銘幷序」)を寄せたのは,「祠院總記」を撰した韓鎭庭その人であった.「祠院總記」はここで終わっている.この段階で石溪書院の體裁は整った.

しかし,ここで鶴城李氏家門にとって大きな試練が訪れる.高宗代に入り,執政者である興宣大院君が押し進めた書院撤廢政策の波を受けたのである.大院君は,全國の書院のうち47箇所を除き大部分を毀撤したが,石溪書院もその例外とはならず,高宗5年(1868)に毀撤された.[12] 書院

---

11) 鄕祠への昇格は,廟が官に公認されたことを意味する.これにより李藝の祭祀は,鶴城李氏として私的に行うのでなく,蔚州郡として公的にまつることが再び許されるようになった.
12) 「書院一覽表」(安章憲・李相海,『書院』,ソウル,悅話堂,1998.391ページに所收)より.

に昇格してわずか8年であった. 書院昇格に伴って數多く寄せられたはずの「陞院時題詠」が見あたらないのは, このことと關係がありそうである.[13] 『鶴坡先生實記』は, 當初は揭載する予定であった「陞院時題詠」を意圖的に削除して刊行されたという推測が生まれるのである.

『鶴坡先生實記』の刊行は, 石溪書院毀撤の4年後である. 私は, 高宗代の『鶴坡先生實記』刊行のねらいは, 鶴城李氏家門を擧げた石溪書院の復設アピールであったと考えている. 高宗卽位後に左議政に昇進し, 大院君と同じ衛正斥邪論者であり, 『鶴坡先生實記』刊行の段階では領議政の地位にあった金炳學[14]から「謚狀」および「序文」を得ていることは, 金炳學の近くに存在したはずの大院君に對する强烈な書院復設アピールであったに違いないし, 書院昇格時に多く寄せられたはずの「陞院時題詠」を意圖的に外した理由も, 書院復設をアピールするための文集と考えれば納得がいく. 石溪書院毀撤後は, 高宗8年(1871)から9年(1872)にかけて, 金炳學「謚狀」「序文」を含む「記實文」3本・「跋」2本・李璋燦「後識」と, 計7本の顯彰文が加わっている. 李璋燦ら後孫達は『鶴坡先生實記』刊行に向け

---

13) 『鶴坡先生實記』において「石溪祠奉安時題詠」「鄕祠時題詠」を收める「卷之三」は29ページであり, 「事蹟」「記實文」を中心とした「卷之一」(56ページ)・「祠院文」を載せる「卷之二」(43ページ)より目立って少ない. 「卷之三」の中の「石溪祠奉安時題詠」「鄕祠時題詠」部分は13ページあるので, もし假に, これと同程度の分量の「陞院時題詠」が收められていれば「卷之三」も40ページを超え, 他の2卷との均衡がとれることには留意してよいのではないか.
14) 1821〜1879(純祖21〜高宗16). 哲宗4年(1853)に科擧に及第. 安東金氏であったため勢道政治を背景に大司憲・判書を歷任. 高宗が卽位すると, 高宗卽位への貢獻と外戚としての立場で出世を續ける. 保守的な斥倭論者で丙寅年(1866)には天主敎彈壓を極力主張, 丙寅洋擾時にも大院君を支持した. 後に日朝修好條規締結に激しく反對したという. 『鶴坡先生實記』「序文」および「謚狀」における肩書きは「大匡輔國崇祿大夫議政府領議政兼領經筵弘文館藝文館春秋館觀象監事」とある.
15) 特に金炳學と柳厚祚が, ともに正一品の中で最も格上の「大匡輔國崇祿大夫」の稱號を持つことに留意したい.

て精力的に體裁を整えるだけでなく,當時の第一級の政治家達[15]にも強くはたらきかけていたのだ.

以上から,鶴城李氏および蔚州郡の士林達の間で行われた祠廟・書院の整備過程と『鶴坡先生實記』編纂過程とはリンクしており,大きくみれば3つの波があったことがわかる.

第1波は英祖代(18世紀前半)で,英祖13年(1737)の祠宇創建に伴う動きである.權相一「行狀」によれば,英祖代の李藝顯彰運動の中心は,後孫李元聃・光熹らであった.彼らは蔚山に赴任した權相一に彼らがまとめた「家狀」を渡し,權相一はそれらをもとに李藝の「行狀」を記した.

第2波は正祖代(18世紀後半)で,正祖6年(1782)の祠の移建に伴う動きと,正祖22年(1798)の講堂上樑・翌23年(1799)の鄉祠への昇格に伴うものであった.兩者の間には10年以上の間隔があるので,第2波はさらに2つに分けることもできる.正祖代の李藝顯彰運動の中心としては,「石溪祠移建開基祝文」を撰した後孫李養吾・「廟宇上木梁文」を撰した9世孫李時潤の名が見える.祠院文の中には南景羲の撰になるものが複數あり,この他に丁範祖や李家煥といった高官から「序文」「識」を得て,假稱『原鶴坡先生實記』としての體裁が整えられたのがこのころである.

第3波は哲宗代~高宗代(19世紀後半)で,哲宗11年(1860)の陞院・同14年(1863)の尚忠祠建立に伴う動きと,高宗9年(1872)の『鶴坡先生實記』刊行・遺墟碑建立に伴う動きであった.兩者の間には高宗5年(1868)の石溪書院毀撤があるので,第3波も2つに分けてとらえられる.この時期の李藝顯彰運動の中心は,いうまでもなく13世孫李璋燦である.協力者としては,哲宗代において「祠院總記」を撰し「祠院文」全體の要となった韓鎭庭,高宗代において石溪書院毀撤後に「序文」「諡狀」を撰した金炳學らがいた.

このように「祠院文」を軸として顯彰文全體を見渡すと,李元聃・光熹(英祖代),李養吾・時潤(正祖代),李璋燦(哲宗~高宗代)といった後孫たち

が，蔚山の士林達の協力を得ながら，權相一(英祖代)李家煥等(正祖代)韓鎭庭(哲宗代)金炳學(高宗代)といった高官たちの助力を得て，『鶴坡先生實記』の刊行にこぎつけていることがわかる．

　書院はあくまでも經學の場であるので，そこに祀られる人物に關わる文集の編纂は必須であった．『鶴坡先生實記』においても祠廟・講堂・碑といった建造物の建立と，文集の編纂はリンクしていた．しかし『鶴坡先生實記』は，結果としては書院復設運動の一環として刊行された．すなわち『鶴坡先生實記』刊行は，李藝を始祖として仰ぐ鶴城李氏家門の，士族家門としての威信を保持することが目的であった．その意味できわめて社會性・政治性の強い文集となったのである．

　鶴城李氏における祠廟・書院の整備および『鶴坡先生實記』編纂の動きが波状的に起こった18~19世紀の朝鮮社會は，身分制の動搖が激しい時期であったといわれる．宮嶋博史氏の整理[16]によれば，その實態は，1つには奴婢制の解體であり，もう1つは兩班庶子および非兩班のなかのいわゆる「饒戸富民[17]」たち，そして地方行政實務の擔い手である鄕吏層の兩班志向化であった．特に後者において，庶子や「饒戸富民」は鄕案への入錄を求め，鄕吏層の中には科擧受驗を目指し，族譜への入錄を要求する者もあらわれた．兩班家門の多くは高麗時代の地方有力者である在地の邑吏層と重なっており，鄕吏も兩班と先祖を共有している場合が多かったからである．それに對し傳統的な兩班士族たちも，自らの家門の正統性を主張するとともに一門の結集をはかり，さまざまな動きを示した．

　尹熙勉氏は正祖代から純祖代以後にかけて書院の擴大が再び激しく

---

[16] 宮嶋博史・岸本美緒，『明淸と李朝の時代』(中央公論社，1998)所收の宮嶋稿，「新たな挑戰者たち―李朝末期の朝鮮」，328~336ページ．
[17] 17世紀以後の農業集約化・商品經濟化の波によって富を蓄積した良人・奴婢身分出身の人ごヒ．

〈表2〉朝鮮時代 書院・祠宇 王代別 比率
(尹熙勉,『朝鮮時代 書院과 兩班』, 115ページ)

	書院	祠宇	合計
中宗	1		1
明宗	16		16
宣祖	70	27	97
光海	35	7	42
仁祖	33	33	66
孝宗	31	11	42
顯宗	48	25	73
肅宗	175	188	363
景宗	8	25	33
英祖	50	166	216
正祖	47	75	122
純祖	52	128	180
憲宗	12	34	53
哲宗	19	34	53
高宗	1	6	7

※ この他に設立期未詳 の書院82・祠宇282があり合計では書院680・祠1041となる.

なることを指摘し, 濫設の主體である兩班が「內部的には自分たちの族的結合のために, 對外的には自己の門中の社會的威勢を表現するために……族譜と文集を刊行して齋室, 亭などを建立した. そして……門中書院を濫設した」[18]としている. 鶴城李氏における, 一門の始祖李藝顯彰の動きも, そのような動きの一環と考えられるが, 表2からは, 石溪書院は, 尹熙勉氏が指摘する多くの「門中書院」建設の最末期に相當する時期に行われたことが讀みとれる.

『鶴坡先生實記』を見る限り, 鶴城李氏は(表2からわかる)書院・祠宇ともに盛んにつくられている純祖代において, 何の動きも起こしていない. この間, 何らかの事情によって刊行に向けての動きができず, その後の哲宗11年(1860)に陞院が認められた. ところがその8年後の高宗5年(1868)に書院が毀撤されてしまったので, 當時刊行に向けて段階的・波狀的な準備が進められていた文集『鶴坡先生實記』は, 結果的に書院復設アピールという性格を帶びざるを得なくなったというのが, 私の推測である.

18) 尹熙勉,『朝鮮時代 書院と兩班』, ソウル, 集文堂, 2004, 108―109ページ.

3.『鶴坡先生實記』にあらわれる李藝像

本節では『鶴坡先生實記』において顯彰される李藝像の具體的分析を行う. 本來は史料的部分(史料集の役割を果たしている「事蹟」所載の「功牌」「海外日記」「朝野記載合錄」)から分析するべきであるが, このうちの「海外日記」が特に愼重な檢討を要するので, ここでは顯彰文にあらわれる李藝像の檢討を行う. まず, 最も古い顯彰文である(祠廟建立〔龍淵祠創建〕時に李藝顯彰に關わるようになった)權相一「行狀」をはじめとする英祖~正祖代における李藝像を整理することから始めたい.

1) 英祖~正祖代の李藝像—權相一「行狀」と, その後の顯彰文

まず, 權相一「行狀」である. 權相一は, 冒頭で李藝顯彰に關わった經緯を述べ, 次に李藝の後孫李元聃と李光熹が「家乘及雜記」から撰した「家狀一通」をもとに「行狀」を執筆したとする. 續いて李藝の生年[19]を記し, 李藝の紹介に入る.(紹介は, 李藝本人に關する4要素(以下のA・B・C・D)と, 李藝の子に關する2要素(E・F)である.

> 要素A: 蔚州の吏(記官)であった16歳の時, 上司(郡司李殷)が倭寇に虜された時にその後を追って對馬に渡り, 對馬においても3年間の間李殷によく仕え, ついに倭人も2人とも放還したこと.[20]
> 要素B: 太宗朝に使節として日本・琉球に13度使行し, 被虜600

---

19) 「其狀, 公生於洪武十四年辛酉」と述べ'李藝の生年は「家狀」によれば洪武14年(1381)であるとしている. 『世宗實錄』卒記における生年(1373)より8年遅い.
20) 「十六歳以記官, <u>隨知郡李殷被虜到倭國</u>, 事殷如在郡時, 朝暮 … 其主守久困拘留, 俱放還, 卽洪武戊寅也. 朝廷大加嘉賞, 擢拜奉列大夫禮賓少尹行左軍司直」(『鶴坡先生實記』權相一「行狀」, 下線部は引用者).

余人を刷還したこと.[21]

要素 C: 世宗元年(1419), 王が對馬を討つように命じた際, 中軍兵馬副帥として先鋒で危險を顧みずに奮戰し, 名を上げて凱旋し, 特に「功牌」を賜ったこと.[22]

要素 D: 正統癸亥年(1443), 倭寇が明の沿岸および濟州島を侵し, 余賊が對馬島に戻った際に, 王によって特に對馬島に派遣された. 李藝は島主を諭し, 島主もあえて(余賊を)隱さずに57名を李藝に送付した. 彼らは明皇帝に送られたので, 明皇帝は大いに喜んだ[23]こと.

要素 E: 李藝の子宗實は水軍節度使として3度對馬島を討伐し, 歸る時に暴風に遭遇し海中に溺れ, 朝廷は禮官を派遣して弔った[24]こと.

要素 F: 李藝の子宗謹(または宗根)は, 司馬に合格し行文義縣令であった[25]こと.

上記の6要素が, 『鶴坡先生實記』における李藝顯彰の基本部分である.

次に, 「行狀」と, 史料的部分のうち「朝野記載合錄」「功牌」の關連を檢討する.

---

21)「太宗朝, 奉命使日本及琉球凡十三度, 刷還被虜六百余人」(『鶴坡先生實記』權相一「行狀」).
22)「世宗元年, 命討對馬島, 公以中軍兵馬副帥, 爲先鋒, 掃蕩窟穴, 忘身犯危, 勳名益著, 凱還, 卽命超秩, 特賜功牌」(『鶴坡先生實記』權相一「行狀」).
23)「<u>正統癸亥, 倭賊寇</u> 上國沿海地面, <u>又掠我濟州, 爲邊將所獲余賊, 遁歸對馬島</u>. 上特遣公, 諭島主執送. <u>島主不敢匿</u>, 執五十七名, 付送因上獻于帝. <u>帝降勅嘉獎, 又賜禮幣表裏等物</u>」(『鶴坡先生實記』權相一「行狀」, 下線部は引用者).
24)「了宗實行水軍節度使, 討對馬島凡三度, 及還遇風溺海中. 朝家遣禮官, 招魂以葬」(『鶴坡先生實記』「行狀」〔權相一〕).
25)「宗謹一作根, 中司馬行文義縣令」(『鶴坡先生實記』「行狀」〔權相一〕).

「行狀」と「朝野記載合錄」は，顯彰要素Aに關してその一部(脚注20下線部)が(「朝野記載合錄」の)『東國輿地勝覽』引用部分[26]と共通し，要素Dに關して(脚注23下線部)(「朝野記載合錄」の)『攷事撮要』[27]引用部分[28]と共通する部分が多い．ここで，『攷事撮要』では李藝が13人を管送したと記されているのに對し，「行狀」が57人となっている[29]ことは目を引く．この「57人」の出所は，同じく「朝野記載合錄」の『國朝寶鑑』引用部分である．[30]『國朝寶鑑』には李藝の名が見え，明に管押された57名の數字も見えるが　李藝が對馬から護送した13名という數字はない．權相一は，『攷事撮要』を土台に，數字のみ『國朝寶鑑』にある57名を用い，李藝がこのような大人數を護送したように記したのではないか．史料から見る限り，權相一は『東國輿地勝覽』・『攷事撮要』および『國朝寶鑑』を参照しながら「行狀」を執筆した可能性が強い．なお，家狀がそのように記述していた

---

26) 「李藝本府吏也，與知郡李殷，俱被倭搶虜，到日本，事殷如在郡時，倭人感其有禮，俱放還．免吏役，後官至知中樞院使」(『鶴坡先生實記』「朝野記載合錄」『輿地勝覽』).
27) 1554年(明宗9)に魚叔權が編纂した類書(百科全書)．朝鮮時代の事大交隣をはじめとした必要不可欠な常識を選び拔いて編纂したもの．
28) 「正統八年　世宗二十五年癸亥，倭賊寇　上國沿海地面，又掠我濟州，爲邊將所獲余賊，遁歸對馬島．遣李藝諭島主執送　島主不敢匿，執十三名，付藝以送，遂遣辛引孫，獻于帝．帝降勅嘉奬，又賜絑幣表裏等物」(『鶴坡先生實記』「朝野記載合錄」『攷事撮要』).
29) 史實としては13名が正しく，57名という數字は，(李藝が護送した13名のうち12名と，それに先だち濟州島を侵そうとして生擒された45名を合わせた人數で)世宗26年(1444)2月2日に兵曹参判辛引孫によって明の首都北京に管押された人數である(この事件は，明國沿岸を侵した倭寇を朝鮮が捕捉し´明に送るという未曾有の出來事であった．詳細については，有井智惠，「十四・五世紀の倭寇をめぐる中韓關係」，同，『高麗李朝史の研究』，國書刊行會，1985所收，485-502ページを參照されたい).
30) 「世宗二十六年初倭賊寇　上國沿海地面，又掠濟州，爲邊所將獲余賊，遁歸對馬島　上遣李藝，諭島主執送余賊遁歸者，島主亦不敢匿，付李藝以送，上遣兵曹参判辛引孫，獻于京師．…(中略)　玆復　遣陪臣辛引孫，械送擒獲犯邊倭賊五十七名，來獻足見王，遵奉朝命本國安民之意，亦以見邊守得人而有禦暴之功，朕甚嘉之，特賜王絑幣表裏，用答王忠誠」(『鶴坡先生實記』「朝野記載合錄」『國朝寶鑑』，波線部は引用者).

可能性もあるが，現時点での確認は不可能である．

　次に，權相一「行狀」以後に執筆された顯彰文のうち英祖～正祖代のものをとりあげ，史料的部分との比較檢討を行う．まず「記實文」，その後で顯彰要素を含む「祠院文」をとりあげる．

　權相一「行狀」以後の「記實文」のうち，正祖代までに書かれているのは金漢耉[31]「謚狀」のみである．この文章は，文末に「鼇興府院君金漢耉撰」とあるところから，彼が「鼇興府院君」に任ぜられた英祖35年(1759)以降，亡くなる英祖45年(1769)までの，ほぼ10年の間のどこかで記されたことになる．權相一「行狀」からは20年以上が經過しているが，顯彰內容を檢討すると，權相一「行狀」に登場する6要素（A・B・C・D・E・F）を忠實に繼承しており，各要素の記述分量も「行狀」とほぼ同量である．內容面で唯一，要素Dに關して李藝が對馬島から護送した明人の人數を「13人」としているのが目立つが，かえってこれは『攷事撮要』に忠實であることの證左といえるから，『攷事撮要』を參照していたらしい點では權相一「行狀」と同じである．

　次に「祠院文」であるが，「祠院文」19本のうち，そのうち李藝の顯彰要素に言及のあるものは11本であり，その中で顯彰要素が比較的そろっている（A・B・C・Dをすべて含む）ものは6本である．このうち英祖～正祖代のものとしては，鄭權「龍淵祠創建時鄕儒通文」（英祖代）および朴晦錫等「鄕儒通文」（正祖代）がある．

　英祖代の鄭權「龍淵祠創建時鄕儒通文」は，要素A・B・C・Dが揃い，その記述量・記實內容も權相一「行狀」と酷似している．李藝の子宗實・宗蓳に關するE・Fを欠くが，參照引用している文獻も『攷事撮要』『國朝寶鑑』と「功牌」のみで，同時期の記實文と共通である．次に正祖代の朴晦錫等「鄕儒通文」である

---

31) ?～1769(?～英祖 45)．英祖の義父．英祖35年(1759)に娘を英祖の妃「貞純王后」とし，同年に「鼇興府院君」に封ぜられ，死後に領議政を追贈された．

が、こちらは顯彰要素Ａ・Ｂ・Ｃ・Ｄこそ揃っているものの、記述量が少なく記述内容も簡明で、參照引用している事蹟文は『攷事撮要』と「功牌」のみである。

以上から、英祖代〜正祖代の顯彰文にあらわれる李藝像は、英祖代權相一「行狀」における6要素を超えてはいないことがわかる。

李藝の顯彰要素に變化が見られるのは、19世紀後半の哲宗代に入ってからである。

2）顯彰要素の付加―哲宗〜高宗代の顯彰文から

『鶴坡先生實記』編纂の第3段階に相當し、英祖〜正祖代から半世紀以上を經ている哲宗代〜高宗代の顯彰文における李藝像は、以下に檢討するように、かなり付加されている。

まず「記實文」であるが、哲宗代に書かれたものはなく、高宗代に3本―金炳學「諡狀」・金岱鎭「傳」・柳厚祚[32]「遺事」―が書かれている。

金炳學「諡狀」は、李藝顯彰に關しては英祖代の要素（Ａ・Ｂ・Ｃ・Ｄ）をふまえている点は英祖代の權相一や金漢喬と變わらないが、「海外日記」の記述を引用している点は注目される。また、要素Ｂに關し「自是此歳使日本琉球國凡十五度」（波線部は引用者）としている点も目を引く。「凡奉使倭國四十餘行」と記した『世宗實錄』李藝の卒記を參照していないことは明らかである。李藝の子に關する記述も、子・宗根の娘壻に關す

---

32) 1798〜1876(正祖22〜高宗13)。朝鮮末期の文臣。哲宗9年(1858)に文科に及第。南人系ゆえに大院君に重用され、高宗3年には右議政。丙寅洋擾時には、尙州にあった子疇睦に義兵を起こすよう督促した。高宗4年に左議政となり、高宗9年(1872)退官。『鶴坡先生實記』「遺事」における肩書きは「大匡輔國崇祿大夫行判中樞府事原任議政府左議政兼領經筵春秋館事觀象監事」とある。

33) 宗根縣令、後楊姓人遇倭賊、自稱李中樞外孫、賊予食物、使避兵」(『鶴坡先生實記』「記實文」、金炳學「諡狀」）。比較對照しうる部分は「嶺南人楊姓者、每逢倭賊、稱李某外孫、則或賜食物……」(『鶴坡先生實記』「朝野記載合錄」「壬辰野話」)。

る『壬辰野話』を参照している点[33]が目立つ.

　金岱鎭「傳」も金炳學「諡狀」同様, 顯彰要素A・B・C・Dについて「海外日記」を参照引用しながら述べている. 特に「海外日記」が詳述する要素C(己亥東征)に關しては, 引用している分量が多く, 3ページにもわたっている. 子・宗根の娘壻に關する『壬辰野話』を引用したと思われる部分がある[34]点も金炳學「諡狀」と同じである.

　さらに注目すべきは, 壬辰倭亂時に活躍したとされる「六義士」の登場である.[35] 金岱鎭「傳」には宗根[36]の子直武の娘壻に關する「朝野記載合錄」『楊大峯家藏書』[37]の参照引用部分(脚注35下線部)が登場したあと, 宗實の子孫の中から壬辰倭亂時の「六義士」の記述が續く(脚注35波線部).「六義士」とは, 宗實の4人の子 ―直剛[38]・直儉[39]・直謙[40]・直柔[41]―それぞれの後孫から出た, (直剛→)謙受・謙益(直儉→)翰南,(直謙→)鳳壽・說,(直柔→)景淵の6名[42]で

---

34) 「又有楊姓人, 每遇倭賊, 輒稱李中樞外孫, 則或予食物…」(『鶴坡先生實記』「記實文」金岱鎭「傳」).
35) 「宗實七男在仕籍者四, 直剛奉事, 直儉參奉, 直謙軍資監判事, 直柔司宰監副正……宗根一男直武階通德女壻曰, 大峯楊公凞止齠時, 公見之曰, 他日廊廟器也, 因勉以一問, 卒爲一代名儒, 伸拱苑寒蠹, 諸賢世稱公識鑑. 万暦壬辰倭難, 奉事玄孫謙受 謙益, 參奉來孫翰南, 判事曾孫鳳鳳壽・玄孫說, 副正曾孫景淵, 倡義立績, 俱蒙爵, 賞世一門六義…」(『鶴坡先生實記』「記實文」金岱鎭「傳」, 下線部・波線部は引用者).
36) 縣令公派の祖とされる.
37) 「中樞李公居于鶴城府西十里秣鷹亭. 其忠義勳業昭著 國乘, 至有功牌不世之賞, 而傳諸子孫. 大峯楊公齠齡時, 李公見而異之曰, 此兒非特爲文章之士, 他日當作廊廟器也, 嘗勳勉其學問, 卒爲孫塔, 以一代名流, 伸拱寒蠹諸賢, 世謂, 李公有識鑑, 晚年得園林之趣, 自號鶴坡云」(『鶴坡先生實記』「朝野記載合錄」「楊大峯家藏書」).
38) 西面派の祖とされる.
39) 越津派の祖とされる.
40) 曲江派の祖とされる.
41) 農所派の祖とされる.
42) 2004年に開設された鶴城李氏曲江派ホームページ(http//www.hakseong-lee.com)に記載された「六義士」の中には李翰南の名が見えず, 代わりに李仁常の名が見える.「六義士」には, 異說が傳わっているようである.

ある.「六義士」は,哲宗14年(1863)に韓鎭庭が記した祠院文「尙忠祠碑銘幷序」から登場する.

柳厚祚「遺事」は,金炳學「謚狀」金岱鎭「傳」以上に,多くの引用を行っている.引用は合計7ページにも及び,その間,いちいち出典を斷りながら『輿地勝覽』『國朝寶鑑』『列朝通記』[43]『攷事撮要』「海外日記」「功牌」『楊大峯[44]家藏書』『壬辰錄(壬辰野話か)』からの引用を續けている.

次に「祠院文」だが,この時期のものとしては,哲宗代の李忠翼「書院記」・韓鎭庭「尙忠祠銘幷序」と,高宗代の李晚運「遺墟碑銘幷序」・孫相馹「遺墟碑銘陰記」がある.

哲宗14年(1863)に書かれた李忠翼「書院記」に含まれる要素はA・B・C・Dであり,英祖・正祖代の範圍を超えていないが,Dについて述べた部分において,先祖である李月沙の「辨誣奏文」に言及した部分[45]があることは注目してよい.『李月沙廷龜辨誣奏文』の登場は,この「書院記」が初めてである.『李月沙廷龜辨誣奏文』とは,丁酉倭亂直後の宣祖31年(1598)に,明が倭亂に關して朝鮮側にかけた嫌疑を解くために李廷龜が書いた弁明文である.李廷龜は朝鮮有數の名門家門とされる延安李氏館

---

43) 朝鮮後期に安鼎福(1712〜1791)が編纂したこと,および正祖代の編纂であることから,編纂年代は正祖1年(1777)−正祖15年(1791)の間となる.各王代別の歷史で,『國朝寶鑑』,『東國輿地勝覽』を參考圖書にしているという(韓國精神文化硏究院,『韓國民族文化大百科事典』,ソウル,1995).

44) 大峯は號.姓名は楊熙止.本貫は中和.字は可行で,稀枝という名を用いることもあったという.1439—1504(世宗21—燕山君10).『成宗實錄』を編纂し,直提學を經て大司憲に至った.

45) 「正統癸亥倭寇上國,又掠我濟州,爲邊將所獲余賊遁對馬島.上特遣公,諭島主執其余賊,因獻俘,天朝皇帝降勑嘉獎有光東國,此是吾月沙先祖辨誣奏文中一事件而考諸 國朝寶鑑年條,則奏文中小邦遣人諭島主云者,卽鶴坡公其人也」(『鶴坡先生實記』「祠院文」李忠翼「書院記」).

46) 吉田光男「韓國の士族・氏族・族譜 ―儒敎の社會化―」(『アジア遊學 第50號 特集 朝鮮社會と儒敎』,勉誠出版,2003に所收).

洞派の祖であり,[46] 李忠翼はその後孫である. この『李月沙廷龜辨誣奏文』の提供者は李忠翼自身と推測される.

同じく哲宗14年(1863)の筆になる韓鎮庭「尙忠祠銘幷序」にも先述の『李月沙廷龜辨誣奏文』への言及があるが, ここではむしろ「六義士」への言及[47]と, 楊大峯幼少時の話が登場することに注目したい. この2要素は, 高宗代の「記實文」に具體的に記されていたが, 年代としては, 哲宗代の「尙忠祠銘幷序」が最も古い.「六義士」という表現は,『鶴坡先生實記』においては哲宗代に登場しているのである.

高宗代の2本の「祠院文」も, 顯彰要素は哲宗代の2本と變わらない.『鶴坡先生實記』の刊行後に記されたとする高宗9年の李晩運「遺墟碑銘幷序」では「六義士」を輩出した一門であることが强調され,[48] 楊大峯幼少時の話も登場する.[49] 一方, 孫相馹「遺墟碑銘陰記」は, 英祖代の權相一「行狀」からあった4要素(A・B・C・D)しか見られない.

以上をまとめると, 哲宗～高宗代の「記實文」3本(金炳學「諡狀」・金岱鎭「傳」・柳厚祚「遺事」)における李藝の顯彰要素は, 英祖代の6要素(A・B・C・D・E・F)に加え, 李藝の子宗根の娘壻楊大峯公の幼少時の逸話(これを顯彰要素Xとする), および, 宗實の子孫の中から壬辰倭亂時に輩出した「六義士」の逸話(これを顯彰要素Yとする)が加わったことがわかる. そして「祠院文」6本からは, 新たな顯彰要素XとYが加わったのは,

---

47)「宗實有七男, 直溫直良直恭, 直剛奉事, 直儉參奉, 直謙軍資監判事, 直柔司宰監副正逮龍蛇島夷之變. 直剛玄孫謙受・謙益, 直儉五世孫翰南, 直謙曾孫鳳壽玄孫說, 直柔曾孫景淵, 慨然相謂曰, 吾家世襲忠勳, 一苑報國, 此其時也, 幷倡義樹功爲國保障, 而各蒙爵賞, 世稱一門六義士也…」(『鶴坡先生實記』「祠院文」韓鎭庭「尙忠祠碑銘幷序」).

48)「…節度公(引用者註:李藝の子李宗實)之三討馬夷……至曾玄而有六義士之一門, 拜擧因士論…」(『鶴坡先生實記』「祠院文」李晩運「遺墟碑銘幷序」).

49)「…楊大峯後髫時, 公見而異之勉其學問而以孫女妻之楊公, 果位登台輔, 爲世名儒其鑑識之明…」(『鶴坡先生實記』「祠院文」李晩運「遺墟碑銘幷序」).

編纂の第3段階に相當する哲宗代だったことがわかる．

4.「海外日記」の檢討

　前節では『鶴坡先生實記』の顯彰文にみられる李藝像を檢討し，編纂の第3段階(哲宗代～高宗代)から顯彰要素が增えることを指摘した．しかし，それはあくまでも顯彰文の檢討からであり，史料的部分の檢討は行っていない．本節では，史料的部分の中で最も愼重な檢討を要し，しかも編纂の第3段階で加わっていると考えられる「海外日記」の分析と檢討を試みる．

〈表3〉『鶴坡先生實記』において「事蹟」を參照引用している顯彰文一覽

顯彰文の名稱	執筆者名	券	執筆年代	參照引用された「事蹟」※
行狀	權相一	一	英祖13(1737)	①③⑤⑦
謚狀	金漢喬	一	英祖35-45(1759-69)の間	①③⑤
龍淵祠創建時鄕儒通文	尹就徵等	二		①⑤⑦
石溪祠移建開基祝文	李養吾	二	英祖13(1737)頃	①
廟宇卜梁文	李時潤	二	正祖 6(1782)	①
鄕儒通文	朴晦錫等	二	正祖 6(1782)	①⑤
敬守堂記	金裕憲	二	正祖22(1798)	①
識	李家煥	三	正祖22(1798)頃	①⑤⑦
書院記	李忠翼	二	正祖22(1798)	①⑦⑧
尙忠碑銘幷序	韓鎭庭	二	哲宗14(1863)	①②⑧⑨
謚狀	金炳學	二	哲宗14(1863)	②③④⑤⑥⑦⑩
傳	金岱鎭	一	高宗 9(1872)	①②⑤⑥⑨⑩
遺事	柳厚祚	一	高宗 8(1871)	①②③⑤⑦⑨⑩
遺墟碑銘幷序	李晩運	二	高宗 8(1871)	⑨
遺墟碑陰記	孫相駰	二	高宗 9(1872)	①③⑦
後識	李璋燦	三	高宗 9(1872)	①②⑦

※ 參照引用された「事蹟」＝史料的部分を以下の丸數字で表記(③～⑩は「朝野記載合錄」登載のもの)
① 功牌 ② 海外日記 ③ 東國輿地勝覽 ④ 震乘, ⑤ 攷事撮要 ⑥ 列朝通紀 ⑦ 國朝寶鑑 ⑧ 李月沙廷龜辨誣奏文 ⑨ 楊大峯家藏書 ⑩ 壬辰野話

1）事蹟文と顯彰文の相關からみた「海外日記」執筆年代

『鶴坡先生實記』が，史料的部分＝「事蹟」をもとに記された李藝の顯彰文集という構造を持つことは，第2節第1項で述べた．各顯彰文には，史料的部分の一部を參照・引用して記述されたものが多い．表3は，顯彰文のうち史料的部分＝「事蹟」からの參照引用のあるものを選び，時期別に述べたものである（參照引用している「事蹟」は右側に番號で示した）．

表3において，各顯彰文の執筆年代と，それぞれの顯彰文が參照引用している史料的部分を見ると，ある特徴に氣づく．第1は，最も古い顯彰文である權相一「行狀」をはじめとした英祖代の顯彰文は「功牌」『東國輿地勝覽』『攷事撮要』および『國朝寶鑑』の4文獻のみからしか參照引用を行っていないことで，この特徴は李養吾「石溪祠移建開基祝文」など正祖代の顯彰文にもあてはまる．第2は，哲宗代の顯彰文では「海外日記」と『李月沙廷龜辨巫奏文』『楊大峯家藏書』，さらに高宗代の顯彰文では『震乘』『列朝通記』『壬辰野話』の，それぞれ文獻が參照引用されるようになることである．

繰り返し述べるように，『鶴坡先生實記』が李藝の顯彰文集であり，李藝自身が書き殘した文章が無いという狀況において，顯彰文執筆者が（執筆にあたって）「事蹟」からの參照引用を行う場合，（參照引用する）資料（史料）が存在するのにそこからの參照引用を行わないということは考えにくい．なるべく多くの資料（史料）をもとに顯彰文を執筆したいと考えるのが自然だからである．從って，上表からは，英祖代および正祖代には，『鶴坡先生實記』編纂者の手元には「功牌」『東國輿地勝覽』『攷事撮要』『國朝寶鑑』の4史料しか存在せず，「海外日記」『李月沙廷龜辨巫奏文』『楊大峯家藏書』の3史料が哲宗代に加わり，さらに高宗代に『震乘』『列朝通記』『壬辰野話』の3史料が加わったことが推定できるのである．「朝野記載合錄」登載の8文獻は段階を追って收集されていたのだ．

本節で取り上げる「海外日記」が登場するのは，哲宗代である．大膽な推測が許されれば，海外日記は哲宗代に執筆されたとはいえないだろうか．

それでは項を改めて「海外日記」の分析を行うこととする．

2）李藝顯彰文としての「海外日記」

「海外日記」という題からは，李藝が使行で訪日していた際の滯在記・己亥東征時の從軍記のような內容が想起されるが，實際の內容は，日本滯在中の李藝の傳記という方が的確である．敍述は年代順になっており，以下の6つの部分に分けることができる．

『鶴坡先生實記』「海外日記」の 記事年代	對應する顯彰要素
【1】「洪武二十九年 太祖大王五年 丙子」(1396年)	A
【2】「建文三年 太宗大王元年辛巳」(1401年)	B
【3】「永樂五年丁亥」(1407年)	B
【4】「十六年戊戌」(1418年)	B
【5】「十七年 世宗大王元年己亥」(1419年)	C
【6】「正統八年 世宗大王二十五年癸亥」(1443年)	D

まず指摘したいのは，上記6つの年代は，權相一「行狀」で擧げられた李藝顯彰要素(A・B・C・D)と見事に符合することである．いいかえれば，4つの顯彰要素に符合しない，例えば，李藝が日本使行を繰り返していて『世宗實錄』から詳細な狀況がわかる1420・30年代の日本使行における「海外日記」は，無い．

「功牌」も權相一「行狀」も「海外日記」も4つの顯彰要素においては符合し，成立年代は「功牌」→「行狀」(英祖13年・1737)→「海外日記」(「行狀」以後哲宗代までの間)の順と考えれば，「海外日記」は，鶴城李氏に傳わる「家乘及雜記」をもとに，李藝顯彰という目的で，「功牌」および權相一「行狀」との整合性を鑑みながら，何者かが作りあげた文章であるという假說が生

まれる.「篇内の文義を考えると,おそらく從事官が記錄したのだろう(按篇內文義蓋從事官所錄)」という,執筆者を明示していない「不確かな推量」の構文を用いた一文が「海外日記」という題目の下にあるが,この一文も,「海外日記」を執筆した何者かの存在を暗示している.[50]

少なくとも,「海外日記」を一次的「史料」として捉えることに對しては強い疑念を抱かざるを得ない.さらにいえば,「海外日記」の文章を檢討すると,この文の執筆者(「從事官」とされる人物)は,いくつかの官撰史料を參照しつつ執筆したのではと考えられる部分が判明するのである.以下,實例を擧げながら「海外日記」の特徵を素描したい.

3)「史料」としての「海外日記」:官撰史料の參照引用

それでは,「海外日記」執筆者が,執筆の際に官撰史料を參照または引用したのではないかという疑義について,實例を擧げて檢討してゆきたい.參照または引用されている,またはその可能性がある史料としては,『海東諸國記』・『明史』および『明實錄』・『世宗實錄』卷四・『國朝寶鑑』を擧げることができ,參照または引用の可能性がある部分は前記【4】(以下,「永樂十六年條」とする)と【5】(以下,「永樂十七年條」とする),特に【5】に集中する.本項では,參照または引用されていると思われる各官撰史料との比較檢討を行いながら,「海外日記」の特徵を抽出することを試みたい.

---

50) もちろん,執筆者不明の新見發見史料をそのまま引用・掲載したという場合も考えられる.その場合は,(「海外日記」を鶴城李氏家門が入手した時期が哲宗代であっても)「海外日記」そのものは別の場所で哲宗代以前に成立していたことになる.しかし,「海外日記」と「功牌」「行狀」の顯彰内容の一致,および三者とも己亥東征に關しては『世宗實錄』の記載内容から大きく外れていること(『世宗實錄』の己亥東征關連部分に李藝の名は見あたらない).さらに李藝の生年について,「行狀」「海外日記」共に,『世宗實錄』とは異なる洪武14年(1381)としていること(脚註19參照)から,「海外日記」が「功牌」「行狀」と全く別の場所で成立していたとは,やはり考えにくい.

まず、『海東諸國記』である。

〈史料1〉
a. <u>十六年戊戌, 琉球國中山王二男賀通連寓鎭</u>遣使來聘曰, <u>予兄今年奄逝, 予始通聘</u> 公奉使以弔, 先使賀封王, 後使弔値喪.
(『鶴坡先生實記』「海外日記」「永樂十六年條」, 下線部・波線部は引用者)

b. 大明皇帝寵封王爵 <u>十六年戊戌</u>又遣使稱 <u>琉球國中山王二男賀通連寓鎭</u>
其書略曰, <u>予兄今年奄逝, 予始通聘</u>, 宣德六年……
(『海東諸國記』「琉球國紀」, 下線部は引用者)

史料1のaは『鶴坡先生實記』「永樂十六年條」で, 李藝が琉球に使行したとされる部分である. bは『海東諸國記』「琉球國紀」であるが, 下線部を比べるだけでも, 参照・引用は明らかである. この「琉球國中山王二男賀通連寓鎭」の遣使については『世宗實錄』卷一にも記事がある[51]ので史實なのだが, 『鶴坡先生實記』記事は『世宗實錄』卷一とは文言が異なる上,[52] 波線部のような脚色が見られる. 即ち, 『鶴坡先生實記』において李藝は「賀通連寓鎭」[53]の遣使に對し「王命を奉じて使行し, 弔った」とされ, さらに(賀通連寓鎭の使者の)前後2回にわたって琉球に使行したことになっている. しかし, 朝鮮王朝から琉球への朝鮮使節は, 『太宗實錄』に記載された, 太宗16年(1416)に轉

---

51) 『世宗實錄』券一, 卽位年8月辛卯條.
52) 『世宗實錄』券一には, 「賀通連寓鎭」からの書の内容は記載されておらず, 數タの獻上品および禮曹判書からの答書の内容が記されている.
53) 田中健夫氏によれば, 「賀通連」は, 沖縄縣卷中頭郡勝連村南風原に比定されるという(申叔舟著・田中健夫 註, 『海東諸國紀 ―朝鮮人の見た中世の日本と琉球』, 岩波文庫, 1991, 235ページ).

賣された被虜刷還のため前護軍李藝が派遣された1回のみであった．よって，この記述―特に「賀通連寓鎭」の遣使後に琉球に使行した部分は脚色であると考えられる．さらにいえば，「海外日記」は太宗16年(永樂14年, 1416)の李藝の琉球使行に關して全く言及していないので，「海外日記」執筆者は(李藝の琉球使行を記す)「太宗實錄」を參照していないこと，および「家乘及雜記」には(日本及琉球への遣使には觸れてあっても)遣使の時期について具體的記載が無かったことが推測される．それゆえ，「海外日記」執筆者は，「功牌」や「家乘及雜記」に記載された琉球使行を裏付ける史料として，閱覽可能であったと考えられる『海東諸國記』「琉球國記」記事を用いたのであろう．

次に，『世宗實錄』卷四である．「海外日記」「永樂十七年條」における己亥東征記事は，兵の動きを概ね正確に追っているが，精緻に檢討すると，『世宗實錄』の記事を參照引用していると思われる部分が少なからずあることに氣づく．しかもそれらが『世宗實錄』のうちの卷四のみに限定されることは注目に値する．『世宗實錄』卷四は世宗元年5月～7月の記事で構成され，その中には，倭寇の遼東急襲にはじまり朝鮮軍の對馬からの撤兵にいたるまでの，己亥東征の經過全體がほぼ含まれる．「海外日記」執筆者は『世宗實錄』卷四を參照しながら己亥東征時の兵の動きを正確に追ったのではないか．一例を擧げる．

〈史料2〉

a．<u>癸巳日午時</u>，先鋒十三艘<u>先至馬島</u>．島倭望見，<u>以爲本島軍得利而還，急持酒肉以待之</u>．大軍至泊豆知浦，倭喪膽而逃，<u>惟五十余人拒戰</u>，見公領兵在前皆曰，是乃李藝而神明所助者．潰棄糧儲器械，<u>走入險阻</u>…

(『鶴坡先生實記』「海外日記」「永樂十七年條」，<u>下線部は引用者</u>)

b．<u>午時</u>，我師十余艘<u>先至對馬島</u>．賊望之，<u>以爲本島人得利而還</u>，

持酒肉以待之. 大軍繼至泊豆知浦, 賊皆喪魄遁逃, 唯五十余人拒戰而潰. 悉棄粮儲什物, 走入險阻, 不與敵. 先遣投化倭池文, 以書諭都都熊瓦, 不報…

(『世宗實錄』卷4, 1年6月癸巳條, 下線部は引用者)

　史料2は, 朝鮮側遠征軍の先鋒が對馬に到った時の模樣である. a. (『海外日記』)冒頭の「癸巳日午時」はb(『世宗實錄』卷四), 1年6月「癸巳」條の冒頭「午時」と一致し, 對馬島人が一行の到着を(倭寇である)同じ對馬島人の歸還と間違え酒や食糧を持參してきたところ, さらに豆知浦に至ったとき「倭」(bでは「賊」)が逃げた部分も, 多少の文字の相違はあるにせよ, 內容的には全く變わらない. 史料中に付した下線部分が上下全く同じであり, 点線部も內容が同一であることから, この部分を『世宗實錄』卷四の參照なしに書くことは不可能であろう. 波線部にも注目したい. 大軍が「豆知浦」に至り, 「倭」(『世宗實錄』では「賊」)の大部分は逃走し, 「五十余人」が戰ったとき, 「海外日記」によれば, 兵たちの前に立ちはだかる李藝をみて, 倭人たちは皆「これがすなわちあの李藝で, 神の加護がある人物である」と言ったという. 明らかに脚色と判斷できる部分である. このように, 「海外日記」において, 官撰史料の參照引用をのぞいた部分は, このように李藝の活躍を强調していることが多い.

　脚色の中には, 『世宗實錄』卷四と矛盾する內容を含む箇所もある.

〈史料3〉
　a. 倭人盡力拒我. 李從茂進至泥老郡, 令三軍分道下陸, 欲與一戰, 督左右先下. 崔潤德止之. 李藝亦告觀勢出軍. 李從茂不聽. 左軍右節制朴實不習地利, 兵勢直入于據險設伏處. 偏將朴茂陽金統金熹等皆浪死於亂軍中. 朴實卽收兵㥘退, 倭大進追擊. 我師墜崖

死者戰敗死者<u>三百余人</u>. 右軍右節制李順義兵馬使金孝誠<u>中軍副帥李藝望見軍敗</u>, <u>鼓譟疾驅力戰拒之倭乃退而賊死者亦數百矣</u>.
(『鶴坡先生實記』「海外日記」「永樂十七年條」, 下線部等は引用者)

b. 賊日夜思所以拒我師者. 己亥, 從茂進至尼老郡, <u>令三軍分道下陸</u>, <u>欲與一戰</u>, <u>督左右軍先下</u>. 左軍節制使朴實, 與賊相遇. 賊據險設伏, 以待之. 實率軍士登高欲戰, 伏發突前, 我師敗績. <u>褊將</u>朴弘信朴茂陽金該金熹等戰死. (朴)實收兵, 還上船. 賊追擊之. 我師戰死及墜崖死者百數十人. 右軍節制使李順蒙兵馬使金孝誠等亦遇賊, 力戰拒之, 賊乃退. <u>中軍竟不下陸</u>. 都都熊瓦恐我師久留, 奉書乞退師修好. 且曰, 七月之間恒有風變, 不宜久留.
(『世宗實錄』卷四, 1年6月壬寅, 下線部等は引用者)

史料3は, 三軍都體察使李從茂が「尼老郡」(a「海外日記」では「泥老郡」)に兵を進め, 三軍に「分道下陸」を命じたが左軍が苦戰する場面である. a(「海外日記」)では苦戰の前に崔潤德が「分道下陸」を止め, 李藝が忠告を行っていた事になっている(波線部). その結果左軍は苦戰し, 戰死した者の人數がb(『世宗實錄』卷四)のほぼ倍に記されている(a＝三百余人, b＝百數十人. 李從茂は李藝の忠告を聞き入れなかったので, より多くの犧牲者が出たことになっているのである. 續いて右軍諸將が力戰するのだが, aでは「中軍副帥李藝」も「軍の敗れるを望見し, 鼓譟して疾驅力戰してこれを拒」んだことになっている(aの波線部). bにある「中軍ついに下陸せず」(bの波線部)とは, 明らかに矛盾する記述である.[54] さらにaでは, 李藝等の力戰によって倭は退いて死者數百に至ったと言うが, bにそのような記述はない. そして

---

54) 後にも觸れるが, 『世宗實錄』においては, 己亥東征を記した卷四に李藝の名は全く見られないことも付記する.

bにある、對馬島主の奉書によって撤兵した部分は、aには見あたらない。

この部分における脚色には、ある一つの傾向が感じられる。すなわち、李藝の忠告・活躍を強調することはもちろんであるが、李從茂が引き立て役として位置づけられている点である。このことは、次に挙げる、他の官撰史料の引用部分も同じである。

参照引用されている官撰史料の3番目は、『國朝寶鑑』である。

〈史料4〉
　　上王命兵曹判書趙末生致書, 諭都都熊瓦. 其略曰 本曹奉 宣旨若曰, 古昔帝王奉天敎民, 因其固有之義理而開導之. 若有強硬不率敎殺越人于貨不畏. 死者小則刑戮, 大則征伐. 君人之道如此而已. 對馬爲島, 本是我國之地, 載在文籍昭然. 可考. 第以其地甚少, 又在海中, 阻於往來. 民不居焉. 於是, 倭奴之黜於其國而無所歸者, 咸來投集, 以爲窟穴, 劫掠平民, 窮凶極惡, 積有年記. 惟我 太祖康獻大王乃敷大德, 示以恩信. 予紹大統, 克承先志, 益申撫恤, 常念. 都都熊瓦之父宗貞茂慕義輸誠, 屢接信使. 乃命禮曹, 厚加勞慰, 又念生理之艱, 許通商舶, 慶尙道米粟運于馬島, 歲率數万石. 子之用心益亦勤矣. 忘恩背義, 自作禍胎, 罪惡貫盈. 是自絕之矣 若能幡然悔悟, 卷土來降, 則其都都熊瓦錫之好爵, 頒以厚祿. 其余群小幷齒吾民. 俾知盜賊之可恥, 義理之可悅.
　　古人有言曰, 禍福無不自己求之. 又曰, 十室之邑, 必有忠信. 今馬島之人亦有降, 秉彛之性. 豈無知時識勢通曉義理者哉. 兵曹其移文對馬島, 諭予至懷, 開其自新之路. 俾免滅亡之禍, 以副予仁愛生民之意. 今錄 宣旨, 遣人諭意. 惟足下思之.
　　(『鶴坡先生實記』「海外日記」「永樂十七年條」, 下線部は『國朝寶鑑』卷之五「世宗朝一」と文字が一致する部分)

史料4は，己亥東征の直前に兵曹判書趙末生が「都䋈熊瓦(對馬島主宗貞盛)」に致書した内容とされているが，2つの注目点を含む．すなわち，『國朝寶鑑』卷之五「世宗朝一」の記事を略記したものであること，そしてその記事は，『世宗實錄』卷四所載の，己亥東征撤兵後に差し出された兵曹判書趙末生の書面の略記だということである．

　まず，『國朝寶鑑』卷之五「世宗朝一」掲載の己亥東征記事[55]を略記している(「其略曰」)のではないかという点を檢討する．『國朝寶鑑』は歷代『朝鮮王朝實錄』をもとに，各王の善政のみをまとめたものとされる．ゆえに『國朝寶鑑』「世宗朝」の典據は『世宗實錄』である．『世宗實錄』から史料4の文面を含む記事を探すと，卷四の世宗1年7月庚申(17日)條がそれである．即ち，この部分は『世宗實錄』卷四，1年7月庚申→『國朝寶鑑』卷之五「世宗朝一」→「海外日記」「永樂十七年條」の手順で，加工(文字の削除・變更)が施されている[56]のである．兩者と『鶴坡先生實記』「海外日記」とを比較對照して氣づくのは，『世宗實錄』(1年7月庚申)から『國朝寶鑑』(卷之五，世宗朝一)己亥東征記事をつくるにあたって略された20數カ所のうち，「海外日記」において復活している部分は1カ所もなく，また『世宗實錄』(1年7月庚申)から『國朝寶鑑』(卷之五，世宗朝一)己亥東征記事にかけ變更されている部分すべてについて，史料4は，『國朝寶鑑』との一致が確認できるという点である．以上から，

---

55) 『國朝寶鑑』「世宗朝一」において．己亥東征を扱った記事はこの1カ所のみである．そこにはまず，倭寇が 庇仁を侵してから出兵・戰勝をおさめたことが簡潔に述べられ，その後に兵曹判書趙末生から都䋈熊瓦(對馬島主宗貞盛)への書面が收められている．紙幅の關係でその全文は略した．

56) 『世宗實錄』(卷四，1年7月庚申條)の記事はかなりの長文である．これに對して『國朝寶鑑』(卷之五，世宗朝一)己亥東征記事は，そのうち20カ所以上の省略(2文字以上をカットしてある場合をカウント)と，やはり20カ所以上の文字の變更を行い(すなわち，加工されて)作成されている．

「海外日記」史料4の部分は『國朝寶鑑』を參照轉記して作られたことが確定する.「朝野記載合錄」の中にも『國朝寶鑑』からの轉載があったが,この史料4では典據(が『國朝寶鑑』であること)を伏せている.

次に,この書面が出兵前に出されたことになっている問題である.

『世宗實錄』卷四にまで立ち戾れば,兵曹判書趙末生が都都熊瓦に致書したのは世宗1年7月庚申(17日)で,これは朝鮮軍の撤兵後である.これを略記した『國朝寶鑑』を見ても,趙末生からの致書が朝鮮軍撤兵後のものであったことは容易に判斷できる.これらに對し,「海外日記」では,趙末生の致書は出兵前ということになっている.一方,出兵前に朝鮮側から對馬島主に出された書面として,『世宗實錄』卷四には世宗1年5月癸酉(29日)が存在する.「海外日記」執筆者は(『世宗實錄』卷四を參照していたが)この出兵前の書面(=「5月癸酉」)を用いず,撤兵後の趙末生の致書(=「7月庚申」)を,(『世宗實錄』卷四ではなく)略述された『國朝寶鑑』から參照引用し,しかも出兵前のものとして編集したのである.その意圖はどこにあるのだろうか.

この趙末生からの書面は,原典である『世宗實錄』卷四のものを中村榮孝氏が要約されており,[57] その要諦は「朝鮮に卷土來降するか,または卷土本國に歸還するかを勸告したものであるが,いずれにもせよ,對馬島を空虛にして,海賊の巢窟を消滅させ,海寇の難が終息することを期するのが眼目であった」.[58] 『世宗實錄』卷四によれば,上王太宗は,撤兵後の7月に出された書面に島主宗貞盛が從わない場合,9月か10月に再出兵するつもりであった.[59] 「海外日記」執筆者が『世宗實錄』

---

57) 中村榮孝,「朝鮮世宗己亥の對馬征伐 —應永の外寇を朝鮮から見る—」(中村,『日鮮關係史の研究(上)』,吉川弘文館,1965に所收,254~255ページ).
58) 中村榮孝,同上論考,255ページ.
59) 『世宗實錄』券四,1年7月辛酉條.

のうち卷四のみを參照していたとすれば, 執筆者は7月辛酉(18日)の記事も5月癸酉(29日)の記事も見ていたはずである.「海外日記」執筆者は, 撤兵後に再出兵を考えながら對馬島主に宛てた書面を, そのことを承知で, 出兵前に對馬島主に宛てた通牒として用いたことになる.

それでは, 出兵前に李從茂に命じて對馬島主に差し出させた書契を載せた「5月癸酉(29日)」をなぜ用いなかったのだろうか.

『世宗實錄』卷四, 1年5月癸酉(29日)の前半部分は,「我撫育之內」にある對馬島が高麗末期以來行ってきた數かずの掠奪を列記し, それにもかかわらず朝鮮側は倭人に對して禮にもとづいて接してきたことを强調する. そして後半部分では, 世宗1年5月の「庇仁之浦」潛入事件について詳述した後,「賊黨の島に在る者」の調査・引き渡しと,「先父」宗貞茂の方針繼承を說諭する. このような「5月癸酉」の內容と,『世宗實錄』(卷四, 1年7月庚申)=『國朝寶鑑』(卷之五, 世宗朝一)=「海外日記」史料4の相違點は2つある.

まず,「5月癸酉」は今までの對馬側の掠奪行爲に重点を置き, 出兵理由を說明しているが,「7月庚申」は對馬が朝鮮領であることを明記し, (倭寇根絕のため)空島にして來降することを求めている. そしてもう一つは,「5月癸酉」は朝鮮王朝が都體察使李從茂に命じて差し出しているのに對し,「7月庚申」の書面は兵曹判書趙末生からのものであることである. 重要なのは, 後者である.

前述史料3の部分で檢討したように,「海外日記」は, 己亥東征の現場責任者といえる李從茂が, 手柄においては中軍兵馬副帥李藝の後塵を拜するような書き方である. 一方, 趙末生は上王太宗・國王世宗とともに李藝等を見送る場面があり, また己亥東征における李藝の評價者として登場するなど, 第二主人公のような役割を與えられている.

對馬遠征軍出發に先立ち, 朝鮮側は, 情報の遺漏を防ぐために「九州節

度使」(九州探題)の使送の他はことごとく捉え, 各官に分置していた[60]のだが, 後にその處置を高官たちが議論した際, 趙末生はすべて殺してしまうよう主張している.[61] 趙末生は, 當時の高官の中では, 對對馬最强硬派であった. しかもこの發言は『世宗實錄』卷四の中にあり, 「海外日記」執筆者も目にしているはずである.

「海外日記」執筆者は『世宗實錄』卷四に目を通し, そこに登場する對對馬最强硬派の官人で兵曹判書の趙末生を「海外日記」における重要な脇役とし, その書面を參照引用した. 一方, 李從茂の尼老郡における下陸の失敗(これは史實のようだ)を知った「海外日記」執筆者は, 出兵前の都體察使李從茂からの致書を參照引用せず, 尼老郡における下陸を李藝が阻止しようとしたように敍述した. このことで, 「李藝＝主役」「趙末生＝李藝の評價者」「李從茂＝李藝の引き立て役」とする役割分擔が出來上がった.[62] 趙末生を重要な脇役とした背景について, 現段階で明確な答えはできない.[63] 尙, 『世宗實錄』において, 己亥東征關連の記事に李藝の名が全く登場しないことに留意したい. 私は, 當時の官人の中で誰よりも日本をよく知る李藝が己亥東征において, 作戰參謀として重要な役割を果たしていたことは事實だろうと考えてい

---

60) 『世宗實錄』卷4, 1年6月丁丑條.
61) 『世宗實錄』卷4, 1年6月丙戌條.
62) ただひとつ腑に落ちないのは, なぜ趙末生からの致書を『國朝寶鑑』から參照引用し, 原典である『世宗實錄』卷四を用いなかったのかという点である. これに關し說得力のある推定はできないが, あえていえば, 原典である『世宗實錄』卷四から(略記する)作業を行うより, ある程度略記された『國朝寶鑑』から作業を行うことを選んだのではないだろうか.
63) 昨今刊行された『李藝の使命』の冒頭にある「李藝の肯像畵(想像圖)」の解說文には「世宗代の文臣趙末生が李藝の遺像を見て詠んだ詩から推測すれば, 肯像畫が存在したことを知ることができるが…」とあり, 趙末生と李藝の間に個人的な關係があったことを推測させる. 「海外日記」で趙末生を重要な脇役としていることと何らかの關係があるのかもしれない.

る.しかし,李藝は誰よりも日本―特に,對馬人をよく知っていたがため,かえって對馬に上陸して多くの武勳を建てたとは考えにくいのではないかと思うのである.

　參照を疑うことのできる第4は,『明史』および『明實錄』である.參照が疑われる箇所は,「海外日記」「永樂十七年條」すなわち己亥東征關連部分の冒頭に相當する,倭寇が遼東に侵寇した場面である.紙幅も盡きてきたので史料は省略するが,『明史』と「海外日記」は「(明側の)遼東總兵官劉榮が"望海堝"において倭寇への備えをしたこと」「倭寇が王家島(『明史』は"王家山島")に入ったこと」「劉榮が倭寇の歸路を絶ったこと」の3点において一致し,『明實錄』と「海外日記」は,具體的な戰鬪場面における「(明側が)堡壘を築いたこと」「(倭寇が島にはいると)伏を設けて山に依り,倭寇の動きを伺ったこと」「(劉榮とは)別の將軍が(倭の)歸路を絶ったこと」「倭が敗走したこと」の4点において一致する.『海東諸國記』や『世宗實錄』卷四・『國朝寶鑑』の場合と異なり,『明史』『明實錄』兩史料と「海外日記」とは文字の一致が少ないので(參照引用しているという)確信を持つまでには至らないが,先にみた『世宗實錄』卷四には遼東での兵の動きの描寫はなく,『明史』『明實錄』なしでそれらを描寫し得たのかという疑問は強く殘る.

　以上,4つの官撰史料參照の可能性を檢討しつつ,「海外日記」の特徵を素描してきた.4つの官撰史料の參照引用は「永樂十六年條」「永樂十七年條」に集中し,特に永樂十七年=世宗元年の己亥東征における李藝の敍述は具體化された.[64] そのことにより,「海外日記」は「功牌」に記された李藝の顯彰要素のうち,特にC(己亥東征)について印象づけるものとなったのである.

---

64) これに對し,『世宗實錄』卷四に,李藝の名に一カ所も見あたらない.

本節の檢討は『世宗實錄』卷四を「海外日記」編纂者が參照し得たという前提で進めてきた。最後に、そのようなことが果たして現實的に可能であったのか、可能であれば參照したのは誰なのかを檢討しなければならない。周知の如く、歷代『朝鮮王朝實錄』編纂はきわめて嚴重に行われ、完成後もその閱覽は國王ですら嚴しく制限された。『世宗實錄』について言えば、世宗の沒後編纂が行われ、極めて短期間で[65]完成したという。完成後はソウルの春秋館と地方の3史庫に納められたはずである。しかし16世紀末の壬辰倭亂において全州史庫を除く史庫が燒かれたため、全州史庫のものを急遽增刷し、新たに山間要害に設けられた4史庫と春秋館に分置し直した。ところがまもなく、仁祖2年(1624)の李适の亂で春秋館は燒けてしまい、仁祖代以前の『實錄』は山間要害の地にある4史庫に行かねば閱覽は不能になってしまったという。ここまでの話からは、仁祖代以前の『實錄』である『世宗實錄』の閱覽はきわめて不可能に近いと言わざるを得ない。

　しかし、史庫はいつも閉められていた譯ではない。3年に1度行われる曝曬(蟲干し)の際、『實錄』は史庫から出され、また王室行事の先例などを調べる際にも閱覽されたという。[66] もちろん、史庫を開けて閱覽する際にもルールはあった。地方の史庫は春秋館の管理下に置かれていた。春秋館には專任史官と兼任史官が置かれ、專任史官は單獨で史庫を開けることができたが、兼任史官は專任史官立ち會いでなければ史庫を開けてはいけなかったのである。ここで注意すべきは、專任史官は8品～9品の下級官人であったのに對し、兼任史官は各曹の判書な

---

65) 文宗2年(1452)から足かけ3年間で完成しているという(末松保和、「世宗實錄解題」、學習院東洋文化硏究所刊『李朝實錄』第十一册、卷末解說、1957)。
66) 李成茂、『朝鮮王朝實錄 どのような本なのか』、ソウル、東方メディア、1999。206-208ページ。

ど高官を兼任する場合が多かった[67])ということである．兼任史官であっても事情があれば地方へ赴いて史庫を開けさせ，歴代『朝鮮王朝實錄』を閱覽する(させる)ことは可能だったのではないか．

　『世宗實錄』のうち，「海外日記」執筆の際に參照している可能性があるのは，世宗1年5月–7月の部分を記した卷四のみである．この1册の中の己亥東征關連部分だけを何かの折りに筆寫させ，「海外日記」己亥東征關係記事を書く便宜をはかることのできる者がいればよいのである．

　『鶴坡先生實記』の各顯彰文執筆者の中でそのような人物は存在するのだろうか．

　『鶴坡先生實記』各顯彰文を讀むと，執筆者の中には春秋館の兼任史官の肩書きを持つ者が5名存在することがわかる．英祖代の權相一，哲宗代の韓鎭庭，哲宗代から高宗代にかけての金炳學・柳厚祚・孫相馹である．このうち，權相一が「海外日記」を見ていないことは「行狀」から推測でき，高宗代にはすでに「海外日記」から參照引用されているので後三者の可能性も消える．殘るのは，哲宗代の韓鎭庭である．[68]) 韓鎭庭は「尚忠碑銘幷序」および「祠院總記」を撰しており，『鶴坡先生實記』卷之二「祠院文」全體をまとめた人物であるといえる．編纂者李璋燦とも學緣でつながっている[69])ことから，李璋燦とともに『鶴坡先生實記』編纂に中心的に關わった人物の一人と考えられる．官位は「正憲大夫」卽ち正二品で，かなりの高官である(もちろん堂上官)．この人物が春秋館を動かし，『世宗實錄』卷四閱覽の便宜を圖ったとはいえないだろうか．

---

67) 同上書．
68) 哲宗14年(1863)の韓鎭庭撰「尚忠碑銘幷序」の末尾には，「正憲大夫前行兵曹判書兼知經筵成均館春秋館義禁府事五衛都摠府都摠官西原韓鎭庭撰」とあり，彼が春秋館兼任史官だったことがわかる．
69)『鶴坡先生實記』韓鎭庭 「尚忠祠銘序」．

「海外日記」冒頭の,「按篇內文義蓋從事官所錄」という, いかにも「海外日記」の信憑性を第三者に轉嫁するような言い回しと合わせて考えると, 私はおそらく哲宗代にこの韓鎭庭と關係のある人物あるいは韓鎭庭自身[70]が「海外日記」を執筆したのではないかと推測するのである.

以上は, いわゆる狀況證據の域を出ない推測に過ぎないのかもしれない. しかし, 報告者は,『鶴坡先生實記』「海外日記」の成立は,『世宗實錄』卷四をも含む官撰史料を參照し得た人物(鍵を握るのは, おそらく韓鎭庭)が編纂に關わっていた哲宗代であったと考えたい.

5. おわりに

最後に, 本稿において明らかにすることができた諸点をまとめたい.

第1に,『鶴坡先生實記』編纂から刊行までの事情を推定した.『鶴坡先生實記』は, 李藝の後裔である鶴城李氏家門の祠廟・書院の整備過程とリンクしていた. 即ち, 龍淵祠が創建された英祖13年(1737)頃に編纂が始まり(第1段階), 講堂上樑・鄕祠への昇格が行われた正祖22年(1798)頃には「序文」「識」を備えた假稱『原鶴坡先生實記』としての體裁を整えた(第2段階). 哲宗代に入り, 石溪書院に昇格すると祠院文の集約が行われたが, 高宗代に書院毀撤の憂き目にあうと, その後精力的に顯彰文を加え, 高宗9年(1872)に刊行にこぎつけている(第3段階).『鶴坡先生實記』編纂は, 鶴城李氏家門の地域の士族家門としての

---

[70] 韓鎭庭が記した祠院總記における「盖建祠之議先生倡之也」の言い回しと同じ,「不確かな推量」の構文が「海外日記」冒頭(「蓋從事官所錄」)で用いられていることも, 韓鎭庭と「海外日記」の關わりを想像させる.

威勢を示す目的で着手されたが，結果としては，鶴城李氏家門による書院復設運動の一環として刊行されたのではないか，というのが報告者の推測である．

　第2に，『鶴坡先生實記』にあらわれる李藝像を整理した．その結果「蔚州記官時代，上司であった李殷への忠誠」「太宗代における日本・琉球への使行13度」「己亥東征における中軍兵馬副帥としての活躍，および功牌の賜受」「正統癸亥年に明を侵し對馬に戻った倭寇の連行（この倭寇はのちに明に管送）」「子・宗實が水軍節度使3度對馬島を討伐」「子・宗謹は行文義縣令」の6要素が編纂の第1段階（英祖代）から存在したことがわかった．第2段階（正祖代）では新たな要素は付加されなかったが，第3段階（哲宗・高宗代）になると「子・宗根（宗謹）の娘壻＝楊大峯公の幼少時の逸話」「後孫は壬辰倭亂時に六義士を輩出」の2要素が付加された．その直接の原因は，第3段階における『鶴坡先生實記』編纂者の手元にある史料の増加である．卽ち，第1段階における史料は「功牌」および「朝野記載合錄」所收文獻のうち『國朝寶鑑』『攷事撮要』『(東國)輿地勝覽』にすぎなかったが，第3段階においては『震乘』『列朝通記』『楊大峯家藏書』『李月沙廷龜辦誣奏文』『壬辰野話』および「海外日記」が"收集"されていたのである．

　第3に，主に己亥東征關連の李藝に關して具體的に記し，また重要な史料として位置づけられている「海外日記」を分析した．その結果，「海外日記」は『海東諸國記』・『世宗實錄(卷四)』・『國朝寶鑑』・『明史』および『明實錄』といった官撰史料を參照または引用しながら，己亥東征における李藝の「活躍」を具體的に敍述したものであることが明らかになった．しかもその參照引用は，典據となる官撰史料の趣旨とは異なるものが目立った．『世宗實錄』卷四を引用しつつも，李藝が尼老郡において上陸・奮戰していたとする敍述や，『國朝寶鑑』における趙末

生からの致書を(典據を伏せ)時期を異にして引用した部分が好例であった. 特に『國朝寶鑑』からの引用部分では, 三軍都統使李從茂は李藝の引き立て役となり, 兵曹判書趙末生は李藝に次ぐ主役として描かれていた. 少なくとも「海外日記」は, 一次史料として扱うことに對しては愼重な配慮を要することが判明した.

『鶴坡先生實記』における李藝は, 太宗代における日本・琉球使行に對する評價はあるものの, むしろ具體的な敍述は己亥東征における活躍・倭寇の連行といった武官としての功績のみが強調されており, 世宗代である1420年代から1430年代前半にかけて回禮使や通信使として日本に使行して外交交渉を行った側面等は全て捨象されている. 私は, 日韓關係史上における李藝は, 朝鮮王朝が倭寇を克服し,「日朝通交體制」といえるシステムを構築する過程における實質的な中心人物として理解するべきであると考えているが, このことについては, 別稿を用意したい.

《主要參考文獻》

・中村榮孝,『日鮮關係史の研究(上)』, 吉川弘文館, 1965.
・有井智德,『高麗李朝史の研究』, 國書刊行會, 1985.
・宮嶋博史,『兩班 李朝社會の特權階層』, 中公新書, 1995.
・宮嶋博史・岸本美緒,『明淸と李朝の時代』, 中央公論社, 1998.
・吉田光男,「韓國の士族・氏族・族譜 ―儒敎の社會化―」(『アジア儒學』第50號,「特集 朝鮮社會と儒敎」に所收), 2003/4.
・韓文鍾,「朝鮮初期 李藝の對日交涉活動に對して」(全北史學會『全北史學』第11/12合輯號に所收), 1989.
・河宇鳳,「朝鮮初期對日使行員の日本認識」(『國士館論叢』14輯に所收), 1990/9.
・池斗煥,「世宗代對日政策と李藝の對日活動」(釜山大韓國文化硏究所『韓國文化硏究』5に所收), 1992.
・李成茂,『朝鮮王朝實錄 どのような本なのか』, ソウル, 東方メディア, 1999.
・李樹煥,『朝鮮後期書院硏究』, ソウル, 一潮閣, 2001.
・李明勳 篇,『李藝の使命』, ソウル, セロウンサラムドゥル, 2005.
・尹熙勉,『朝鮮時代書院と兩班』, ソウル, 集文堂, 2004.

세종대 李藝의 대일교섭 활동

한문종
전북대학교 인문학부 교수

1. 머리말
2. 對馬島征伐과 李藝
3. 日本使行
4. 文引制度와 癸亥約條의 정약
5. 맺음말

1. 머리말

조선 초기의 대일교섭은 交隣政策을 근간으로 하여 전개되었으며, 조일 양국간에 많은 사신의 왕래가 행하여졌다. 특히 조선에서는 倭寇의 禁止와 被虜刷還, 倭使의 統制 등을 위해 일본에 사신을 파견하였으며, 일본에서는 교역상의 이익과 문물의 수입을 위해 조선에 사신을 파견하였다. 이러한 조선 초기의 대일교섭에 대한 연구는 다방면으로 진행되어 왔다.[1] 그러나 사행에 참여하여 외교적 교섭을 수행하였던 사신들에 대한 인물 연구는 거의 없는 실정이다. 사신들은 사행에 참여하여 직접 일본의 정세를 見聞하고 사행과정에서 얻은 경험을 토대로 사행록을 저술하였거나 復命記錄을 남겼으며, 이는 후에 조선정부가 대일정책을 수립하는

---

1) 조선 초기의 대일 교섭에 대한 연구 성과는 졸고, 「조선전기의 한일 관계사 연구의 회고와 전망」(『한일관계사연구회의 회고와 전망』, 국학자료원, 2002)을 참조하기 바람.

데 상당한 영향을 끼쳤을 것으로 생각된다. 따라서 대일사행에 참여한 인물이나 사행록에 대한 연구는 조선 초기 대일관계의 실상을 이해하는 데 중요한 주제 중의 하나이다.

조선 초기, 특히 태조에서 세종대에 이르는 60여 년 동안 조선에서 일본에 파견한 사행은 무려 48회에 이르고 있다.[2] 이같이 많은 사행을 파견하였음에도 불구하고 그들이 남긴 사행기록은 李藝의 『鶴坡先生實記』와 宋希璟의 『老松堂日本行錄』 그리고 申叔舟의 『海東諸國記』, 金誠一의 『海槎錄』 등 4종이 전할 뿐 조선 후기에 비해 매우 희귀한 실정이다.[3] 그러나 이들 사행 기록은 조선 초기 한일관계의 실상을 이해하는 데 매우 귀중한 자료라 할 수 있다. 그럼에도 불구하고 申叔舟와 『海東諸國記』에 대한 연구만 상당히 이루어졌을 뿐[4] 『鶴坡先生實記』와 『老松堂日本行錄』, 그리고 이들 사행록의 저자에 대한 인물 연구는 거의 행하여지지 않았다.[5]

---

2) 조선 전기 대일사절의 파견에 대해서는 졸고, 「조선전기 대일 외교정책 연구-대마도와의 관계를 중심으로」(전북대 박사학위논문, 1996) 참조.
3) 조선 초기의 日本使行錄에 대하여는 河宇鳳, 「새로 발견된 日本使行錄-海行摠載의 보충과 관련하여-」(『역사학보』112집, 1986) 참조. 다만 이예의 『鶴坡先生實記』는 사행록이라기보다는 1872년에 그의 후손들이 이예의 업적을 기록한 일종의 전기라 할 수 있다.
4) 申叔舟와 『海東諸國記』에 관한 연구는 다음과 같다.
李仁榮, 「申叔舟의 北征」 『韓國滿洲關係史의 硏究』, 乙西文化社, 1950.
李鉉淙, 「申叔州- 知識人과 그 現實主義-」 『韓國人物大系』, 博友社, 1980.
趙英彬・鄭杜熙, 「朝鮮前期 支配層의 日本觀 - 申叔舟의 《海東諸國記》를 中心으로-」 『人文論叢』9, 전북대 인문과학연구소, 1981.
朴慶嬉, 「海東諸國記에 나타난 申叔舟의 對日認識」, 이화여자대학 석사학위논문, 1981.
中村榮孝, 「海東諸國記の撰修と印刷」 『日鮮關係史の硏究』上, 吉川弘文館, 1965.
고령신씨 대종회, 「보한재 신숙주의 역사적 재조명」, 2002.
5) 李藝와 『鶴坡先生實記』에 대하여는 근래에 몇 편의 연구가 있다.
졸고, 「朝鮮初期 李藝의 대일교섭 활동에 대하여」 『전북사학』 11・12, 1989.
池斗煥, 「世宗代 對日政策과 李藝의 對日活動」 『한국문화연구』 5, 부산대 한국문화연구소, 1992.
이명훈 편, 『李藝의 使命』, 새로운사람들, 2005.

그중 이예는 태종~세종대에 일본·유구에 조선의 사신으로 활약하면서 文引制度와 癸亥約條를 정약하는 데 기여하였으며, 대마도정벌시에는 中軍兵馬副帥로 참전하기도 하였다. 이같이 이예가 조선 초기 대일교섭에서 많은 활약을 하였음에도 불구하고 학계의 주목을 받지 못하였던 이유는 그가 남긴 저서나 사행록이 발견되지 않았기 때문일 것이다. 다만 이예의 업적을 기록한 『鶴坡先生實記』는 그의 활동에 비해 내용이 너무 소략하게 서술되어 있는 한계점이 있다.

따라서 본 발표에서는 이예가 대일외교에서 가장 활발하게 활동하였으며, 조선시대 대일외교의 근간이라 할 수 있는 文引制度와 癸亥約條를 정약한 시기인 세종대를 중심으로 이예의 대일교섭 활동을 고찰하려고 한다. 이를 위해서 먼저, 이예가 대일교섭에 참여하게 된 배경과 태종대의 대일교섭 활동을 간략하게 정리하고, 이어서 대마도정벌에서 이예의 역할, 세종대 대일 교섭활동과 문인제도와 계해약조의 정약과정을 살펴보려고 한다. 이를 통해서 조선 초기 대일관계에서 이예의 역할이 어떠하였는지를 규명하고, 그의 활동이 조선 초기 한일관계에 있어서 어떠한 의미를 갖는가를 재조명하고자 한다.

2. 對馬島征伐과 李藝

1) 대마도정벌 이전의 이예의 활동

울주의 記官이었던 이예에게 吏役이 면제되고 관직이 제수된 배경은 그가 25세 때인 태조 6년(1397)에 일어난 李殷의 피로사건이다. 즉 태조 5년 12월에 왜만호 林溫 등이 왜선 60여 척을 거느리고 경상도 寧海 丑山島에 이르러 투항하였는데, 도중에 이들이 함정에 빠졌다고 의심하여 知蔚州郡事 이은 등을 붙잡아서 대마도로 도망하였다. 이예는 뒤따라 대마도에 가서 온갖 노력 끝에 무사히 이은을 데리고 귀환하였다. 그 공으로 이예는 免役賞職되었으며, 이후 그가 외교사절로서 대일교섭에 참여하는 결정적인 계기가 되었다. 그 후 이예는 정종 2년(1399)에 回禮使 尹銘을 수행하여 일본에 파견되었다. 이들 사행이 대마도에 이르렀을 때 도주가 윤명을 구류하고 보내지 않았다. 이예는 윤명을 대신하여 일기도에 가서 志佐殿과 통교하고 왜구의 금지와 피로쇄환을 요청함으로써 외교적인 능력을 인정받았다.

태종대에 이예는 조선의 대일 외교사절로서 본격적으로 활동하게 된다. 참고로 『조선왕조실록』, 『학파선생실기』 등을 통해서 이예의 대외교섭 활동을 정리하면 다음과 같다.

〈표 1〉 태종대 이예의 대외 교섭 활동

왕환년월일		사행직책 (관직)	목적지	사행목적 및 성과	비 고
출 발	귀 환				
1년 冬		보빙사	일기도	보빙, 왜구의 금지와 피로쇄환/ 피로 50명 쇄환	세종 27년 2월 정묘. 『학파실기』
5년 8~9월?	6년 7월 경신(3)	회례관	일본국왕	일본국왕사에 대한 답례 피로 70명 쇄환	
?	8년 3월 계해(14)	통신부사	일본국왕	왜구의 금지 요청 피로 100名 쇄환	통신관 박화와 동행. 세종 10년 11월 갑술
10년 5월 기묘(13)	?	(前護軍)	대마도	왜구의 금지와 화호 요청/대마도주에게 미두 3백 석 사급	
16년 1월		유구국사	유구국왕		『학파실기』. 유구국 中山王 賀通蓮寓鎭이 회례사를 보냄.
18년 4월 갑진(24)	세종 즉위년 8월 신묘(24)	경차관 (行司直)	대마도	송정부의 숙음에 대한 致祭賜賻/ 귀환시에 수철로 만든 화통·완구를 구해 옴	

* 〈표 1〉과 〈표 2〉는 졸고, 「朝鮮初期 李藝의 대일교섭 활동에 대하여」(『전북사학』 11·12, 1989)를 전재하였다.

위의 표에 나타나 바와 같이 이예는 태종대에 대마도(2), 일본국왕(2), 일기도(1), 유구국왕(1) 등 6차례나 대일교섭에 참여하였다. 이러한 사행경험을 바탕으로 이예는 대마도정벌에도 참여하였다.

2) 대마도정벌과 이예

이예는 태종대의 일본 사행의 경험을 바탕으로 대마도정벌시에 中軍兵馬副帥의 직함을 띠고 원정에 참가하였다. 대마도정벌에서 이예의 역할은 컸던 것으로 보이나 기왕의 연구 성과에서는 대마도정벌 과정에 대해서만 상세히 언급하고 있을 뿐 정벌에 공이 많은 사람들에 대해서는 거의 언급되어 있지 않다.[6] 따라서 여기에서는 주로 대마도정벌시의 이예의 활동을 간략하게 살펴보려 한다.

대마도정벌군의 편제는 삼군도체찰사를 중심으로 한 9節制使 체제로 편성되어 있었다. 이예는 중군병마부수에 임명되어 삼군도체찰사 李從茂를 돕는 한편 「형세의 虛實과 難易」을 관장하도록 하였다.[7] 이러한 일을 이예에게 관장하도록 한 이유는 그가 대마도정벌 전까지 조선의 외교사절로서 對馬・琉球・日本(本州) 등지에 다녀와 해로에 익숙하고 또 대마도의 사정과 지리, 풍습 등을 상세히 알고 있었기 때문일 것이다. 이는 출정에 앞서 병조판서 조말생이 이예에게 "그대는 對馬島의 天時・地理・人情을 잘 알고 있으니 망령되이 행동하지 말고 적을 가벼이 대하지

---

6) 대마도정벌의 배경과 과정 등에 대해서는 다음의 논문을 참조하기 바람.
  李銀圭, 「15세기초 韓・日交涉史 硏究」『湖西史學』 3, 1974.
  孫弘烈, 「麗末鮮初의 對馬島征伐」『湖西史學』 6, 1978.
  장학근, 「조선의 대마도정벌과 그 지배정책」『논문집』 8, 해군사관학교, 1983.
  졸고, 「조선초기의 왜구대책과 대마도정벌」『전북사학』 19・20, 1997.
7) 『학파선생실기』 「해외일기」 永樂 17년.
8) 『학파선생실기』 「해외일기」 永樂 17년. …趙末生謂李藝曰 君習知馬島之天時地利人情 庶不妄動而輕敵….

말라"⁸⁾라고 한 사실을 통해서도 확인할 수 있다.

대마도정벌 과정에서 이예는 중군병마부수로서 선봉에 서서 길을 인도하고, 대마도내의 정세를 파악하여 전투에 대한 대책을 건의하기도 하였으며, 항상 앞장서서 힘써 싸우는 등 많은 활약을 하였다.⁹⁾

대마도정벌이 끝난 직후인 세종 원년 8월에 대마도정벌에 참가한 三軍節制使·兵馬使 이하 軍官·軍人들의 포상 규정이 정하여졌는데,¹⁰⁾ 이예는 포상규정에 따라 1등으로 포상되어 자손에 이르기까지 면역하라는 功牌를 사급받았다.¹¹⁾

대마도정벌시 이예의 활약상에 대해서는, 당시 영의정 柳廷顯은 "이예는 진정 범인이 아니다"라고 칭찬하였으며, 병조판서 曺末生은 "대마도정벌의 공은 이예가 가장 많다"¹²⁾고 말한 것을 통해서도 확인할 수 있다.

이예가 참여하였던 대마도정벌의 의의는 ① 왜구에게 커다란 타격을 주어 그들의 침략을 근절시키는 계기가 되었으며, ② 조선정부가 왜구에 대한 자신감을 갖게 되어 대일외교 체제를 주도적으로 정비하고 운영하는 계기가 되었다. 그리하여 서계를 비롯하여 도서·문인제도·계해약조 등의 왜인통제책을 실시할 수 있었던 것이다. ③ 대마도정벌을 계기로 대마도가 경상도의 속주로 편입됨에 따라 조선에서는 대마도를 동쪽의 울타리로 인식하는 對馬藩屛意識 내지는 對馬屬州意識이 일반화되었다. 이러한 조선의 대마인식은 대마도를 조선중심의 외교질서, 즉 羈縻關係의 외교체제 속에 편입시키는 정신적인 기반이 되었다.¹³⁾

---

9) 『학파선생실기』「공패」.
10) 『세종실록』 권 15, 원년 8월 임오.
11) 『학파선생실기』「공패」.
12) 『학파선생실기』「해외일기」 永樂 17년. 柳廷顯曰 李藝正非凡人 趙末生曰 馬島之功李藝最多云.
13) 졸고(1997), 참조.

3. 日本使行

　대마도정벌 이후 세종은 왜사의 도항을 統制하는 한편 일본과 평화적인 관계를 유지하려고 노력하였다. 특히 세종은 재위기간 동안에 무려 15회에 걸쳐 일본에 사신을 파견하였다. 그중 李藝가 사절의 정사 또는 부사로 참여한 사행을 정리해 보면 다음 표와 같다.

　아래 〈표 2〉를 통해서 세종대 대일교섭의 특징과 이예의 역할을 정리하면 다음과 같다.

〈표 2〉 세종대 이예의 대일 사행

왕환년월일 출발	왕환년월일 귀환	사행시 직책 (관직)	목적지	사행목적 및 성과	비 고 (출처·동행인)
4년 12월 계묘(20)	5년 12월 신해(4)	回禮副使 (護軍)	일본국왕	일본국왕사의 회례 피로쇄환	朴熙中(正使) 吳敬之(書狀官) 尹仁甫(通使)
6년 2월 계축(7)	6년 12월 무오(17)	回禮副使 (大護軍)	일본국왕	일본국왕사의 회례, 金字經賜給, 피로쇄환	朴安臣(正使) 孔達, 崔古音 朴沈(從史官)
8년 2월 병자(12)	8년 5월 갑인(21)	賜物管押使 (大護軍)	석견주 대마도	표류인 송환에 대한 치사/ 宗貞盛의 祖母 및 母의 죽음에 대한 弔慰/ 대마도와 路引制度 협약	
10년 12월 갑신(7)	11년 12월 을해(3)	通信副使 (大護軍)	일본국왕	義敎의 襲職 축하 및 義持의 죽음 弔慰, 피노 6명 쇄환, 일본국내 정보수집, 일본의 산업, 교통, 경제 소개	朴瑞生(正使) 金克柔(書狀官) 尹仁甫(通事)
14년 7월 임오(26)	15년 10월 을묘(6)	回禮使 (上護軍)	일본국왕	일본국왕사의 회례, 大藏經 2부 賜給	金久冏(副使) 房九成(從事官) 등 92명 동행. 귀환 도중 해적 만남
20년 4월 갑자(11)	?	敬差官(僉知中樞院事)	대마도	倭使의 통제 요청/ 文引制度의 정약, 대마도의 피로 請還 규정	
25년 7월 경오(17)	25년 11월 임자(1)	體察使(僉知中樞院事)	대마도	西餘鼠島에 침입했던 賊倭 13명을 推刷해 옴, 癸亥約條의 정약	牟恂(副使) 『鶴坡實記』

첫째, 사행의 명칭이 回禮使 · 通信使 · 賜物管押使 · 敬差官 · 體察使 등 매우 다양하게 나타난다. 그중 회례사와 경차관은 태종대에도 존재하였지만 사물관압사와 체찰사는 세종대에 처음으로 등장하는 사행의 명칭이다. 특히 이들 사물관압사나 체찰사, 경차관은 지방호족에게 보내는 사행인 반면 회례사와 통신사는 일본국왕에게 보내는 사행의 명칭이다. 그리고 지방호족에게 파견하는 사행의 명칭이 다양하였다는 사실은 태종대보다도 세종대에 지방호족들과의 교섭이 활발하게 진행되었음을 의미하는 것이라 할 수 있다. 이는 조선정부가 대일사행을 통해서 얻은 일본의 국내 정세, 즉 일본의 막부장군이 지방세력을 통제할 능력이 없다는 사실을 인식하고 외교의 교섭 대상을 왜구를 통제할 능력이 있는 지방호족들로 다양화한 결과라고 생각한다.

둘째, 세종 10년에 처음으로 통신사라는 명칭을 띤 사행이 파견되었다. 물론 태종대에도 통신사라는 사행의 명칭이 존재하기는 하였지만 이는 세종대와는 성격이 매우 다른 것이었다. 특히 세종 10년에 파견된 통신사는 파견 목적이나 사행의 구성, 형식면에서 볼 때 효종 6년(1665) 이후 定型化된 대일통신사의 祖型이라 할 수 있다.

셋째, 태종대 존재하였던 보빙사의 소멸을 들 수 있다. 이는 아마 세종대에 이르러 점차 외교체제의 형식이 갖추어지면서 그와 유사한 성격의 사행인 회례사에 흡수되었던 것이 아닌가 생각된다. 그리고 경차관은 태종 18년에 이어 세종 20년에도 계속 파견되었는데 그의 파견 목적이 태종대의 致祭賻儀와는 달리 왜사를 통제하기 위한 것이었다.

넷째, 세종대의 사행 목적은 주로 일본과의 修好 및 被擄刷還, 倭使의 통제를 들 수 있다. 특히 왜사의 통제는 세종대에 조선의 중요한 대일교섭 문제로 등장하였는데, 이예는 세종 20년에는 文引制度를, 세종 25년에는 계해약조를 체결하는 데 크게 기여하였다.

다섯째, 세종의 재위기간 동안 15회의 대일사행을 파견하였는데 그중 이예가 정사 또는 부사로 참여한 사행이 모두 7회에 달한다. 이는 세종대의 대일교섭 활동에서 이예의 역할이 매우 컸음을 나타내는 것이라 생각한다.

마지막으로 이예는 사행을 통하여 일본 국내의 정보를 수집하고 왜적의 분포 및 규모와 그에 대한 대책을 건의하였으며, 또한 일본의 산업·경제·교통을 보고 倭水車의 도입과 錢의 유통, 商街制度의 도입, 사탕수수의 보급, 그리고 金·銀·銅·鐵의 자유로운 채취 등을 건의하였다.

4. 文引制度와 癸亥約條의 정약

1) 문인제도의 정약

조선 개국 후 동아세아 정세의 안정과 태조의 왜구대책의 실시 결과 왜구의 침입은 점차 감소되는 반면 일본 각지로부터의 왜사의 왕래는 급증하였으며, 이는 조선의 경제적 부담과 치안 경비상의 폐단을 야기하였다. 조선에서는 그러한 문제를 해결하기 위해 왜사를 통제할 필요성을 느끼고 그들이 來泊하는 포소를 제한[14]하는 한편 圖書·行狀·路引·文引·象牙符·銅印·字符 등의 입국증명을 발행하여 왜사의 교통을 통제하려 하였다.[15] 그중에서도 특히 對馬島主에게 文引發行權을 주어 왜사의 교통을 통제하려고 하였던 對馬島主 文引制度는 이후 조선의 가장 강력한 왜인통제책의 하나가 되었는데, 이예는 이 문인제도를 정약하는 데 크게 기여하였다.

문인제도는 일본으로부터 도항하는 모든 통교자는 대마도주의 문인을 받아 와야만 접대를 허락한다는 것으로 세종 20년(1438)에 李藝가 대마

---

14) 『태종실록』 권 14, 7년 7월 무인.
15) 『세종실록』 권 31, 8년 1월 계축.

도주 宗貞盛과 정약하였다. 문인 이전의 단계인 路引은 원래 흥리왜인에게 사용되었으나,[16] 그것이 도항증명서로 제도화되기 시작한 것은 세종 8년(1426) 종정성의 요청에 의해서였던 것 같다.

> 石見州賜物管押使 대호군 李藝가 복명하여 아뢰기를 …(宗貞盛이) 신에게 이르기를 "지금 사신에게 부의를 보내시니 감사한 마음 한이 없습니다. 신은 여러 곳의 잡인들이 마음대로 횡행할까 두려워하여 使送船과 興利船에게 모두 路引을 지급하였으니 금후로는 노인이 없는 자는 접대를 허락하지 마십시오"라고 하였습니다.[17]

즉, 대마도주는 도항왜인에 대한 범람방지책으로 使送船과 興利船 모두에게 路引을 지급해 주었으므로 지금부터 노인을 가지지 않은 자는 접대해 주지 말도록 요청하였던 것이다. 여기에서 노인은 행장이나 문인과 같은 것이었다. 종래에 흥리선은 그 지역 통치자의 행장을 휴대하여야 했으며, 구주방면으로부터 오는 사송선은 구주절도사의 書契를, 대마도로부터 오는 사송선은 대마도주와 기타 유력자의 書契를 각각 휴대하여야만 왕래할 수 있었다.[18] 그러나 종정성은 일본 각지로부터 오는 興利船과 使送船을 통제하기 위하여 자신의 路引을 휴대하도록 할 것을 요청하였던 것이다. 이러한 요청은 그가 도내에서의 통치권을 장악하기 위한 수단에서 비롯되었다고 생각되며, 이것이 바로 對馬島主 文引制度의 시작이었다. 그러나 대마도주의 요청이 받아들여졌는지는 확실히 알 수 없다. 다만 그 이후에도 한동안 행장이 사용되고 있었다.[19]

---

16) 興利倭船主가 이미 기한이 지난 路引을 가지고 오므로 국내의 예에 따라 기한이 지나면 노인을 회수하기로 하였다.(『세종실록』 권 30, 7년 10월 갑술)
17) 『세종실록』 권 32, 8년 5월 갑인.
18) 長節子, 「中世日朝關係と對馬」, 吉川弘文館, 1987, 48쪽 참조.

路引이 어떻게 시행되었으며, 언제 文引으로 바뀌었는지 자세히 알 수 없다. 다만 대마도주의 문인에 대한 기록이 처음으로 나타난 것은 세종 15년(1433) 대마도주 종정성에게 해물채취선을 약탈해 간 범인을 색출하여 줄 것을 요청한 예조의 서계이다.

> 對馬島太守 宗貞盛이 사람을 보내 토산물을 바치다. 예조로 하여금 회답하게 하였는데 그 서계에 "근자에 족하가 본도를 잘 경계하고 제어하여 피차에 근심이 없으니 어찌 아름답지 않겠는가. 뜻하지 않게 근년 정월 사이에 (대마)도선 한척이 경상도 玉浦근처에 이르러 해물을 채취하는 본국의 배를 보고 흉악한 마음으로 도둑질하고 배에 탄 사람 한 명을 살해하였다. 무릇 (대마)도선으로 우리나라에 들어온 자는 족하의 文引을 가져야만 왕래할 수 있다. (그런데) 이번에 난동을 부린 자가 누구인지 알 수 없으니 조사해서 그 죄를 밝히고 즉시 회보하라" 하다.[20]

위 내용으로 보아 세종 15년경에는 대마도로부터 조선에 오는 배는 行狀이나 路引 대신에 반드시 도주의 문인을 가지고 왕래하였음을 알 수 있다. 그 후 宗貞盛은 동왕 17년에 사신을 보내 宗彦七(盛國)·宗茂直 등 受

---

19) 세종 13년(1431)에 명의 사신이 왔을 때에 접대의 번잡함을 막기 위해 通信倭人(사송왜인)을 제외하고 行狀만을 소지한 자의 入京을 금지하여 경기 근처의 고을에 머물도록 하였다.(『세종실록』 권 54, 13년 11월 기묘) 行狀·路引·文引의 연원 및 사용례에 대해서는 졸고(1996), 66-70쪽 참조.
20) 『세종실록』 권 60, 15년 6월 경자.
21) 『세종실록』 권 69, 17년 9월 정축.
  宗貞盛이 보낸 古河가 (종) 정성의 말이라고 하면서 미곡을 지급해 줄 것을 요청하였다. 이어서 고하기를 "국가(조선)에서 宗彦七·宗茂直 등에게 모두 도서를 사급하였습니다. 그러나 사사로이 서로 교통하는 것은 마땅하지 않으니 (앞으로는) 만일 나(종정성)의 문인이 없으면 접대를 허락하지 마십시오" 하다.

圖書人도 문인을 가지지 않고 왕래하면 접대해 주지 말도록 요청하였다.[21] 결국 종정성은 문인제도를 도내의 수도서 왜인에게까지 확대 적용하여 그들을 자기의 통제 하에 두려고 하였다. 아울러 종정성은 자기의 文引을 받지 않고 전라도 등지에 가서 인명을 살해하고 온 자들의 목을 베어 보내는 등[22] 文引制度를 보다 강력하게 시행하려고 노력하였다.

한편 조선에서는 세종 18년에 使送倭人이 도주의 서계와 문인을 위조해서 오는 폐단을 막기 위하여 文引에 사송선의 크기와 각 선의 正官, 格倭의 이름 그리고 그들의 인원수 등을 기재하도록 하였다.[23] 이로써 문인에 기재될 세부항목이 定型化되었다.

그 후 세종 20년(1438)에 왜사의 통제를 요청하기 위해 敬差官 李藝를 대마도에 파견하였는데, 그때 대마도주와 문인제도를 정약하기에 이르렀다. 당시 李藝와 宗貞盛 사이에서 정약된 文引制度의 내용은 다음과 같다.

> 議政府에서 아뢰기를 "금번에 李藝를 파견하여 對馬島에 가서 宗貞盛과 더불어 이미 (문인제도를)정약하고 왔사오니 바라옵건대 지금부터 대마주의 宗彦七·宗彦次郎·宗茂直과 萬戶 早田 六郎次郎, 그리고 일기의 志佐·佐志殿과 구주의 田平殿·大內殿·薩摩州·石見州 등 각처의 사자로 보내온 사람으로 만약 종정성의 문인이 없으면 접대를 허락하지 마소서" 하니 그대로 따르다.[24]

즉 대마도의 宗氏와 早田氏는 물론 一岐의 志佐·佐志殿, 九州의 田平

---

22) 『세종실록』 권 71, 18년 3월 을유.
23) 『세종실록』 권 73, 18년 6월 신묘.
24) 議政府啓 今遣李藝至對馬州 與宗貞盛已定約束而來 乞自今 對馬州宗彦七 宗彦次郎 宗茂直 萬戶早田六郎次郎 及一岐志佐殿 佐志殿 九州田平殿 大內殿 薩摩州 石見州等諸處使送人 如無貞盛文引 不許接待(『세종실록』 권 82, 20년 9월 기해).

殿, 大內殿·薩摩州·石見州 등 諸處의 사송인도 대마도주의 문인을 가지고 와야만 접대를 허락한다는 것이다. 이는 세종 17년 대마도 내의 受圖書倭人에게까지 적용하였던 문인제도를 더욱 강화하여 志佐·佐志·田平殿 등 壹岐·松浦 등 구주지방의 호족에게까지 확대 적용함으로써 일본의 모든 통교자를 도주의 통제 하에 두려고 하였음을 의미하는 것이다.

특히 조선에서는 대마도주에게 문인발행권을 주고 도주로 하여금 일본 각지로부터 오는 왜사를 효과적으로 통제할 수 있도록 하였으며, 반면에 대마도주는 문인제도를 이용하여 각처의 사신들을 통제하고 문인발행에 대한 수수료인 吹噓(吹擧)錢25)을 받음으로써 대마도내에서의 정치·경제적 지배권을 확고히 할 수 있었다. 이와 같이 문인제도는 조선정부와 대마도주의 이해가 상응하였기 때문에 다른 통제책에 비해서 강력하게 시행될 수 있었으며, 이후 조선의 강력한 왜인통제책의 하나가 되었다.

이와 같이 조선정부는 대마도의 정치·경제적 안정이 왜구의 재발을 방지하고 일본과의 외교관계를 안정적으로 유지할 수 있다고 판단하고, 이를 위해 대마도주가 정치, 경제적 안정을 유지하면서 도내의 지배력을 장악할 수 있도록 하기 위해 도주의 요청을 받아들여 그에게 文引發行權을 인정해 주었던 것이라고 생각한다.

대마도주에게 문인발행권을 준 것은 국내의 경우 정부의 관사나 지방의 수령에게, 여진의 경우 추장에게 주었던 것과 마찬가지로 기미책의 일환이라 생각된다. 결국 조선에서는 이들 지방에 대지방관인 敬差官·體察使·宣慰使 등을 파견하였던 것처럼 대마도나 여진을 조선의 藩屛으로 인식하고 그들 지역의 통치자에게 문인발행권을 주어 그의 관하인을

---

25) 대마도주는 小船越 梅林寺住持 鐵歡으로 하여금 문인에 관한 제반업무를 관장하도록 하였는데(『朝鮮通交大紀』『宗氏世系私記』), 대마도경차관 元孝然의 복명에 의하면 도주가 路引을 발급해주고 거두는 세금인 路引稅는 적게는 50~60필부터 많게는 4·5백필이나 되었다고 한다(『단종실록』 권 14, 3년 4월 임오).
26) 졸고(1996), 70~73쪽 참조.

통제하려고 하였던 것이다. 따라서 文引制度는 癸亥約條와 더불어 대마도를 조선의 외교질서 속에 편입시키는데 크게 기여하였다.[26]

2) 계해약조의 정약

세견선은 일본의 통교자가 1년 동안에 파견할 수 있는 사송선의 수를 제한한 것이다. 이는 중국이 外夷에 대해서 조공의 회수를 제한하고 무역선의 내조시기 및 선수 등을 제한한 것과 유사한 것이다.[27]

조선시대에 세견선의 정약은 세종 25년(1443)에 맺어진 계해약조가 기본이 되었지만 그 이전에도 세견선의 정약은 이루어지고 있었다. 계해약조 이전의 세견선정약은 이미 고려시대에 존재하고 있었다. 즉 고려 원종 4년(1263) 4월 洪泞와 郭王府를 일본에 파견하여 해적의 금압을 요청하였는데, 그 첩문에 "양국이 통교한 이래로 해마다 상례로 進奉하는데, 한번에 2척에 한정하며, 설사 다른 배가 다른 일을 빙자하여 우리 연해 촌리를 외람되게 소란케 하는 일이 있으면 엄하게 꾸짖어 금할 것을 정약하였다"[28]라 하여 고려시대에 대마도에서 세견선과 유사한 進奉船을 매년 한차례에 2척을 파견하고 있었던 것이다. 그 후 조선시대에 들어와서는 九州節度使 源義俊과 처음으로 세견선을 정약하였다. 즉 세종 6년(1424)에 回禮使 朴安信과 李藝는 귀환 도중 九州節度使 源義俊에게 상인이 청원하여 사신이 된 자가 많음을 지적하고 이를 사송인과 구분하여 보내도록 요구하였다. 이에 대해 구주절도사 원의준은 매년 봄과 가을에 각각 한차례의 사신만 보낼 것을 약속함으로써 비로소 세견선의 정약이

---

27) 中村榮孝,「歲遣船定約の成立」『日鮮關係史の硏究』下, 吉川弘文館, 1969. 10쪽 참조.
28) 『고려사』 세가 25, 원종 4년 4월 갑인.
自兩國交通以來 歲常進奉 一度船 不過二艘 設有他船 枉憑他事 濫擾我沿海村里 嚴加懲禁 以爲定約.

이루어졌다.²⁹⁾ 그 후에도 세종 22년(1440)에는 安藝州의 美作太守 持平과 세견선을 정약하였다.³⁰⁾

대마도주와 세견선을 정약한 것은 세종 25년(1443)에 맺은 계해약조에 의해서였다. 특히 계해약조로 대표되는 세견선의 정약은 이후 모든 통교자들에게 적용되어 대일 통교체제의 근간이 되었다. 그러나 계해약조의 체결시기와 과정에 대해서는 기록이 없어 자세한 내용을 알 수 없다. 다만 체결시기에 대해서는 세종 26년(1444) 6월에 數外 歲遣船의 도항과 그에 따른 예조의 조치를 통해서 볼 때 그 이전에 이미 대마도주와 세견선을 정약하였음을 알 수 있다.³¹⁾

그러면 구체적으로 언제 누가 대마도주와 계해약조를 정약하였을까. 계해약조가 세종 25년에 체결되었다는 데에는 이견이 없다. 다만 그 구체적인 시기가 언제인가가 의문이다. 이와 관련하여 『세종실록』에 "계해년 봄에 50척으로 그 수를 정 할것을 약속하였다"³²⁾라는 기록과 『宗氏世系私記』에 "嘉吉 3년 4월에 조선의 使者가 대마도에 왔으며, 같은 달에 攝津州의 兵庫浦로 호송하였다. 예조가 또 종정성에게 글을 보내어 여러 도주들의 세견선 정약을 요청하였다. (종)정성은 한해에 세견선 50척을 보내고 혹시 (급히 보고할) 일이 있으면 특송선을 파견하는데 이는 정해진 수가 없다"³³⁾라는 기록을 종합해 보면 계해약조는 세종 25년(1443, 日 嘉吉 3) 1~4월경에 조선사신이 대마도주와 정약하였음을 알 수 있다. 이

---

27) 中村榮孝,「歲遣船定約の成立」,『日鮮關係史の硏究』下, 吉川弘文館, 1969. 10쪽 참조.
28) 『고려사』 세가 25, 원종 4년 4월 갑인.
 自兩國交通以來 歲常進奉 一度船 不過二艘 設有他船 枉憑他事 濫擾我沿海村里 嚴加懲禁 以爲定約.
29) 『세종실록』 권 26, 6년 12월 무오.
30) 『해동제국기』 일본국기 안예주 持平.
31) 『세종실록』 권 104, 26년 6월 신사, 을유.
32) 『세종실록』 권 105, 26년 윤7월 기해. 歲癸亥春 約以五十隻爲定額.

때의 조선사신은 아마 세종 25년 2월에 파견된 통신사 卞孝文의 일행일 것으로 생각된다.[34] 그러나 위의 두 기록은 당시 통신사의 종사관이었던 申叔舟의 졸기의 내용과는 상당한 차이가 있다. 즉,

"계해년에 국가에서 사신을 보내 일본과 교빙하게 되자 申叔舟를 書狀官으로 보냈다. … 돌아올 때 대마도에 이르러서 우리나라가 도주와 더불어 세견선의 수를 정약하려고 하는데, 도주가 아랫사람들에게 誤導되어 결정하지 못하고 있다는 말을 듣고 신숙주가 도주에게 말하기를 '배의 수가 정해지면 권한이 도주에게 돌아갈 것이요, 아랫사람에게는 이익 되는 바가 없을 것이며, 수를 정하지 아니하면 사람들이 마음대로 행할 것인데 무엇 때문에 도주에게 의뢰하겠느냐? 그 이롭고 해로움은 지혜로운 자를 기다리지 아니하더라도 뒷날에 이익이 있을 것이다' 라 하니 도주가 드디어 약속을 정하였다."[35]

위의 사료를 통해서 보면 통신사 卞孝文 일행이 京都에서 사행을 마치고 대마도로 귀환할 때에는 이미 조선사신과 대마도주 사이에서 세견선의 정약에 관한 교섭이 진행되고 있었으며, 申叔舟는 다만 교섭이 제대로 이루어지지 않고 있다는 소식을 듣고 대마도주를 설득하여 세견선을 정약하는 데 도움을 주었음을 알 수 있다.[36] 결국 계해약조는 계해년 봄 또는 4월에 卞孝文·申叔舟 일행이 대마도주와 체결한 것이 아니었으며,

---

33) 『宗氏世系私記』 嘉吉三年四月 朝鮮使來對州 同月送之攝州兵庫浦 禮曹旦副書貞盛 請諸上各爲歲船之約 貞盛歲遣五十船 或有事別遣船則稱特送無定數.
34) 通信使(정사 卞孝文, 부사 尹仁甫, 서장관 申叔舟)는 막부장군인 義勝의 嗣位를 축하하고 전장군인 義敎의 致祭를 위해서 세종 25년 2월 21일에 파견되어 동년 10월 19일에 귀환하였다(『세종실록』 권 99, 25년 2월 정미. 권 102, 25년 10월 경자).
35) 『성종실록』 권 56, 6년 6월 병신. 『保閑齋集』 附錄 文忠公行狀(姜希孟 撰).

신숙주의 일행이 세종 25년 10월 경자(19)에 귀환하였기 때문에 계해약조의 체결 시기는 8~10월경으로 추측할 수 있다.

그렇다면 누가 대마도주와 계해약조를 체결하였을까? 이에 대하여는 대부분의 학자들이 『海行摠載』의 기록[37]에 의거하여 신숙주의 일행이 체결한 것으로 파악하였다. 그런데 신숙주의 卒記에서 살펴본 것처럼 그가 사행을 마치고 귀환 도중 대마도에 이르렀을 때 이미 조선의 사신이 외교적인 교섭을 진행하고 있었던 사실을 고려하면, 조선사신은 아마 세종 25년 7월에 대마도에 파견되었던 體察使 李藝라고 생각한다.[38] 당시 조선에서는 체찰사 이예를 대마도에 파견하여 西餘鼠島에 침입하였던 적왜 13명을 붙잡아 왔는데, 그때에 대마도주와 세견선에 대한 조약을 체결하였던 것이다. 이는 이예가 40여 차례나 사신으로 일본에 갔다 왔으며, 특히 세종 6년(1424) 回禮使 朴安信과 함께 구주절도사와 세견선을 정약한 사실과 세종 20년에 대마도주와 문인제도를 정약하는 등 대일외교의 최고실무자라는 점을 고려해 보면 이러한 추측이 가능하다고 생각한다. 이는 또한 일본의 기록인 『朝鮮通交大記』에 '계해년에 종정성이 제주에 침입하였던 적왜 13명을 붙잡아 이예에게 부송하였는데, 이해부터 비로소 공(宗貞盛)에게 勘合圖書를 보내 세선 50척을 정약하였다'[39]는 사실을 통해서도 추측할 수 있다.

---

36) 申叔舟가 계해약조의 체결에 일조하였다는 견해는 河宇鳳에 의해서 제시된 바 있다(하우봉, 「조선초기 대일사행원의 일본인식」 『국사관논총』 14, 국사편찬위원회, 1990, 94쪽 주 45 참조).
37) 『海行摠載』 「前後使行考」.
　'당시(1443)에 일본국왕이 죽고 신왕이 嗣位하였다. (이에) 卞仲文을 통신사로, 申叔舟를 서장관으로 삼았는데, 그들은 돌아오는 길에 대마도에 들러 도주 宗貞國과 세견선의 수효를 정약하였다.' 여기에서 卞仲文과 宗貞國은 각각 卞孝文과 宗貞盛을 잘못 기록한 것이다.
38) 대마도 體察使 李藝는 25년 7월에 출발하여 사행을 마치고 동년 11월에 복명하였다(『세종실록』 권 101, 25년 7월 경오. 권 102, 동년 11월 병오).

이상의 사실을 종합해 볼 때 癸亥約條는 세종 25년 8~10월경에 대마도에 파견되었던 체찰사 이예가 주도하여 체결하였으며, 그 과정에서 신숙주는 대마도주를 설득하여 조약을 체결하도록 하는 데 일조하였음을 알 수 있다. 계해약조의 내용은 자세히 알 수 없으나, 현재 전하여지는 것은 ① 대마도주에게 매년 2백 석의 歲賜米豆를 하사한다는 것과 ② 도주의 歲遣船을 50척으로 정하고 부득이하게 보고할 일이 있을 경우 數外特送船을 파견할 수 있다는 것 등 2항목뿐이다.[40]

그 후 조선에서는 대마도와 壬申約條(1512)·丁未約條(1541)·丁巳約條(1551) 등을 체결하였지만 그 수량만 약간 변동이 있을 뿐 계해약조의 기본내용인 세견선과 세사미두는 그대로 유지되었다. 결국 계해약조는 조선과 대마와의 외교관계를 정례화 함으로써 이후 대일 통교체제의 기본이 되었으며, 이는 또한 대마도를 羈縻關係의 외교체제 속에 편입시키는데 크게 기여하였다. 그리고 이러한 외교체제는 조선 후기까지 영향을 주어 임진왜란 후에 국교재개 과정에서 맺어진 己酉約條에도 계해약조의 내용이 포함되어 있었던 것이다.

이상에서 살펴본 바와 같이 이예는 문인제도와 계해약조 등 조선의 왜인통제책을 확립하는 데 크게 기여하였음을 알 수 있다. 특히 이예는 40여 차례(그중 그의 활동 내용을 확인할 있는 사행은 태종대에 5회, 세종대에 7회)에 걸친 대일사행의 경험과 사행과정에서 見聞한 지식을 배경으로 조선정부가 대일정책을 수립하는 데 많은 영향을 주었을 것으로 생각된다. 이는 세종 20년 6월에 의정부에서 上京倭人과 留浦倭人들이 오랫동안 객관에 머물러서 그들을 접대하는 데 많은 비용이 소요되는 폐단을 시정하기 위하여 왜인들의 留館日數를 제한하려고 논의하였으나, 결

---

39) 『朝鮮通交大紀』 권 1, 제9대 圓通寺公(宗貞盛).
40) 『通文館志』 권 5, 交隣 正統癸亥約.『增正交隣志』 권 4, 約條 世宗 25年.

국 결정을 내리지 못하고 대마도경차관 이예가 귀환한 뒤에 다시 논의하기로 하였다[41]는 사실을 통해서도 추론할 수 있다.

한편, 이예는 조정에서 대일 정책을 수립하는 데 많은 영향을 끼쳤을 뿐만 아니라 대일정책을 수립하는 데 직접 참여하기도 하였다. 즉 세종 20년 4월에 對馬島 敬差官으로 파견되어 대마도주와 문인제도를 정약하고 귀환한 후 이예는 정부의 대신들과 더불어 대마도 왜인의 接待事目에 대해 의논하였다. 그때에 이예는 왜인들이 가지고 온 물품의 양에 따라 그들의 留館日數를 최소 10일에서 최고 30일까지로 제한하자고 주장하였다.[42] 결국 이예의 이러한 주장에 대한 결정이 유보되었지만 이를 통해 이예가 대일정책의 수립에 직접 참여하였음을 알 수 있다.

5. 맺음말

이상에서 조선 초기 대일교섭의 주요 목표였던 왜구의 禁壓과 피로쇄환 및 왜사의 통제문제를 해결하는 데 많은 활약을 하였던 李藝의 활동 내용을 분석하여 봄으로써 그의 활동이 조선 초기 대일관계에서 어떠한 의미

---

41) 『세종실록』 권 82, 20년 6월 을축.
　議于政府曰 今有獻議者云 對馬島倭人 絡繹往還 厥數猥多 姑以春夏兩節上京及留浦倭人之數言之 則幾至三千餘名 是皆因飢饉 專以資食爲計耳 實非輸誠納款者也 上京倭人等 託以買賣 久留館中 淹延日月 而留浦倭人等 亦託以待候上京之人 奸計百端 其靡費供億 不可勝言 今慶尙道觀察使報 供億米醬俱乏 … 今後 其上京倭人 留浦日時 量事緊慢 定其日限 或十日 或二十日 前期一日 督令幷辭 毋或淹留 以除支待之弊 然買賣當從所願 勒令促期 似爲未便 若從獻議者之言 則有違乎字小之義 務悅彼人之心 則慮恐國用不足 何以處之 熟議以啓 僉曰 待李藝回還更議 從之.
42) 『세종실록』 권 82, 20년 9월 갑오.
　令禮曹 與政府大臣及僉知中樞院事李藝 同議接待對馬州倭人事目 李藝曰 倭人所持之物 三十駄以下者 留館十日 四十駄以上者 留二十日 八十駄以上者 留三十日 以此爲留館之期.

를 갖는가를 파악해 보려고 하였다. 그 내용을 요약해 보면 다음과 같다.

蔚州의 鄕吏(記官)이었던 이예가 대일교섭에 본격적으로 참가하게 된 시기는 왜구에게 붙잡혀 간 知蔚州郡事 李殷을 따라 대마도에 가서 그를 무사히 請還해 온 공으로 免役賞職된 후 그것을 계기로 회례사 운명을 수행하여 일기도에 다녀와 그의 외교적인 능력을 인정받게 된 후부터이다.

이예가 대일교섭에 본격적으로 참여하게 되는 태종대에는 모두 12회에 걸쳐 조선의 사절로서 일본에 파견되었다. 그중 활동 내용을 파악할 수 있는 5회의 사행을 통해서 보면 주로 태종대 대일교섭의 주요 목표였던 왜구의 금압과 피로쇄환에 많은 공이 있었다. 그리고 대마도정벌시에 이예는 그간의 사행 경험을 바탕으로 정벌군의 中軍兵馬副帥로 참전하여 삼군도체찰사 李從茂를 도와 대마도정벌군의 길을 인도하고 선봉에서서 왜적을 토벌함과 아울러 적정을 탐지하여 그 대책을 세우는 등 많은 활약을 한 공으로 포상 규정 1등급에 포상되어 功牌를 사급받았다.

세종대에는 모두 7회에 걸쳐 일본에 사신으로 파견되어 일본과의 수호 및 피로인 쇄환, 그리고 왜사의 통제를 위한 외교적인 교섭에 많은 활약을 하였다. 특히 세종 20년에는 對馬島敬差官으로 파견되어 대마도주와 文引制度를 정약하는 데 크게 기여하였으며, 세종 25년에는 체찰사로 대마도에 파견되어 계해약조를 정약하는 데 주도적인 역할을 담당하였다. 이 文引制度와 계해약조는 이후 왜사를 통제하는 데 매우 효과적으로 이용되었으며, 조선의 강력한 왜인통제책이 되었다.

한편, 그는 사행을 통하여 일본 국내의 정보를 수집하고 왜적의 분포 및 규모, 각 지방 제후들의 지배계통을 분석하여 지방 제후들을 통한 왜구금입책을 제시하였다. 또한 일본의 산업·경제·교통을 보고 倭水車의 도입과 錢의 유통, 商徒制度의 도입, 사탕수수의 보급 그리고 금·은·동·철의 자유로운 민간 채취 등을 건의하였다. 특히 왜수차는 조선의 농업기술의 발달에도 도움이 되었다.

이상에서 살펴본 바와 같이 이예는 많은 사행 경험을 통하여 문인제도와 계해약조 등 왜인통제책을 확립하는 데 크게 기여하였다. 나아가 그는 정부대신들과 함께 대마도왜인의 接待事目을 결정하는 데 참여하는 등 조선 정부의 대일정책의 수립에 많은 영향을 주었다. 이러한 이예의 대일교섭 활동은 조선 초기 제일의 대일외교 전문가라 할 수 있는 申叔舟보다도 대일교섭의 외교 실무적인 면에 있어서는 훨씬 더 뛰어난 것이었으며, 그의 경험과 대일 지식은 성종대의 『海東諸國記』「朝聘應接記」에 집대성된 대일 통교제도의 토대가 되었다.

* 위의 내용은 졸고, 「朝鮮初期 李藝의 대일교섭 활동에 대하여」(『전북사학』11·12, 1989)와 「조선전기 대일 외교정책 연구-대마도와의 관계를 중심으로」(전북대 박사학위논문, 1996)를 수정 보완한 것이다.

세종대의 대일통신사 李藝

이명훈
고려대학교 경상대학 교수

1. 조선왕조실록
2. 이예의 줄기
3. 이예의 피랍사건
4. 통신사 이예
5. 인간 이예

이 연구의 목적은 이예의 인물탐구에 있다. 여기서 인물탐구라 함은 한편으로는 이예의 업적이며, 다른 한편으로는 이예의 성품 등 인간적 됨됨이를 그 대상으로 한다. 이예는 조선의 대일 외교사절로 큰 업적을 쌓았다. 그런데 이와 같은 이예의 업적은 『조선왕조실록』이 없었더라면 오늘날 우리에게 전혀 알려지지 못했을 것이다. 보통의 경우, 왕조실록의 기사는 주로 임금이 계신 어전에서 행해진 일들에 대한 기록이다. 따라서 한 인물의 객관적인 업적 외에 그 성장배경이나 품성 등과 같은 인간적 됨됨이에 대한 정보는 왕조실록에 충분히 반영되어 있지 않다.
　그러나 왕조실록에 그 인물의 졸기가 수록되어 있다면 이야기는 달라진다. 졸기란 고위 관직의 중신이나 기타 주요인물이 사망했을 때에 사관(史官)이 그 사람의 일생을 조망하여 남긴 기록이다. 따라서 졸기에는 출생배경이나 성품이나 일화 등이 기록되어 있는 경우가 많다. 다행히도 왕조실록은 이예의 졸기를 수록하고 있다. 보통 역사적 인물의 인간적 됨됨이는 보통 그 사람의 문집이나 서한문 등을 통해서도 알려질 수 있다. 그러나 이 경우, 그 정확성이나 신빙성을 확보하는 데에 있어서는 어려움이 따르게 마련이다. 정사 중의 정사라 할 왕조실록에 사관(史官)의 필치로 기록된 졸기를 통해 이예의 인간적 됨됨이를 더 깊이 탐구할 수 있게 된 것은 다행스런 일이라 하겠다.

이예의 졸기에 의하면, 이예가 역사에 뚜렷이 그 자취를 남기게 된 계기는 왜구에 의한 울산군수의 피랍사건(被拉事件)이었다. 이 사건을 통하여 이예는 벼슬길에 나아가게 되며 조선최고의 대일외교 전문가로 거듭나게 되었던 것이다.

위에서 본 바와 같이, 이예의 인물탐구를 위한 기초자료로 조선왕조실록, 이예의 졸기, 이예의 피랍사건에 대해 충분히 고찰할 필요가 있다. 이에 대해 아래의 1., 2., 3.에서 각각 살펴보기로 하자. 그 다음에 4.에서는 "통신사" 및 "對日통신사"의 명칭에 대해, 그리고 5.에서는 이예의 인간적 면모에 대해 각각 고찰하기로 한다.

1. 조선왕조실록

일반적으로 왕조실록은 역대 제왕의 사적(事蹟)을 편년체로 기록한 책을 뜻한다. 중국에서는 삼국시대 이후의 육조(六朝)시대를 전후하여 시작되었으며 당·송 시대에 이르러 그 체제가 정비되었다. 우리나라에서는 고려 시대에 『고려왕조실록』이 편찬된 바 있으나 불행히도 지금은 그 자취를 찾을 수 없다. 5세기에 걸쳐 기록된 『조선왕조실록』은 전세계에서 유례를 찾기 어려울 정도의 독보적인 문화적·사료적 가치를 가진 인류의 보물이다. 5세기에 걸쳐 존속한 왕조도 드물 뿐 아니라 5세기 동안의 기록이 그만큼 상세하고 끊임없이 유지된 것은 더욱 드문 일이다.

조선시대에는 국왕이 죽으면 신왕의 즉위와 함께 실록청이라는 임시기구를 설치하여 전왕의 사적을 편찬하였다. 실록이 간행되면 병화(兵禍)

에 대비하여 중앙과 지방의 여러 사고(史庫)에 이를 분산하여 보관하였다. 이러한 철저한 대비에 힘입어『조선왕조실록』은 임진왜란 등 병화에도 불구하고 기적적으로 잘 보관되어 왔다.

이 연구에서 우리가 밝혀낼 이예의 업적과 인간적 됨됨이는 100%가 왕조실록의 기록에 의존한 것이다. 이예는 73회에 걸쳐『조선왕조실록』에 등장한다. 여기에는 이예가 임금으로부터 옷과 갓을 하사받으며 일본 사행길을 떠나는 모습, 사행에서 풍랑을 만나 사경을 헤매는 모습, 일본인들과 외교교섭을 하는 과정, 귀국하여 임금께 복명하는 모습, 문화·군사·농업 등 여러 사안에 대하여 임금께 보고하며 주청하는 모습 등이 상세하게 묘사되어 있다.

이예는 29세부터 71세까지 43년 간 40여 회 일본을 왕래하면서 對日 외교의 일선에서 조선 전기의 한일 외교와 문화교류에 크게 기여한 독보적 인물이다. 또한, 중인 계급인 아전에서 출발하여 종2품인 동지중추원사의 벼슬에까지 오른 입지전적 인물이기도 하다. 실록에 그려져 있는 이예의 일생은 매우 드라마틱하다. 8세에 왜구가 쳐들어 와 모친을 납치해 갔다. 24세에 왜구에 잡혀 가는 울산군수를 따라 자진하여 일본으로 잡혀가 의연한 태도로 적의 존경을 받고 이듬해에 군수를 모시고 무사히 귀국했다. 28세에는 회례사 윤명을 수행하여 일본으로 가서 모친을 찾아 헤매며 집집마다 뒤졌으나 실패하였다. 수차례 사행 중 격랑에 난파하여 사경을 헤매고 해적을 만나기도 했다. 40여 회의 對日 사행에서 667명의 조선 포로를 쇄환해 오는 성과를 거두었다. 태조, 태종, 세종의 임금과 황희, 맹사성, 김종서 등 중신들과 한 자리에서 조정 회의에 참여하여 직접 화법으로 대화하는 모습이 실록에 그대로 나타나 있다. 실록은 또한 이예가 전달했던 우리 임금의 국서와 일본국왕의 국서 내용을 실시간으로 중계하고 있기도 하다.

이예가 이끄는 對日 사절단의 행로도 실록에 현장감 있게 상세히 기록되어 있다. 또한 우리는 이예의 활동을 통하여 대장경의 전달, 자전(自轉) 물레방아의 도입, 일본의 화폐 및 商街 제도에 대한 관찰, 사탕수수 재배의 건의, 화동 및 완구의 제조기술, 조선(造船)기술의 국제비교 등 다양한 모습으로 일어나는 국제 문화교류의 현장을 생생하게 파악할 수 있다.

이예에 관련한 자료는 왕조실록 외에도 몇몇 중요한 고문서에서도 발견된다. 이들 자료와 그 내용은 학성이씨 가문의 전승인 『학파실기』에 기록되어 있다. 『학파실기』는 이예의 13대손인 이장찬(璋燦)에 의해서 1872년(고종 9)에 간행된 책이며, 「공패(功牌)」, 「해외일기(海外日記)」, 「조야기재합록(朝野記載合錄)」, 「행장(行狀)」, 「시장(諡狀)」이 수록되어 있다.

먼저 「공패」는 1421년(세종3) 7월 14일 이예에게 내려진 功牌로서, 공적을 감안하여 이예와 그 자손에 이르기까지 아전으로서의 이역(吏役)을 면제한다는 내용이 기록되어 있다. 「해외일기」에는 이예가 일본에 사신으로 다녀왔던 사실 등이 기록되어 있다. 「조야기재합록」은 『동국여지승람(東國輿地勝覽)』, 『고사촬요(考事撮要)』, 『열조통기(列朝通記)』, 『진승(震乘)』, 『국조보감(國朝寶鑑)』, 『이월사정구변무주문(李月沙廷龜辨巫秦文)』, 『양대봉장서(楊大峯藏書)』, 『임진야화(壬辰野話)』에 실린 이예 관련 기사들을 전재(轉載)하고 있다. 또, 이예의 업적과 품성을 적은 「행장(行狀)」과 이예의 諡號를 청하는 「시장(諡狀)」도 이예를 연구하는 데에 있어 매우 중요한 자료로 평가된다.

그러나 이예에 대한 연구가 조금 더 활발하게 진행된다면 아직까지 알려져 있지 않은 자료들을 발견할 가능성은 크게 열려 있다. 예를 들어 茅亭 李源益(1792, 正祖16年~1854, 哲宗 5年)이 엮은 『東史約』의 卷之十一 朝鮮 本朝記에는 「遣使獻日本浮於明」항에 다음과 같은 기사가 나온다.[1]

---

1) 李源益,『東史約』, 한국사료총서 33권, 국사편찬위원회, 1990.

이 기사는 이예 관련 자료로는 아직 알려져 있지 않았다.

> 先是, 對馬一岐等島倭侵擾上國沿海之地, 又冠我濟州, 上遣李藝諭其
> 島主, 島主執送餘賊五十餘人乃械獻皇京. 帝降勅賜綵幣表裏褒嘉之

대마도와 일기도에 왜구가 침략하여 상국의 연해를 어지럽히고 제주를 침략하니 임금이 이예를 보내어 대마도주를 타일러 도주로 하여금 왜적 50여 인을 붙잡아 보내오니 중국의 서울로 보내었다는 내용이다.

역시 아직 알려지지 않고 있었으나, 본 논문을 준비하면서 김수온(金守溫)의 문집 『식우집(拭疣集)』에 이예에 대한 시가 실려 있다는 것을 알게 되었다. 김수온은 1409년(태종 9)~1481년(성종 12)의 인물로 이예에 비해 한 세대 정도 더 젊기는 하나, 거의 같은 시대에 활동했다고 볼 수 있다. 김수온의 號는 괴애(乖崖) 혹은 식우(拭疣)이다. 그는 『월인석보(月印釋譜)』를 편찬하고 사서오경(四書五經)의 구결(口訣)을 정하였으며 『원각사비명(圓覺寺碑銘)』을 찬하고 『치평요람(治平要覽)』과 『의방유취(醫方類聚)』 등 많은 책을 편찬하였다. 벼슬이 재상(宰相)에 이르고 세종~세조의 총애를 받았으나 학문에만 몰두하고 빈곤을 면치 못하여 살림이 구

서명·저자	『拭疣集』譯註 : 卷四·補遺所載詩 / 盧承奭.
원저자명	김수온, 1409-1481
발행사항	서울 : 成均館大學校, 2002.
형태사항	169 p. ; 26 cm.
일반사항	附錄 : 1.敬題拭疣集後, 2.乖崖年譜.
학위논문	學位論文(碩士) 成均館大學校 大學院 : 漢文學科,
서지주기	參考文獻 : pp. 162-163

차하였다고 한다.

한자로 된 『식우집(拭疣集)』이 근년에 노승석[2002]에 의해 국어로 번역되어 접근이 매우 용이하게 되었다. 이 번역서의 서지사항은 위의 표와 같다.

이예에 관련한 시의 제목은 "次文節公贈李將軍韻 李藝 蔚山鄕吏也 洪武丙子 郡事李殷 爲倭所虜 藝卽出隨 殷在虜中數歲 恒執吏禮 倭帥感其義 特幷殷還國 藝擢用 至中軍摠制終"이다. 시의 제목으로는 매우 긴 편인데, 이를 번역하면 다음과 같다.

> 문절공이 이장군에게 준 시의 운을 따서 지음. 이예는 울산의 향리였다. 홍무 병자년에 군수 이은이 왜군에게 포로가 되었는데 이예가 즉시 따라가서 은이 포로로 있는 동안 항상 아전의 예를 행하자 왜의 장수가 그 의리에 감동하여 특별히 은과 함께 귀국하게 하였다. 예가 관직에 발탁되어 벼슬이 중군총제에 이르러 세상을 마쳤다.

위에서 문절공이 누구인지는 아직 밝혀지지 않았다. 이 시의 내용은 다음과 같다.[2]

> 主辱臣當死 주군 욕 당하면 신하가 마땅히 죽고
> 州危吏必行 고을 위태하니 향리는 반드시 행하리
> 一朝能抗節 하루아침 능히 절의 지키매
> 千載永垂名 천년세월 길이 이름 전하네

---

[2] 여기서의 번역은 盧承奭의 번역과 거의 흡사하나 동일하지는 않다. 盧承奭의 책에서는 둘째 연의 必行을 "길을 떠나야 한다"로 이해하였으나 필자는 "무엇인가 몸을 던져 행동에 옮겨야 한다"이 뜻이 아닌가 생각된다.

絕域艱難遍　절역의 온갖 고난 두루 겪고
蒼波頃刻生　목숨은 창파에 경각 다투네
此心終不變　이 마음 끝내 변치 않으니
利義兩途明　利와 義의 두 길 모두 밝았네

마지막 연에서 利와 義의 두 길이라는 표현에 대해서는, 명분을 중시하는 조선의 학문풍토를 감안하면 다소 생경하게 느껴지기도 한다. 이 분야에 밝지 않은 필자로서는 상당한 모험이기는 하나, 혹시 맹자와 주자의 사상에서 따온 개념이 아닌가 하고 하나의 가설을 제시해 보려 한다. 다음은 조선 중기의 대학자이며 문신이었던 우암 송시열의 문집 『宋子大全』에 나오는 말이다.

> 孟子가 戰國時代에 堯舜, 周公의 道를 얻어 당시 君主들에게 고하여 밝힌 것은 義利를 分辨하는 것에 불과하였습니다. 그리고 朱子가 이 설을 推演하여 말하기를 義란 天理의 公이며, 利란 人欲의 私입니다. 天理를 따르면 利를 구하지 않더라도 절로 利롭지 않은 것이 없으나 人欲을 따르면 利를 구하더라도 얻을 수 없을 뿐만 아니라 도리어 害를 당하게 된다고 하였습니다.[3]

위의 글에서 초점은 利를 따름으로써 害를 당하지 말고 반드시 義를 따라야 한다는 데에 있는 것으로 보인다. 義를 따름으로써 모든 것이 절로 利롭게 되는 것은 자연의 법칙이겠지만, 그렇다고 그 利를 염두에 두고 義를 추구하는 것은 바람직하지 않을 것이다. 이예는 자진하여 대마도로 잡

---

[3] 『宋子大全』, 卷19, 歲正陳戒請宥羅良佐疏(戊辰 정월).
1787년 운관본 『우암집』의 본집·별집과 『경례문답』·부록·연보 등과 황강본을 대본으로 교정·첨삭하여, 『주자대전』 편찬방식에 따라 엮었다.

혀 가면서 전혀 일신의 안위를 돌보지 않았으니, 구차하게 利를 좇기보다는 義를 바라며 죽음을 각오하였을 것이다. 그러나 전혀 예상하지 않았던 결과가 나타나서 이예는 중인의 신분에서 사대부의 신분으로 승격하게 되었다. 이것이 天理를 따르면 구하지 않는데도 절로 利롭게 된다고 하는 위의 개념에 좋은 예를 제공한다고 볼 수 있겠다. 위 시의 마지막 연에서 시인 김수온이 말하려 한 利와 義의 두 길이지 않나 하고 생각된다.

2. 이예의 졸기

조선왕조 500년을 기록한 왕조실록에 수록된 졸기는 모두 2,126건이다. 그러나 당시 실록의 편수(編修)과정에서 중복된 것을 제외하면 약 2,000건의 졸기가 수록되어 있는 셈이다. 500년 조선역사상 졸기가 왕조실록에 수록된 사람은 2,000인에 불과하다는 것이다. 졸기의 길이는 사람에 따라 크게 달라진다.

"어떤 벼슬의 어떤 사람이 졸(卒)하였다"로만 끝나는 졸기도 상당히 많다. 예를 들면 권우의 졸기(세종1년 3월 14일)가 그러하다.

예문제학(藝文提學) 권우(權遇)가 졸(卒)하였다.

신열의 졸기(세종즉위년 11월 14일)는 조금 더 긴 편이다.

판안변부사(判安邊府事) 신열(辛悅)이 임소(任所)에서 죽었다. 관(棺)이 서울을 지나가므로 임금께서 명하여 제(祭)를 내리게 하였다.

이렇게 짧은 졸기라도, 적어도 그 사람이 사망일에 대헤서는 왕조실록의 권위로 확실히 뒷받침된다는 사실에 있어서는 장문의 졸기와 다를 바가 없다. 이들도 왕조실록에 의해 사망일이 공인된 2,000명의 조선인에 포함되는 것이다.

이예가 주로 활동하던 세종代에 정사(正使) 혹은 부사(副使)로 일본에 파견되었던 외교관은 모두 13인이다. 이들을 파견시기순으로 나열해 보자: 이예(73), 송희경(25), 박희중(27), 박안신(154), 박서생(40), 김구경(22), 고득종(95), 윤인보(41), 윤인소(9), 모순(27), 강권선(25), 조휘(11), 피상의(23). 괄호 안에는 왕조실록에 실려 있는 기사의 숫자를 표시하였다. 이 13인 중에 졸기가 실려 있는 사람은 이예와 박안신의 두 사람에 지나지 않는다.

세종 21년에 일본국왕에게 파견되었던 고득종은 한성부윤, 지중추원사의 벼슬에까지 올랐으나 졸기는 없다. 세종 10년에 이예와 함께 일본국왕에게 파견되었던 박서생은 조말생, 김구경 등과 함께 태종 7년에 과거에 급제하였다는 내용으로 왕조실록에 처음 등장하여 大司成, 안동부사, 병조참의라는 벼슬에까지 올랐다. 그러나 그의 졸기는 실려 있지 않다. 세종 6년에 이예와 함께 일본국왕에게 파견되었던 박안신은 사헌부 대사헌, 예문대제학(藝文大提學), 황해·충청·전라·평안감사, 형조판서, 공조판서, 이조판서를 지낸 중신이었다. 그의 졸기(세종 29년 11월 9일)를 살펴보자.

예문관 대제학 박안신(朴安臣)이 졸(卒)하였다. 안신(安臣)의 자(字)는 백충(伯忠)이요, 상주(尙州) 사람인데 판사재시사(判司宰寺事) 박문로(朴文老)의 아들이다. 과거에 올라 사관(史官)에 보직되고, 무자년에 사간원 좌정언을 제수받았다. 대사헌 맹사성(孟思誠)과 함께 목인해(睦仁海)의 사건을 다스리다가 태종(太宗)의 뜻에 거슬려 극형을 받게 되었으나, 사성(思誠)에게 말하기를,

"죽고 사는 것은 명(命)에 있으니 무얼 근심하고 무엇을 두려워하리오" 하고, 시(詩)를 지어 벽 뒤에 썼다. 여러 번 옮겨 사헌 집의가 되고 판선공감사(判繕工監事)가 되었다. 갑진년에는 일본(日本)에서 사신을 보내어 와서 대장경판(大藏經板)을 청하였다. 국가에서 허락하지 않고 안신(安臣)을 보내어 회례사(回禮使)를 삼고 예물과 불경(佛經) 두어 권을 보내었다. 그 지경에 이르니 일본왕이 국가에서 대장경판을 허락하지 않았다는 말을 듣고 거절하여 들이지 않고, 오직 불경만 들이는 것을 허락하였다. 안신(安臣)이 치서(馳書)하여 교린(交隣)의 뜻으로 타이르니, 그제서야 예접(禮接)을 허락하였다. 돌아올 때에 일기도(一岐島)에 이르니, 우리와 원망이 있는 한 왜인이 사신의 배를 향하여 보복하려 하였다. 안신이 곧 배에 올라 적에게 이르기를, "고금으로 어찌 사신을 죽이는 사람이 있는가" 하니, 적이 마침내 범하지 못하였다. 돌아와 사간원 우사간 대부(右司諫大夫)가 되고, 공조·예조·병조 참의와 병조·예조·형조·공조·이조 참판과 사헌부 대사헌과 황해·충청·전라·평안도 감사를 거치고, 기미년에 형조 판서를 제수하고, 명년에 의정부 우참찬에 옮기고, 임술년에 공조 판서로 나이가 많아 물러가기를 청했으나 윤허되지 않고 이조 판서에 발탁되고, 갑자년에 예문 대제학(藝文大提學)에 옮기었다. 이때에 이르러 죽으니 나이 79세였다. 조회를 2일 동안 정지하고 조의(弔儀)와 부의(賻儀)를 내렸다. 안신의 성품은 강하고 과감하고 담론(談論)을 잘하고 집을 다스리는 것이 검소하였다. 시호(諡號)를 정숙(貞肅)이라 하였으니, 곧은 도리로 흔들리지 않는 것이 정(貞)이요, 마음을 잡아서 결단하는 것이 숙(肅)이다. 아들은 박이창(朴以昌)·박이령(朴以寧)이다.

이제 이예의 졸기(1445년: 세종 27년 2월 23일)를 살펴보자.

동지중추원사(同知中樞院事) 이예(李藝)가 졸(卒)하였다. 예는 울산 군의 아전이었었는데, 홍무(洪武) 병자년(註: 1397년; 태조 6년; 25세) 12월에 왜적 비구로고(非舊老古) 등이 3천 명의 군사를 거느리고 항복(降服)을 청하거늘, 경상도 감사가 지울산군사(知蔚山郡事) 이은(李殷)을 시켜서 관(館)에서 접대를 맡아 보게 하고, 사실을 갖추어서 위에 알리니, 조정의 의논이 분분하여 오랫동안 결정짓지 못하고 있는데, 동래의 어느 중이 왜적에게 이르기를,
"관군(官軍)이 바다와 육지에서 양쪽으로 공격하려고 한다."
하니, 왜적이 그 말을 믿고 노하여 은(殷)과 및 전 판사(判事) 위충(魏冲)을 사로잡아 가지고 돌아간지라, 울산의 여러 아전들은 모두 도망하여 숨었는데, 예(藝)가 기관(記官) 박준(朴遵)과 더불어 관아에서 쓰는 은(銀)으로 만든 술 그릇을 가지고 왜적의 배 뒷 행비에 붙어 타고 바다 가운데까지 뒤쫓아 가서 은과 같은 배에 타기를 청하니, 적이 그 정성에 감동하여서 이를 허락하였다. 대마도에 이르러서 적들이 은 등을 죽이려고 의논하였는데, 예가 은에게 들고나는 데에 여전히 아전의 예절을 지키기를 더욱 깍듯이 하는지라, 보는 자들이 말하기를, "이 사람은 진짜 조선의 관리이다. 이를 죽이는 것은 좋지 못한 일이다" 하였고, 예도 또한 그 은그릇으로 비구로고 등에게 뇌물을 주어서 죽음을 면하고 대마도의 화전포(和田浦)에 유치되었는데, 거기 있은 지 한 달 만에 비밀리에 배를 준비하여서 도망쳐 돌아올 계획을 세우던 중에, 때마침 나라에서 통신사 박인귀(朴仁貴)를 보내어 화해하게 되어서, 이듬해 2월에 은과 함께 돌아왔다. 나라에서 이를 가상히 여기어 예에게 아전의 역(役)을 면제시키고 벼슬을 주었다. 당초에 예가 8세(註: 1380년) 때 모친이 왜적에게 포로가 되었었

는데, 경진년(註: 1400년; 태종 즉위년; 28세)에 조정에 청하여 회례사(回禮使) 윤명(尹銘)을 따라서 일본의 삼도(三島)에 들어가서 어머니를 찾았는데, 집집마다 수색하였으나 마침내 찾지 못하였다. 처음에 대마도에 가니 도주(島主) 영감(靈鑑)이 사건으로서 명(銘)을 잡아 두고 보내지 않으니, 예가 대신하여 예물을 받아 가지고 드디어 일기도(一岐島)에 있던 지좌전(志佐殿)과 통하여 사로잡힌 사람들을 돌려 보내 달라고 청하고, 또 도적을 금하게 하였다. 신사년(註: 1401년; 태종 1년; 29세) 겨울에는 예물을 가지고 일기도로 가는데, 대마도에 이른즉, 마침 영감(靈鑑)은 귀양가고 섬 안이 소란하여서 타고 간 배를 잃어버리고서, 가까스로 일기도에 도달하여 포로된 50인을 찾아서 왜인 나군(羅君)의 배를 빌어 싣고 돌아왔는데, 그 공으로 좌군 부사직(左軍副司直)에 제수되고, 나군에게 쌀 3백 섬을 주었다. 이때부터 경인년(註: 1410년; 태종 10년; 38세)까지 10년 동안에 해마다 통신사(通信使)가 되어 삼도(三島)에 왕래하면서 포로 5백여 명을 찾아 왔다. 여러 번 벼슬을 옮겨서 호군이 되었으며, 병신년(註: 1416년; 태종 16년; 44세)에 유구국(流球國)에 사신으로 가서 또 40여 인을 찾아왔고,[4] 임인(註: 1422년; 세종 4년; 50세), 갑진년(註: 1424년; 세종 6년; 52세)에 회례사(回禮使) 박희중(朴熙中), 박안신(朴安信)의 부사(副使)가 되어 일본에 들어가서 전후에 찾아온 사람이 70여 인이어서 대호군(大護軍)에 올랐다. 계축년(註: 1433년; 세종 15년; 61

---

[4] 유구국은 지금의 일본의 오기니와에 해당하며 당시에는 완전한 독립국이었다. 1609년에 독립국으로서의 지위를 잃었으며, 1879년에 공식적으로 일본 영토로 편입되었다. 그리고 대마도 등 지방호족은 상당 수준의 독립성을 유지하고 있었다. 풍신수길의 일본통일과 덕천막부의 성립 이전에는 일본 중앙권력이 대마도 등 지방호족까지 잘 미치지 못하여 왜구가 창궐하여도 이를 효과적으로 제어하지 못하였다.

세)에 또 일본에 다녀와서 그 공로로 상호군(上護軍)에 가자(加資)하고, 드디어 첨지중추원사(僉知中樞院事)에 임명되었다. 계해년(註: 1443년; 세종 25년; 71세)에는 왜적이 변방에 도적질하여 사람과 물건을 약탈해 갔으므로 나라에서 사람을 보내서 찾아오려 하니, 예가 자청하여 대마도 체찰사(對馬島體察使)가 되어 포로 7인과 도적질한 왜인 14인을 찾아서 왔으므로, 동지중추원사(同知中樞院事)에 승진되었다. 왜국에 사명(使命)으로 가기가 무릇 40여 차례였으며, 향년이 73세(註: 1445년; 세종 27년)이었다.

위에서 본 바와 같이, 이예가 사망하였을 때에 실록은 공식적인 조정의 기록으로서 이예의 일생을 조망하였다. 이예 졸기의 특징은 우선 그 분량이 많으며 종합적이고 입체적으로 이예의 일생을 묘사하고 있다는 점에 있다. 졸기에서 묘사된 이예의 일생은 〈표 1〉과 같이 분석할 수 있다. 이제 이예의 일생에서 발견되는 몇 가지 특징에 대해 알아보자.

1) 활동시기: 1373~1445년

이예의 졸기는 세종 27년 2월 23일 정묘條의 기사로 실려 있다. 여기서 우리는 이예의 활동시기에 관해 중요한 정보를 얻게 된다. 즉 이예의 졸년월일이 세종 27년 2월 23일이라는 조정의 공식 기록이다. 세종 27년은 1445년에 해당한다. 졸기의 말미에 가서 향년 73세라는 기록이 나오는데, 이를 통해 역산하면 이예의 생년이 1373년(고려 공민왕 22)이라는 사실을 알 수 있다. 그러나 이예의 생년 외에 생월일에 대한 정보는 얻을

---

5) 두 아들 중 이종근은 졸기에 기록되어 있지 않은데, 전북대학교 한문종 교수는 졸기가 작성된 1445년 이전에 이종근이 사망했기 때문일 것으로 추정한다. 이종실은 통신사 사행 중 1459년에 사망한 것으로 실록에 기록되어 있으나 이종근의 사망연대는 밝혀져 있지 않다.

〈표 1〉 졸기에서 묘사된 이예의 일생

졸기 내용	주요사항 및 벼슬	시기	쇄환 포로의 수
세종 27년 2월 23일	활동시기 생년: 1373년 졸년월일: 1445년 2월 23일(세종27; 73세)		
동지중추원사 이예가 졸하였다.	사망時 벼슬: 동지중추원사(종2품)		
예는 울산군의	출신지역: 울산군		
아전이었는데	출신계급: 아전(중인계급)		
홍무 병자년 12월에 ~ 면제시키고 벼슬을 주었다.	피랍사건	1397년(태조 6;25세) 2월에 납치되어 1398년(태조 7; 26세) 2월 28일에 귀환 벼슬길에 오른 계기	
당초에 예가 8세 때 모친이 왜적에게 포로가 되었었는데,	어머님이 왜적에게 납치당함	1380년(고려우왕 6년)	
경진년에 ~ 마침내 찾지 못하였다.	어머님을 찾으러 일본에 갔으나 실패함	1400년(태종즉위; 28세)	
처음에 대마도에 ~ 도적을 금하게 하였다.	회례사를 대신하여 외교업무 수행	1400년(태종즉위; 28세)	
신사년 겨울에는 ~ 포로된 50인을 찾아서 ~ 좌군부사직에 제수되고 ~ 주었다.	회례사로 향일 좌군 부사직(종5품)	1401년(태종1; 29세)	50명
이때부터 경인년까지 ~ 포로 5백여 명을 찾아 ~ 호군이 되었으며,	10년 간 해마다 통신사로 향일·호군(정4품)	1401년(태종1; 29세) ~ 1410년(태종10; 38세)	500여 명
병신년에 유구국(流球國)에 사신으로 가서 또 40여 인을 찾아왔고,	통신관으로 향일	1416년(태종16; 44세)	40여 명
임인, 갑진년에 ~ 일본에 들어가서 전후에 찾아온 사람이 70여 인이어서 대호군에 올랐다.	회례부사로 2회 향일 대호군(종3품)	임인년: 1422년(세종 4; 50세) 갑진년: 1424년(세종 6; 52세)	70여 명
계축년에 ~ 상호군에 가자(加資)하고, 드디어 첨지중추원사에 임명되었다.	회례사로 향일 상호군(정3품下) 침지중추원사(정3품上)	1432년(세종14; 60세)에 파견되어 1433년(세종15; 61세)에 귀환함	
계해년에는 ~ 대마도 체찰사가 되어 포로 7인 ~ 동지중추원사에 승진되었다.	대마도체찰사로 향일 동지중추원사(종2품)	1443년(세종25; 71세)	7명
왜국에 사명(使命)으로 가기가 무릇 40여 차례였으며,	使行의 回數: 40여 회 향년: 73세	1445년(세종27; 73세)	
향년이 73세이었다. 아들은 이종실[5]이었다.	자녀: 이종실		

수 없다.

2) 사망時 벼슬: 종2품 동지중추원사(同知中樞院事)

졸기에 의하면 이예의 사망 당시 벼슬은 동지중추원사(同知中樞院事)였다. 조선시대 관직의 정식 명칭은 품(品), 계(階), 사(司), 직(職)으로 이루어진다. 예를 들어 영의정(領議政)의 정식 명칭은, 정1품(品) 대광보국숭록대부(大匡輔國崇祿大夫)(階) 의정부(議政府)(司) 영의정(領議政)(職)이다.

품(品)은 관직의 높고 낮음을 나타내는 기준이다. 관직을 1품에서 9품까지 9단계로 나누고 각 품을 정(正), 종(從)으로 나누어 정1품에서 종9품까지 18단계로 나누었다. 그리고 정1품에서 종6품까지의 12단계에서는 이를 각각 上·下의 2단계로 나누었으므로 이를 합치면 24단계가 된다. 이에 정7품에서 종9품까지의 6단계를 합치면 모두 30단계가 된다. 정1품에서 정3품上까지는 당상관(堂上官), 정3품下에서 종4품까지는 당하관(堂下官), 정5품부터 종6품까지는 참하(參上), 정7품부터 종9품까지는 참하(參下)라 하여 구분했다.

각 品에 해당하는 階의 명칭은 미리 일정하게 정해져 있으므로 階를 보면 자동적으로 품을 알 수 있게 되어 있다. 예를 들어 정1품은 대광보국숭록대부(大匡輔國崇祿大夫), 상보국숭록대부(上輔國崇祿大夫), 보국숭록대부(輔國崇祿大夫); 종1품은 숭록대부(崇祿大夫), 숭정대부(崇政大夫); 정2품은 정헌대부(正憲大夫), 자헌대부(資憲大夫); 종2품은 가정대부(嘉靖大夫), 가선대부(嘉善大夫)로 정해져 있다. 정1품에서 종2품까지는 문관인가 무관인가에 관계없이 職의 명칭이 동일하다. 그러나 정3품에서 종9품까지는 같은 品이라도 문관인가 무관인가에 따라 職의 명칭이 달라진다.

司라고 하는 말은 현대 정부기관의 部處에 해당한다. 문관의 司로는

議政府, 司憲府, 司諫院, 兵曹, 戶曹, 弘文館, 藝文館 등이 있었다. 무관의 司로는 中樞院, 訓練院, 內禁衛, 御營廳 등이 있었다. 중추원은 광화문 앞 예조의 남쪽에 위치했으며, 영사 1인, 판사 2인, 지사 6인, 동지사 7인, 첨지사 8인 등 많은 관원이 있었다. 조선개국 초기에는 왕명(王命)의 출납, 병기(兵機), 군정(軍政), 숙위(宿衛), 경비(警備) 등의 군국요무(軍國要務)를 관장하였다. 그러나 군무를 관장하는 삼군부, 그리고 왕명의 출납을 맡은 승정원이 설치되면서부터는 중추원의 권한이 줄어들었다. 이에 따라 중추원은 특별한 소임이 없는 문·무 당상관을 보임하는 기관으로 변해 갔다. 중추원에는 領事(영의정이 겸임), 判事, 知事, 同知事, 僉知事, 經歷, 都事 등의 관직을 두었다. 중추원은 이예가 사망한 지 21년이 지난 1466년(세조 12)에 중추부로 그 명칭이 바뀌었다.

職이라고 하는 말은 현대 정부공무원의 職位에 해당한다. 同知事라는 職은 현대의 차관보에 해당하며, 따라서 同知中樞院事는 '중추원 담당 차관보'를 뜻하게 된다. 同知事는 종2품으로서, 정3품인 병조판서의 바로 아래에 위치하는 병조참판과 같은 직위이다. 사헌부의 대사헌도 종2품에 해당한다. 이를 京官職이 아닌 外官職과 비교하면, 慶尙道 兵馬節度使 및 水軍統制使도 동일한 종2품의 직위이다. 同知事는 현재의 도지사에 해당하는 慶尙道 觀察使와도 같은 직위이다. 지방관으로는 관찰사(종2품)가 가장 높았고 그 관할下에 府尹(종2품), 大都護府使(정3품), 牧使(정3품), 都護府使(종3품), 郡守(종4품), 縣令(종5품), 縣監(종6품) 등의 수령이 있었다.

졸기는 이예의 마지막 벼슬을 동지중추원사(同知中樞院事)로 밝히고 있다. 이는 品으로는 종2품에 해당한다. 階는 생략되어 있으나 종2품에 해당하는 嘉靖大夫 혹은 嘉善大夫 중 하나였을 것이다. 司는 중추원인데, 이예가 활동할 당시에는 중추부를 중추원으로 불렀다. 職은 동지사(同知事)였다. 지사(知事)는 정2품이지만 여기에 '同'을 붙이면 종2품의 職으로 되는 것이다. 여기서도 同知와 事를 떼어서 그 사이에 中樞院(司)을 넣어 同知中樞院事(職 및 司)로 표현한 것이다. 이제까지의 논의를 종합하면, 사망 당시 이예의 벼슬의 정식명칭은 從2品 가선대부(嘉善大夫) 동지중추원사(同知中樞院事), 혹은 從2品 가정대부(嘉靖大夫) 동지중추원사(同知中樞院事)였다고 판단된다.

이예는 1910년(융희 4) 7월 30일에 조정으로부터 諡號를 받았다. 종2품 이상의 실직(實職)을 지낸 문·무관이나 종친은 사망 후에 시호를 받을 수 있었다. 諡號는 영예로운 표창으로 인식되었으며 죽은 이뿐 아니라 그 자손 일족의 명예로 간주되어 존중받았다. 시호를 받으려면 먼저 사망자의 자손이나 지방수령이나 유림 등 관계자들이 죽은 이의 공적 등을 적은 시장(諡狀)을 예조에 제출해야 한다. 예조는 이를 홍문관에 보내어 諡號를 정하게 되며 마침내 임금의 교지(敎旨)를 통해 諡號가 부여된다. 敎旨는 조선시대에 정4품 이상의 신하에게 벼슬을 내리는 사령장(辭令狀)이었으며, 諡號도 敎旨를 통해 내려졌던 것이다. 1897~1910년 간 존속하였던 대한제국 당시에는 敎旨라는 말이 없어지고 칙령(勅令)이라는 말로 대체되었다. 이에 따라 이예의 諡號를 내리는 조정의 문서도 勅令으로 표기되어 있다.

이예가 시호를 받은 칙명에는 이예의 벼슬이 자헌대부(資憲大夫)(職) 지중추부사(知中樞府事)(職 및 司)로 되어 있다. 階는 자헌대부(資憲大夫), 司는 중추부(中樞府), 職은 지사(知事)였다. 品은 정2품에 해당하나 여기서는 생략되었고, 知事(職)의 두 글자를 떼고 그 사이에 中樞府(司)를 넣어 知中樞府事(職 및 司)로 표현한 것이다. 칙명에는 세자좌빈객(世子左賓客)이라는 또 하나의 벼슬이 기재되어 있는데, 이는 世子侍講院이라는 司에 속하는 職이었다. 世子侍講院은 문반에 속하는 司로서 世子에 대한 侍講(공부시킴)을 주관하였으며, 師(영의정이 겸임), 傅(좌·우의정이 겸임), 貳師, 左賓客, 右賓客, 左副賓客, 右副賓客 등의 관직을 두었다.

중추부(中樞府)의 지사(知事)와 세자시강원(世子侍講院)의 좌빈객(左賓

客)은 모두 정2품에 해당한다. 그러나 이예의 사망 당시 벼슬은 이보다 한 品이 낮은 종2품으로서 중추원(中樞院)의 동지사(同知事)였다. 이예가 정2품의 벼슬로 승진했다는 기록이 왕조실록에 없는 것으로 보아 사망 후에 追贈된 것으로 생각되나, 그 계기와 시기 등에 대해서는 알려져 있지 않다. 이에 대해서는 좀더 연구가 필요할 것으로 판단된다.

본고를 준비하는 과정에서 『東國諡號』라는 고문서를 접하게 되었는데, 이예가 시호를 받는 과정에서의 절차를 더 잘 알려 주는 자료로 판단된다. 이예와 관련해서는 지금까지 알려지지 않았던 자료이므로 본고에서 이를 보고하고자 한다. 이 자료의 서지사항은 다음 표와 같다.

서명	東國諡號
한글서명	동국시호
대표서명	表題(표지제목)에 의함
표지제한글(한자)	동국시호(東國諡號)
편저자한글(한자)	미상(編者未詳)
간행년(서기력)	1910-*
간행년(왕력)	隆熙 4(1910) 後寫
간행처	미상
언어	한문
판사항	寫本
종이재질	紙質: 楮紙
형태서지	a 장정, 분량: 線裝, 1冊(42張, 餘紙 15張) b 삽도, 판식: 四周雙邊, 半郭 25.5 × 18.2cm, 烏絲欄, 半葉 7行字數不定, 註雙行, 無魚尾 c 크기(세로×가로): 34 × 24.4cm
내용주기	文中: 花原君李擃諡號望隆熙四年(1910) 八月二十五日議諡
인기	印: 藏書閣印
청구기호	K2-1737
등록번호	41013804
소장처	한국정신문화연구원
MF NO	MF35-1956
주제분류	史部, 傳記, 系譜

『동국시호』는 1910년에 시호를 받았던 110명의 왕실종친과 문무신하들에게 내린 시호를 정리 수록한 책이며, 1910년에 발간되었다.[6] 이예는 110명의 수시인(受諡人) 중의 한 명이며, 이예 관련 기사는 다음과 같다.

> 故知中樞府事李藝諡號望 隆熙二年十月二十一日議諡卿趙同熙典製官尹喜求進參
> 忠肅 慮國忘家曰忠執心決斷曰肅　　落點
> 憲敏 行善可記曰憲應事有功曰敏
> 毅肅 剛而能斷曰毅執心決斷曰肅

시호를 받기 위해서는, 諡狀을 지어 예조에 올리면 예조에서 검토하여 奉常寺로 보낸다. 봉상시(奉常寺)에서는 수시인(受諡人)의 행적에 합당하다고 생각되는 시호를 복수로 가려 낸다. 이를 집시(集諡)라고 한다. 이를 다시 예조(禮曹)에 신보(申報)하면 예조는 이를 의정부(議政府)에 전보(傳報)한다. 의정부에서는 그 중에서 가장 합당한 시호 셋, 즉 수망(首望), 부망(副望), 말망(末望)을 가려 낸다. 이를 의시(議諡)라고 한다. 셋 중에서 하나를 왕이 낙점(落點)하는 절차가 끝나면 예관(禮官)이 파견되어 시호를 하사하는 선시(宣諡) 행사가 이루어졌다.

위 기사에는 수망(首望)인 忠肅, 부망(副望)인 憲敏, 말망(末望)인 毅肅의 3望을 조정에 올려, 임금이 수망(首望)인 忠肅을 이예의 시호로 낙점(落點)하였다는 사실이 나타나 있다. 또 의시(議諡)의 책임은 趙同熙가 맡았으며 典製官은 尹喜求였다는 사실도 알 수 있다. 시호 문자의 뜻풀이에 해당하는 시주(諡註)는 「慮國忘家」 및 「執心決斷」이었다. 1908년(융희 2)

---

6) 국사편찬위원회, 한국역사정보통합시스템 참조.

10월 21일에 의시(議諡)를 마쳤다는 사실도 흥미롭다. 증시(贈諡)가 이루어진 1910년(융희 4) 7월 30일까지는 약 1년 9개월이 걸린 셈이다.

이예의 시호에 대해서는 매천(梅泉) 황현(黃玹)이 지은 『매천야록(梅泉野錄)』에서도 언급되어 있음을 본다. 이 책은 1864년에서 1910년까지 47년 간의 역사를 서술한 것이다.[7] 이 시기는 안으로는 개화와 척사가 갈등하면서 밖으로는 외세의 침략과 망국의 길로 접어든 시기였다. 이 책의 제6권 隆熙 4년 庚戌(1910년)년 항에는 '40. 宋翼弼 외 25명의 諡號' 라는 기사가 있는데, 여기서 이예의 시호에 대한 언급이 나온다. 그동안 이예에 대한 연구가 활발하지 못했던 까닭인지, 이 기사는 지금까지는 이예와 관련한 자료로 알려져 있지 않았던 것으로 보인다.

> 宋翼弼, 李仲虎, 李象靖 등의 시호는 文敬, 崔淑生의 시호는 文貞, 李藝의 시호는 忠肅, 尹承勳의 시호는 文肅, 魚有龜의 시호는 翼獻, 閔濟章과 千萬里 등의 시호는 忠壯, 李穰의 시호는 忠愍, 徐命瑞의 시호는 貞簡, 權正忱 과 崔益男의 시호는 忠憲, 李象秀와 奇正鎭 등의 시호는 文簡이라 하고, 韓章錫의 시호 孝文은 文簡으로 바꾸었다.

3) 출신지역: 울산군

졸기는 "이예는 울산군의 아전이었는데…"라는 말로 이예의 출신지역을 나타내고 있다. 앞으로 설명하겠지만 당시 아전은 대체로 대대로 그 지역에 살고 있는 토호 집안 출신이 많았으므로, 이예가 울산군 출신이라는 점에 대해서는 의문이 없을 것으로 생각된다. 한편, 『신증동국여지승람』의 "울산군"條의 '인물' 項은 울산군의 인물로 고려태조 당시의 박윤웅(朴允雄)과 조선조의 이예(李藝) 두 사람을 들고 있다.[8] 이예가 사망한

---

[7] 黃玹, 『梅泉野錄』, 한국사료叢書 총1권, 국사편찬위원회, 1990.

1445년으로부터 100년이 지나기 전에, 그만큼 이예는 울산을 대표하는 가장 중요한 인물로 부각되어 있었던 것이다.

> 고려의 박윤웅(朴允雄)은 태조(太祖)를 도와 공이 있었고, 군(郡)을 승격시켜서 흥려부(興麗府)를 삼았으니, 고려를 일으킨 것을 말한 것이다. 본조의 이예(李藝)는 본군의 아전이다. 지군(知郡) 이은(李殷)과 함께 모두 왜인에게 사로잡혀서 일본에 갔었는데, 이은을 섬기기를 본국 고을에 있을 때와 같이 하니, 왜인이 그 예의가 있는 것에 감동하였다. 모두 석방되어 돌아와서 아전의 役을 면했다. 뒤에 벼슬이 첨지중추원사에 이르렀다.

『세종실록지리지』에 의하면 고려시대 이래 1413년(조선 태종 13)까지 蔚州로 부르다가 이때에 와서 蔚山으로 지명을 바꾸었다. 『세종실록지리지』(세종150지리지: 경상도/경주부/울산군條)를 통해 울산군에 대해 좀 더 자세히 알아보자.

> 울산군은 경상도 경주부에 속한 1개 도호부, 5개 군, 10개 현의 하나였다. 경주부의 관할은 도호부가 1이니, 밀양(密陽)이요, 군(郡)이 5이니, 양산(梁山)·울산(蔚山)·청도(淸道)·흥해(興海)·대구(大丘)이며, 현(縣)이 10이니, 경산(慶山)·동래(東萊)·창녕(昌寧)·언양(彦陽)·기장(機張)·장기(長鬐)·영산(靈山)·현풍(玄風)·영일(迎日)·청하(淸河)이다.

---

8) 조선왕조는 맹사성과 신색 등 학자들에게 1481년(성종 12)에 인문지리서인 『동국여지승람』을 편찬하게 했으며 이를 증보하여 50년 후인 1531년(중종 26)에 『신증동국여지승람』을 편찬하였다.

울산군(蔚山郡)은 본디 굴아화촌(屈阿火村)인데, 신라 파사왕(婆娑王)이 현(縣)을 설치하였고, 경덕왕이 이름을 하곡(河曲)으로 고치고 임관군(臨關郡)의 영현(領縣)으로 삼았다. 고려에서 울주군(蔚州郡)으로 고쳤다. 태조 6년에 진(鎭)을 설치하고 병마사(兵馬使)로서 지주사(知州事)를 겸하게 하였는데, 태종 13년에 진(鎭)을 폐지하고 지울산군사(知蔚山郡事)로 고치고, 세종 8년에 영(營)을 폐지하고 다시 진(鎭)을 두어 병마첨절제사(兵馬僉節制使)로서 지군사(知郡事)를 겸하게 하였다.

위에서 지주사(知州事) 및 지군사(知郡事)라 함은 각각 군수(郡守)와 같은 뜻이다. 지명이 울주(蔚州)일 때에는 주(州)의 知事라는 뜻으로 知州事라 하고, 蔚을 중간에 넣어 知蔚州事라고 했다. 지명이 울산군(蔚山郡)일 때에는 郡의 知事라는 뜻으로 知郡事라 하고, 蔚山을 중간에 넣어 知蔚山郡事라고 했던 것이다. 따라서 울산군수의 명칭은 고려시대 이래 1413년(조선 태종13)까지 知蔚州事였다가 그 후부터는 知蔚山郡事라고 했다.

울산군의 경계에 대한 지리지의 기록은 다음과 같다.

사방 경계는 동쪽으로 경주(慶州)와 바다에 이르기 31리, 서쪽으로 언양(彦陽)에 이르기 27리, 남쪽으로 기장(機張)에 이르기 59리, 북쪽으로 경주 관문(慶州關門)에 이르기 24리이다.

현재 울산광역시는 동쪽으로 동해바다, 서쪽으로 밀양·청도, 남쪽으로 기장(機張), 북쪽으로 경주와 접하고 있다. 이에 의하면『세종실록지리지』당시의 울산군은 울주군, 남구, 동구, 중구, 북구로 구성된 지금의 울산광역시와 대략 일치한다. 울산군의 인구 및 토성(土姓)에 대한 지리지의 기록은 다음과 같다.

호수는 1천 58호, 인구가 4천 1백 61명이며, 군정(軍丁)은 시위군(侍衛軍)이 16명, 진군(鎭軍)이 1백 16명, 선군(船軍)이 3백 68명이다. 토성(土姓)이 9이니, 박·김·이·목(睦)·전(全)·오(吳)·윤(尹)·문(文)·임(林)이며, 서울에서 온 성[京來姓]이 2이니, 황(黃)·허(許)이요, 갑화(甲火)의 성이 2이니, 박(朴)·김이다.

여기서 甲火는 당시 울산군에 있던 천민계층의 집단거주지인 部曲의 이름이다. 그러나 『신증동국여지승람』의 「성씨」條에서는 박(朴)·김(金)·이(李)·육(陸)·목(睦)의 5姓을 토성(土姓)이라 하고 전(全)·오(吳)·윤(尹)·문(文)·임(林)·정(鄭)·황(黃)·허(許)의 8姓은 모두 경래성[京來姓]이라고 기술하고 있어 다소의 차이가 있다. 두 자료가 모두 토성(土姓)으로 인정하는 姓은 박(朴)·김(金)·이(李)·목(睦)의 4姓뿐이다.

4) 학성(鶴城): 울산의 별호(別號)

울산군의 별호(別號)인 학성(鶴城)은 고려 때에는 상당히 널리 사용되었던 것으로 추정된다. 예를 들어 오연지(吳延祉)는 고려 충숙·충혜왕 때 사람이었는데, 충직항절로 인해 울산으로 유배되었고 뒤에 그 인연으로 학성군(鶴城君)에 추봉되었다. 이를 보아도 울산을 학성(鶴城)으로 인식하는 경향이 상당히 널리 퍼져 있었던 것을 짐작할 수 있다. 지리지에는 울산군의 별호(別號)를 공화(恭化), 또는 학성(鶴城)이라고 소개하고 있다. 이에 대해 지리지는 다음과 같이 기록한다.

> 울산군의 정(呈)에 일컫기를, "본디 계변성(戒邊城)인데, 신라 말기에 학(鶴)이 와서 울기 때문에 신학성(神鶴城)이라 고쳤고, 고려 태조 때에 고을 사람 박윤웅(朴允雄)이 큰 공이 있어서, 하곡(河曲)·동진(東津)·우풍(虞風) 등의 현(縣)을 병합하여 흥려부(興麗府)를 설치하였

는데, 뒤에 낮추어서 공화현(恭化縣)이라 하고, 또 고쳐서 지울주사
(知蔚州事)로 하였다"고 하나, 『삼국사(三國史)』와 『고려실록(高麗實
錄)』에는 기재되지 아니하였으니, 그 옳고 그름을 자세히 알 수 없다.

고산자 김정호가 지은 『대동지지(大東地志)』의 「군명」條에서는 鶴城이
라는 지명이 고려 성종 때에 지어졌다고 명기하고 있다. 또, 『신증동국여
지승람』의 「누정」條에서는 鶴城에 대해 다음과 같이 기술하고 있다.

김극기(金克己)의 시서(詩序)에 이르기를, "계림으로부터 남쪽으로
가서 물이 돌고 산이 바뀌어 하루 해를 다 가면 바닷가에 이르러 부
(府)가 있으니 이곳을 흥례(興禮)라고 한다. 세상에서 전하기를, 계변
천신(戒邊天神)이 학을 타고 신두산(神頭山)에 내려와서 사람의 수록
(壽祿)을 주장했다 하여 혹 이곳을 학성(鶴城)이라 한다고 한다.

5) 출신계급: 아전 (중인계급)

졸기는 "이예는 울산군의 아전이었는데…"라는 말로 이예의 출신계급
을 나타내고 있다. 이예는 鶴城李氏의 시조이며, 그 선계(先系)에 대해서
는 공식적으로 알려진 바가 없다. 학성이씨 문중의 전승에 의하면 이예의
부친과 조부는 고려말의 왕조교체기에 불사이군의 절개를 지키다 조선
왕조의 미움을 산 사대부의 신분이었다고 한다. 그러나 이를 입증할 만한
사료는 아직 발견되지 않는다.

그런데 아전이라는 계급의 사회적 지위는 고려와 조선에 있어 상당한
차이가 있었다. 태조 이성계가 조선을 건국한 1392년에 이예는 20세의
청년이었다. 73세를 일기로 졸하였으니, 이예는 20세까지는 고려인으로
살고 그로부터 73세까지는 조선인으로 살았던 것이다. 따라서 이예가 활
동했던 당시 아전 계급의 사회적 지위에 대해서는 고려와 조선을 각각 고

찰할 필요가 있다.

(A) 고려의 아전과 향리

고려의 신분제도는 왕족과 고위관료로 구성된 귀족계급; 아전과 하급 장교 등으로 구성된 중간계급; 농민과 수공업자로 구성된 良人계급, 그리고 노비와 화척, 재인 등으로 구성된 천민계급으로 나누어진다.

아전(衙前)이라 함은 중앙과 지방의 관아에서 일선행정의 실무를 맡은 하급관리를 말하며 서리(胥吏), 이속(吏屬), 구실아치 등으로 불리기도 했다. 중앙 관아의 아전은 경아전(京衙前), 지방 관아의 아전은 외아전(外衙前) 혹은 향리(鄕吏)로 불리었다. "이예는 울산군의 아전이었는데…"라는 말에서, 우리는 이예가 鄕吏였음을 알 수 있다.

향리라 불리는 세력은 원래 신라下代 이래 지방에 토착기반을 가진 촌주(村主) 또는 호족세력으로 출발하였다. 당시 중앙정부가 지방에 대한 통제력을 상실하자 이들이 당대등(堂大等)·대등(大等)과 같은 독자적 행정 조직인 관반체제(官班體制)를 갖추고 각각 주변지역을 통치하고 있었다. 그런데 고려 건국 직후 중앙정부는 이들 호족세력을 국가의 관료기구 속에 포섭시키는 일련의 적극적인 대책을 펴나갔다. 이때 세력이 크거나 공을 많이 세운 호족세력은 중앙 귀족이 되고, 그렇지 않은 호족세력은 그대로 자기 지방에 남아서 중앙에서 파견된 고을수령인 외관(外官)을 보좌하면서 실질적으로 군현의 행정실무를 전담하는 향리층으로 자리잡았다.

고려시대 향리의 사회적 지위에 대한 내용은 다음과 같은 『조선왕조실록』의 기사(세조 2년 3월 28일 정유條)에서도 엿볼 수 있다.

> 기인(其人)의 법(法)을 혁파하는 것입니다. 대개 고려[前朝]의 태조(太祖)가 삼한(三韓)을 통일(統一)하고 토호(土豪)를 호장(戶長)으로 삼아 향직(鄕職)을 설치하고는 인하여 모든 군리(郡吏)의 자손으로 하여금

'기인(其人)'이란 칭호로 분번 시위(分番侍衛)하게 하니, 곧 옛날에 아들을 볼모[質子]로 하는 뜻입니다 …… 우선 수년 동안 시험하소서.

위의 기사에서는 集賢殿 直提學 양성지(梁誠之)가 其人제도에 대해 임금께 아뢰고 있다. 세력이 강한 토호세력을 향리로 임명하다 보니, 이들이 지방에 있으면서 조정에 모반을 꾀하지 않을까 두려워 향리의 자제들을 서울에 두게 하였다는 것이다. 특히 고려 초기에는 향리계급이 이런 정도로 강한 세력을 가졌다는 사실을 짐작할 수 있다.

지금은 지방자치제도의 시행에 따라 우리나라에서도 도지사, 시장, 군수 등의 지방자치단체장을 선거로 뽑고 있다. 그러나 1995년 이전만 하더라도 중앙정부에서 임명된 관리들이 해당 지역에 파견되었다. 이들은 대체로 단신으로 임지에 부임하였으며, 공백기간이 없이 바로 행정업무를 관장할 수 있었다. 이는 무엇보다도 해당 지역의 일선행정을 장악하고 있는 지방공무원 사회의 존재에 힘입은 것이다. 고려와 조선의 향리계층은 바로 이와 같은 현대의 지방공무원 사회에 해당하는 개념이라고 말할 수 있다.

특히 고려시대의 향리는 과거에 응시하여 중앙 정계에 진출할 수도 있었으며, 신분상으로도 조선시대의 지방관과 비교하여 크게 떨어지지 않았다. 고려 초기 이래 향읍사회(鄕邑社會)를 장악했던 계층은 향리계층이었으며, 지방에서 상경종사(上京從仕)하는 계층은 주로 향리계층의 자제였고 후대에 대성명문으로 성장한 성씨의 시조 가운데는 향리계층 출신이 많았다. 특히 지방행정상 중앙의 정령(政令)을 향읍사회에 하달하고 지역주민에게 징세 조역과 공부(貢賦) 수납 등의 업무를 세습적으로 담당했던 향리들은 실제 권력구조와 지방통치에 있어서 매우 중요한 기능을 수행하고 있었다. 특히 고려 초기에는 지방관이 파견되지 않았으므로 향리의 도움이 없이는 지방통치 자체가 불가능한 상황이었다. 또한, 고려 중기 이후의 빈번한 정변과 거기에 수반된 외관(外官)의 잦은 교체에도 행정상의 공백과 혼란이 야기되지 않고 지방통치가 유지된 데에는 관아의 실무를 장악하고 있었던 향리계층의 힘이 컸다.

고려의 鄕吏는 또한 국가로부터 토지를 지급받았다. 전시과(田柴科)로 불리는 고려의 토지제도는 토지를 받는 사람의 位階에 따라 크게 文散階와 武散階로 구분되었다. 文散階는 귀족관료층, 武散階는 鄕吏, 老兵, 탐라의 왕족, 여진의 추장, 工匠, 樂人으로 구성되었으며, 이들은 모두 田柴科에 의한 토지분급의 대상이었다. 향리에게 지급된 토지는 鄕吏田이라 불렀다. 일반 백성에게는 토지가 지급되지 않았다.

이예가 태어난 1373년(고려 공민왕 22)은 고려왕조가 국내적으로 사회적 모순과 국제적으로 민족적 시련에 시달리고 있던 시기였다. 사회적 모순이라 함은 토지제도의 붕괴, 사원경제의 비대, 인륜도덕의 추락 등과 귀족사회의 폐단이 심화된 것을 말한다. 그리고 민족적 시련이라 함은 몽고지배 이후 북으로 홍건적의 침입과 남으로 왜구의 창궐로 국난이 계속된 것을 말한다. 따라서 14세기 이후 이러한 모순과 시련을 대치·극복할 필요가 대두되었다. 먼저 이러한 개혁을 추진할 새로운 세력의 성장과 개혁을 뒷받침할 개혁 이념의 수립이 절실히 필요했다. 구세력인 권문세가의 귀족 계급이 아닌, 자신의 능력과 지식 및 재력에 의존하는 중간 계층에 의해서만 이러한 개혁은 성취될 수 있었다. 이 새로운 세력이 바로 권문세가를 대체한 신흥 사대부 계층이며, 그 새로운 개혁이념이 바로 불교를 대체한 성리학이었던 것이다. 신흥 사대부 계층은 대부분 고려말의 향리계층 출신으로서 자신의 능력으로 과거에 급제한 엘리트 관원이었거나, 중소지주적 경제기반을 가진 신흥 토호세력이었다.

(B) 조선의 신분제도와 중인계급

조선의 신분제도는 양반 사대부계급, 중인계급, 상민(常民)계급, 그리고 천민계급으로 크게 나뉜다. 양반(兩班)계급은 지배계층으로서 사실상 관직과 사회적 특권을 독점하였다. 그들은 봉록과 토지수입으로 생활했다. 그러나 그들도 과거(科擧)를 통한 벼슬길을 제외하고는 사회적 성취의 수단이 많지 않았고, 경제적으로도 누구나 풍족한 생활을 누렸던 것만은 아니었다. 양반의 지위는 세습되었다.

상민(常民)계급은 농민, 상인, 수공업자 등 주로 생산을 담당하는 사람들이었다. 특히 농민들은 생산, 납세 및 군역에 종사할 의무를 가지고 있었다. 이념적으로 그들은 조선사회의 사회적 중추로 간주되었지만 권리에 비해 의무조항이 많았기 때문에 사회경제적으로 매우 열악한 처지에 있었다. 양반이 유학을 공부하여 관료로 진출함을 목표로 삼고 중인이 기술과 행정 실무에 종사하는 반면, 상민은 농공상 등 생산에 종사하며 국가에서 부과하는 각종 조세와 부역을 부담하였다.

천민(賤民)계급은 조선시대 신분구조에서 최하층을 이루는 신분으로서, 노비, 백정(白丁), 창우(倡優), 승려, 역졸(驛卒), 무당 등으로 구성되었다. 특히 노비는 국가기관이나 양반에게 예속되어 있는 신분으로, 마치 재산과 같이 매매·양도·상속의 대상이며 '일하는 도구'로 인식되었다. 노비의 신분은 부모 어느 한쪽이 노비이면 자식에게 세습되었다.

중인(中人)계급은 양반과 상민의 중간계층을 형성하며, 기술직이나 사무직에 종사하였다. 중앙 및 지방의 하급관리를 맡은 아전 외에도, 오늘날의 통역관에 해당하는 역관(譯官), 의사에 해당하는 의원(醫員), 화가에 해당하는 화원(畫員), 하급 장교에 해당하는 군교(軍校) 등이 중인계급에 속하였다. 중인은 그 기술과 신분 및 관직이 세습되었다. 일정 품계 이상 오를 수 없다는 제한은 있었으나, 중인계급도 과거를 통해 사대부 계급으로 오르는 길은 열려 있었다.

이들은 주로 일선행정과 과학기술 분야의 실무를 담당하였으며, 조선시대 지배계층의 一端을 형성하였다. 중인계급은 관료제의 말단에 위치한 특성을 이용하여 경제적 부를 축적하기도 하였는데 이 과정에서 권력을 남용하는 등 상민계급의 원성의 대상이 되기도 했다. 조선시대에 와서 왕권이 안정되고 양반 관료체제가 확립됨에 따라 지방 행정체계가 정비되어 갔다. 이에 따라 향리(아전)계층의 사회적 지위도 고려시대에 비해서는 크게 약화되었다. 그러나 조선시대에도 향리를 포함한 중인계급이 지배계층의 일원이라는 데에는 변함이 없었다.

이예가 활동했던 여말 선초와 조선 전기에는 향리 출신으로 사대부 계급으로 진입한 예가 많이 있었다. 조선개국의 대정치가이며 사상가인 삼봉 정도전은 고려말 신흥사대부의 가장 전형적인 인물의 하나이다. 그런데 정도전의 부친인 정운경은 경북 봉화의 향리 출신으로, 과거에 응시하여 합격한 후에 전주목사 등 벼슬을 역임하였다. 그러니 정도전은 집안의 정치·경제적 배경이 아닌 자신의 재능으로 성공한 경우라 볼 수 있다.

16세기의 巨儒인 퇴계 이황의 선조도 고려말의 향리였다. 퇴계의 세계도(世系圖)에 의하면, 진성이씨의 시조인 이석(李碩)은 퇴계의 6대조이며 고려 충렬왕(在位 1274~1308) 당시에 살았다. 이예의 활동시기에 약 50~100년 앞서는 셈이다. 이석은 경북 안동 근처 진보현의 鄕吏로서 과거에 합격하여 가문을 중흥시켰다. 그의 아들 이자수(李子修)가 충숙왕(在位 1332~1339) 때 명서업(明書業, 글씨 잘 쓰는 사람을 뽑는 과거)에 급제, 나중 홍건적토벌에 공을 세우고 벼슬을 받아 가문의 기틀을 다지면서 사대부 계층에 편입되었다.[9]

조선시대에도 향리가 과거에 급제하여 어엿한 벼슬에 오르고 나라의 將相이 된 경우가 많았다. 다음의 왕조실록 기사(세조 2년 3월 28일 정유條)에서는 集賢殿 直提學 양성지(梁誠之)가 이에 대해 임금께 아뢰고 있다. 양성지의 상소문에서는 위의 5)(A)에서 본 바와 같이 먼저 고려의 기

---

9) 李秉烋, 「退溪 李滉의 家系와 생애」, 『한국의 철학』, 경북대학교, 창간호, 1973.

인 제도에 대해 논한 후에 여기서는 조선의 향리에 대해 논하고 있다는 점에 유의하기 바란다.

> 기인(其人)의 법(法)을 혁파하는 것입니다 …… 대저 향리(鄉吏)로 …… 정과(正科)에 등제(登第)한 데 이르러서는 어엿한 벼슬에 올라서 나라의 장상(將相)이 된 자가 진실로 일족(一族)에 그치지 않사오니 …… 우선 수년 동안 시험하소서.

고려시대에는 문무백관과 마찬가지로 향리에게도 공식 예복인 公服이 정해져 있었다. 향리의 公服은 1018년(현종 9)에 제정되어 조선시대에까지도 계속되었다. 세종대왕 당시에 향리의 公服에 착용하는 서대(犀帶)에 대한 언급이 왕조실록의 기사(세종 20년 4월 1일)에 나와 있다.

> 의정부에서 예조 정문(呈文)에 의하여 아뢰기를,
> "지방 각 고을 향리(鄉吏)들의 공복(公服)에 서대(犀帶)를 특별히 하사하신 것이 있사오니, 이를 모두 도로 거두시고 대모 흑서대(玳瑁黑犀帶)로 고쳐 내리시옵소서. 또 호장(戶長)으로 참람하게 옥환(玉環)을 쓰고 있는 자가 있사오니, 이도 아울러 모두 금단하옵소서"
> 하니, 그대로 따랐다 …… 큰 고을의 향리들은 으레 서대(犀帶) · 상홀(象笏) · 옥영(玉纓) · 옥환(玉環) 등을 착용하였으나, 본조에 와서는 모두 이를 금지한 것이었다.

서대(犀帶)는 각대(角帶)의 일종이다. 고려와 조선에서 문무백관의 관복의 가슴과 허리에 두르던 띠를 각대(角帶)라 하는데, 그중에서 옥대(玉帶) 다음으로 높은 신분을 상징하는 것이 서대(犀帶)이다. 조선시대의 서대는 왕세자와 1품 벼슬에만 착용이 허용되었다. 서대 다음으로는 2품 벼슬의

금대(金帶)와 3품 벼슬의 은대(銀帶) 등의 차례로 각대의 종류가 정해졌다. 금대(金帶)는 서대 다음으로 귀하게 여겼으며, 구리에 금물을 입혀 만들었다. 정2품의 삽금대(鈒金帶)는 화조문(花鳥紋) 등을 새겼으며 종2품의 소금대(素金帶)는 문양을 새기지 않았다. 정3품의 삽은대(鈒銀帶)는 띠돈에 문양을 새겼으며 종3품의 소은대(素銀帶)는 문양을 새기지 않았다.

상홀(象笏)은 상아로 만든 홀(忽)을 말한다. 홀이란 관복(官服)을 입었을 때 손에 드는 수판(手板)이며, 품계에 따라 1~4품은 상아(象牙)로 만든 象笏, 5~9품은 나무로 만든 木忽을 들었다. 당(唐)나라의 제도를 신라시대에 도입한 것으로 조선 말기까지 사용되었다. 옥영(玉纓)과 옥환(玉環)은 각각 옥으로 만든 갓끈과 가락지를 뜻하며, 역시 높은 벼슬의 관리만이 착용할 수 있었다.

1품 벼슬에만 허용되는 서대(犀帶)를 임금께서 향리에게 하사하시기도 했다는 점, 그리고 향리인 호장이 상홀(象笏)·옥영(玉纓)·옥환(玉環) 등을 착용하는 경우가 있었다는 점은 조선 전기만 하더라도 향리의 사회적 지위가 상당히 높았다는 사실을 드러내고 있다. 위의 실록기사에서는 고려시대에는 "큰 고을의 향리들은 으레 서대(犀帶)·상홀(象笏)·옥영(玉纓)·옥환(玉環) 등을 착용하였으나, 본조에 와서는 모두 이를 금지한 것이었다"라고 밝히고 있다. 조선시대에 와서 이를 금지하기는 했으나, 임금 스스로가 금지령을 어기고 서대를 향리에게 하사할 정도로 실제적으로는 여전히 향리들이 서대(犀帶)·상홀(象笏)·옥영(玉纓)·옥환(玉環) 등을 착용하고 있었다는 것이다.

(C) 향리 이예의 직책: 記官

졸기는 "이예는 울산군의 아전이었는데…"라고 말한다. 즉, 울산군의 鄕吏였다는 것이다. 졸기에서는 더 이상 이예의 당시 신분이나 직책에 대해 언급하지 않고 있다. 그러나 울산군수 피랍사건을 기록한 기사(태조 6

년 1월 3일 병진(丙辰)條)에서는 이예가 記官이었다고 밝히고 있다.

    왜구(倭寇)의 괴수 상전어중(相田於中) 등이 그의 도당을 거느리고 울주포(蔚州浦)로 들어온 것을 지주사(知州事) 이은(李殷)이 식량을 주고 후히 접대하였더니, 상전(相田) 등은 도리어 꾀어서 함몰하려는 것이 아닌가 의심하여 이은(李殷)과 반인(伴人) 박청(朴青), 기관(記官) 이예(李藝) 등을 잡아 가지고 도망해 돌아갔다.

    향리의 업무분장은 대체로 이조·호조·예조·병조·형조·공조 등 중앙의 6曹를 축소시킨 이방·호방·예방·병방·형방·공방의 6房으로 이루어졌다. 그리고 향리는 호장(戶長)·기관(記官)·색리(色吏)의 3계층으로 나누어져 있었다. 호장, 기관, 색리는 이와 같이 향리의 계층을 나타낼 뿐 아니라, 동시에 그 직책을 나타내기도 했다. 戶長은 향리의 우두머리에 해당하며, 지방수령이 부재중일 때에 수령의 직무를 대행하였다.[10] 기관(記官)은 주로 행정기록을 맡아 처리하였다. 색리(色吏)는 기관(記官)보다 더 낮은 단계의 잡무를 담당하였다. 향리의 직책에 대해서는 다음의 실록기사(세종 20년 12월 18일)가 흥미롭다.

    의정부에서 아뢰기를,
    "이제 교지를 받자오니…… 금후로는 각 고을의 우두머리 되는 호장(戶長)과 기관(記官)에게 감옥을 관장하는 임무를 으레 겸임시켜

---

10) 숙부 수양대군(세조)에게 왕위를 찬탈당하고 노산군(魯山君)으로 강봉되어 강원도 영월에서 시해(弑害)된 단종임금의 시신을 비밀리에 염장(殮葬)한 엄흥도(嚴興道)도 호장(戶長)의 직책을 가진 영월(寧越)의 아전이었다. 왕조실록에 나타난 기록으로 보아 戶長 출신으로 가장 유명한 인물이 엄흥도(嚴興道)라면, 記官 출신으로 가장 유명한 인물은 바로 이예(李藝)이다.

서,…… 하옵소서"
하니, 그대로 따랐다.

위에서 본 실록기사(세종 20년 4월 1일)에도 기관(記官)에 대한 언급이 있다.

의정부에서 예조 정문(呈文)에 의하여 아뢰기를 …… 하니, 그대로 따랐다. 고려(高麗) 옛 제도에 지방 향리도 조관(朝官) 문·무반(文武班)에 따라서 호장(戶長)에 대상(大相)·중윤(中尹)·좌윤(左尹) 등의 칭호가 있었고, 기관(記官)에는 병정(兵正)·옥정(獄正) 등의 칭호가 있었으며, 도군(都軍)에도 도령(都令)·별정(別正)·교위(校尉) 등의 칭호가 있었다. 그러므로 도군을 지금까지도 장교(將校)라 일컬어 왔고 …… 금지한 것이었다.

앞서 향리를 호장, 기관, 색리로 나눈 것과는 달리 여기서는 향리를 호장, 기관, 도군으로 나누고 있다. 앞서의 3분류는 향리를 계층으로 나누었는데, 여기서의 3분류는 향리를 업무분야로 나누고 있는 것으로 풀이된다. 도군은 특별히 기관에 비해 낮은 계층이 아니고, 軍과 경찰 관련 업무를 맡은 향리에 해당한다. 향리 중에서도 계급이 가장 낮은 色吏 계층은 제외하고, 記官 계층을 업무분야에 따라 記官과 都軍으로 나누어 戶長, 記官, 都軍의 3분류가 나왔다고 보면 될 것이다.

3. 이예의 피랍사건

피랍사건은 이예의 운명의 수레바퀴를 돌린 사건이었다. 피랍사건이 없었다면 이예의 일생이 어떠했을까? 역사적 가정에 얼마나 의미가 있느냐 하는 데에 대해서는 이견이 있을 수 있겠다. 그러나 현대와 같이 개인의 능력에 따라 사회적 수직이동이 가능하지 않고 매우 경직적인 계급사회였던 조선의 상황을 감안한다면, 이예가 오늘날과 같이 역사에 뚜렷이 이름을 남길 수 있었던 것은 어디까지나 피랍사건에 크게 의존한다는 사실을 부인할 수는 없을 것이다. 個人史로서도 물론 큰 사건이었지만 국가적으로도 이는 실로 중차대한 사건이었다.

피랍사건이 일어난 1396년(태조 5) 12월은 1392년의 조선왕조 개창으로부터 불과 4년이 지난 시기였다. 아직 역성혁명의 긴장이 팽팽하고 민심은 채 안정되지 않은 상황에서 인구 4천명 남짓의 울산에 3천 명의 왜구가 쳐들어 왔으니 울산은 그야말로 쑥대밭이 되었을 것이다. 앞서 본 바와 같이 『세종실록지리지』는 당시 울산의 군정(軍丁)은 시위군(侍衛軍)이 16명, 진군(鎭軍)이 1백 16명, 선군(船軍)이 3백 68명이다. 모두 합쳐 꼭 500명의 군인이 왜구 3천명을 이겨내기는 불가능했을 것이다. 이리하여 한 고을의 군수가 하릴없이 왜구에 납치되어 가는 황당한 사태까지 빚어졌던 것이다.

『조선왕조실록』에 의하면, 이 사건에 대한 조정의 대처는 대략 다음의 네 가지로 나누어진다.

- 영토를 지키지 못한 무관들을 벌하다: 태조 6년 2월 18일
- 구출노력을 진행하고 구출에 기여한 박인귀에게 상을 내리다: 태조 6년 2월 27일
- 침범한 왜구들을 벌하도록 일본에 요구하다: 태조 6년 5월 6일
- 돌아온 이예에게 상을 내리다: 태조 7년 1월 26일

1397년(태조 6) 1월 28일에 태조임금은 산남 절제사에게 벌을 내리라

는 상소를 받았다.[11] 최운해는 경상도 도절제사였고, 이귀철은 충청도 도절제사였으며, 김빈길은 전라도 도절제사, 김영렬은 경기우도 절제사였는데, 최운해가 영을 어긴 탓으로 왜구가 도망하는 것을 놓쳐 버렸고, 이귀철·김빈길·김영렬 등도 모두 그 기한에 미치지 못하여, 5도 도통사(五道都統使) 김사형(金士衡)이 이들을 경산부(京山府)에 잡아 가두고서 긴급 보고하며 그 죄를 청한 것이었다.

동년 2월 18일에 최운해(崔雲海)를 안변(安邊) 진명포(鎭溟浦)에, 김영렬(金英烈)을 옹진(甕津)에, 김빈길(金贇吉)을 청해(靑海)에, 이귀철(李龜鐵)을 평양(平壤)에 유배하고, 모두 수군(水軍)에 편입하게 하였다.[12] 상당한 중벌이었다.

동년 2월 27일에 임금은 박인귀(朴仁貴) 등 5인에게 쌀 각각 10석을 내려 주고, 그 집의 요역(徭役)을 면제하게 하였다. 박인귀(朴仁貴) 등이 자청하여 대마도에 가서 은혜와 신의로 타일러서 이은(李殷)과 이예 등을 구출하여 돌아왔던 것이다.[13]

동년 5월 6일에 임금은 박인귀를 통해 대마도에 글을 보내 대마도주가 왜구 두목들을 벌하도록 요청하였다.[14] 원래 왜구 두목들이 항복하고 용서를 청하므로 임금이 용서하고 음식과 집을 주었다. 그러나 이들이 또다시 군선(軍船)을 겁박 약탈하고 다시 도망하여 달아났던 것이다. 왜구들이 우리와의 약속을 배반하고 또 대마도주의 뜻에도 위배되었으니, 다시 화호(和好)를 하기 전에 대마도주가 먼저 이들을 쳐 없애 달라고 제안하였다. 왜인이 이은과 이예 등을 돌려보낸 것은 동년 2월 9일의 일이었다.[15]

---

11) 『태조실록』 6년 1월 28일(신사조) 참조.
12) 『태조실록』 6년 2월 18일(신축조) 참조.
13) 『태조실록』 6년 2월 27일(경술조) 참조.
14) 『태조실록』 6년 5월 6일(정사조) 참조.
15) 『태조실록』 6년 2월 9일(신축조) 참조.

이때 이은에게 상을 내렸다는 기록은 없다. 어쩌면 벌을 받지 않은 것이 다행이었을지도 모른다. 군민을 지켜야 할 군수가 오히려 왜구에게 잡혀가 버렸으니 말이다. 그러나 이예에게는 상을 내렸다. 졸기에 기록된 바와 같이, 이예는 대마도에 있은 지 한 달 만에 비밀리에 배를 준비하여서 도망쳐 돌아올 계획을 세우던 중에 박인귀(朴仁貴)를 통해 倭와 화해하게 되어서 이듬해 2월에 무사히 돌아왔다. 왜구가 이예의 장인정신에 감명을 받고 외교교섭이 잘 되도록 마음을 썼던 것이다. 나라에서 이를 가상히 여기어 예에게 향역, 즉 아전의 역(役)을 면제시키고 벼슬을 주었다.

이예가 상으로 향역을 면제받는 시기도 왕조실록에 나타나 있다. 단, 이에 대해서는 다소의 설명이 필요하다. 우선 태조 7년 1월 26일 갑술조 실록기사를 찾아보면 다음과 같다.

> 울주(蔚州)의 아전 이도(李陶)·박언(朴焉)의 향역(鄕役)을 면제하였다. 처음에 왜적이 지울주사(知蔚州事) 이은(李殷)을 잡아가매, 도(陶)와 언(焉)이 따라가서 대마도(對馬島)에 이르러 살려 내었다. 경상도 도관찰사(都觀察使) 이지(李至)가 진달하여 청하니 윤허하였다.

태조 6년 1월 3일 병진조를 보면 이은과 함께 대마도로 잡혀 간 사람은 伴人 朴靑과 記官 李藝이다. 여기서 伴人은 향리 직책의 하나이다.

> 왜구(倭寇)의 괴수 상전어중(相田於中) 등이 …… 반인(伴人) 박청(朴靑), 기관(記官) 李藝 등을 잡아가지고 도망해 돌아갔다.

그런데 이예의 졸기(세종 27년 5월 18일 정묘조)에서는

> …藝가 기관(記官) 박주(朴遵)과 더불어 관아에서 쓰는 은(銀)으로

만든 술그릇을 가지고 왜적의 배 뒷 행비에 붙어 타고 바다 가운데까지 뒤쫓아 가서 은(殷)과 같은 배에 타기를 청하니, 적이 그 정성에 감동하여 이를 허락하였다.

위에서 보는 바와 같이, 이도(李陶)와 박언(朴焉)은 각각 이예(李藝)와 박청(朴靑)의 誤記인 것으로 판단된다. 한자 陶와 藝의 모양이 비슷하고, 한자 焉, 靑, 遵의 모양 역시 비교적 비슷하다는 데에 착안하면 쉽게 이해할 수 있을 것이다. 그래서 우리는 태조 7년 1월 26일 갑술조가 바로 이예의 향역을 면제시키는 장면을 보여 주고 있다는 결론을 맺으려 하는 것이다. 이예가 풀려난 것이 태조 6년 2월 9일이었으니, 실제로 상을 받은 것은 이로부터 약 1년이 지난 후였다는 것을 알 수 있다.

피랍사건에서 우리의 주인공인 이예 다음으로 가장 중요한 인물은 말할 것도 없이 당시 지울산군사 이은(李殷)이다. 이은은 어떤 벼슬을 지냈으며 어떤 품성의 사람이었을까? 이은은 왕조실록에서 31회에 걸쳐 등장하고 있다. 경기도 및 경상도의 관찰사의 벼슬에까지 올랐으며 제방을 쌓는 데에 특기를 가졌던 것으로 나타난다. 그러나 인품으로는 크게 훌륭하고 본받을 만하게 나타나지는 않는다. 科田을 받고도 서울에 살지 않고 외방에 산다고 해서 科田을 압수당하고, 관찰사 재직時 세금을 너무 많이 거두어 백성의 원망을 많이 들었다는 내용도 왕조실록에 나온다.

4. 통신사 이예

이예의 일생을 한마디로 표현하자면 통신사라는 말보다 더 적합한 말은 없을 것이다. 1401년(태종 1; 29세)에 보빙사로 일기도에 파견된 것이 공의 처음 공식 사행(使行)이었다. 그리고 1443년(세종 25; 71세) 체찰사로 대마도에 파견된 것이 공의 마지막 사행이었다. 『조선왕조실록』에 의하면 공은 1401~43년의 43년 간 40여 회 일본(대마도·일기도·유구 포함)에 정사 혹은 부사로 파견되었다. 1373년에 출생하여 1445년에 사망하기까지 73년의 일생 동안 43년 간을 외교일선에서 통신사로 활동하였던 것이다. 43년 간에 걸친 외교관 생활 중 1401~43년의 10년 간의 외교업적에 대해 이예의 졸기는 다음과 같이 기술하고 있다.

> 동지중추원사 李藝가 卒하였다. 藝는 …… 신사년(註: 1401년) …… 부터 경인년(註: 1410년)까지 10년 동안에 해마다 통신사(通信使)가 되어 삼도(三島)에 왕래하면서……

그렇다면, 이예의 일생을 관통하는 화두이며 키워드라고 말할 수 있는 통신사라는 명칭에 대하여 몇 가지 생각해 볼 필요가 있다. 통신(通信)이라는 말의 의미는 무엇이며 통신사라는 명칭은 언제부터 사용되었는지에 대해 우선 알아보기로 하자. 그 다음에는 조선통신사라는 명칭에 대하여 잠깐 고찰하게 될 것이다.

1) 통신의 의미

왕조실록에서 보면 통신이라는 말은 조선과 일본 사이의 외교접촉이라는 뜻으로 일반적으로 사용되었다. 이는 다음의 기사들에서 확인된다.

> [세종 1년 7월 17일]
> 상왕이 병조 판서 조말생에게 명하여, 대마도 수호 도도웅와에게 글을 보내어 말하기를, "…… 통신하는 (일본)사신을 접할 때마다 사관(使館)을 정하여 머물게 하고, 예조에 명하여 후하게 위로하고 …… 오직 족하(足下)는 잘 생각하라"

하고, 귀화한 왜인 등현(藤賢) 등 5인에게 이 글을 가지고 대마도로 가게 하였다.

[세종 4년 12월 16일]
임금이 인정전(仁政殿)에 나아가 일본 국왕의 사신 규주(圭籌) 등을 불러 보고 이르기를, "너의 임금이 지난해에 사신을 보내어 화호(和好)를 통하므로, 나도 또한 사람을 보내어 회보(回報)하였거니와, 다만 바다가 막힘으로 인하여 자주 통신하지 못함이 한이더니 …… 하겠노라" ……
고 하였다.

위 기사들의 예에서 보는 바와 같이, 통신이라는 말은 조선의 對日 외교접촉뿐 아니라 일본의 對조선 외교접촉에도 동일하게 사용되었다.

2) 통신사 명칭고

이에 따라, 조선에서 일본국왕에게 보내는 사절을 두루 통신사로 부르는 경우도 많았다. 예컨대 공식적으로는 회례사라는 명칭이 사용되면서도 일반적으로 통신사로 부르는 경우도 있었다는 것이다. 따라서 공식명칭의 통신사와 일반명칭의 통신사를 구별해서 고찰할 필요가 있다.

통신사라는 명칭은 조선의 對日 사신을 이르는 말이며 중국에 보내는 사신에는 이 명칭이 사용된 적이 없다. 통신이라는 말 자체가 일본과의 외교접촉에만 쓰이고 중국과의 외교접촉에는 쓰이지 않았다는 점을 생각하면 이는 당연한 귀결이라 하겠다.

통신사라는 명칭은 또한 對日 사신 중에서도 일본국왕에게 보내는 사절에게 국한되었다. 단, 이때 일본국왕이라 함은 당시 이름뿐이던 '천황'이 아니라 아시카가(足利) 막부의 장군(將軍)

을 이름이다. 막부 장군은 당시 명나라로부터 일본국왕의 책봉을 받아 국제적으로는 일본의 최고통치권자인 국왕으로 인정되었던 것이다. 조선의 對日 사신은 유구국, 대마도, 일기도, 그리고 큐슈 등 일본본토의 실력자와 지방호족들에게도 파견되었으나 이들에게는 통신사라는 명칭이 사용되지 않았다.

그리고 임진왜란 이후의 조선 후기에 와서야 통신사라는 공식명칭이 사용되기 시작했다는 것은 잘못된 생각이다. 조선 전기에도 1428년(세종 10) 이후에는 통신사라는 공식명칭의 사신이 일본에 파견되었다. 통신사라는 말이 왕조실록에 처음 나오는 것은 1414년(태종 14: 2월 1일)의 일이다:

일본통신사(日本通信使) 박분(朴賁)의 행차를 정지하라고 명하였다
…… 임금이 …… 드디어 박분의 가는 것을 정지시켰다.

당시 박분은 병을 핑계로 차일피일 사행을 미루면서 떠나지 않고 있었다. 또한 왜구로 인해 중국과 일본이 정치적 긴장관계에 있는 상황에서 조선과 일본이 서로 교통하는 것이 이롭지 못하다는 공론도 있어 조정에서는 통신사를 보내지 않기로 결정하게 된 것이다. 그런데 이보다 1년 앞선 1413년(태종 13: 12월 1일)에 박분의 사행을 명하는 장면에서는 통신사가 아닌 통신관이라는 명칭을 사용하고 있다.

통신관(通信官) 검교(檢校) 공조 참의 박분(朴賁)을 일본에 보내었다. 경성도 도관찰사에게 명령하여 호피(虎皮)·표피(豹皮) 10장과 잣[松子] 10석을 주어 보내게 하였다.

통신사라는 말이 왕조실록에서 두 번째로 나오는 것은 1421년(세종 3:

1월 13일)의 일이다. 송희경은 통사 윤인보와 함께 1420년에 일본에 다녀왔는데, 다음과 같이 당시에 그 일행을 도와준 왜인에게 임금께서 상을 내려 주기를 청하고 있다.

> 송희경(宋希璟)이 계하기를, "이번에 통신사로 일본에 갔을 때에 패가대에 사는 왜인 유와구라(惟臥仇羅)라는 자가 ……" 하니, 면포 6필을 하사하였다.

그러나 송희경의 말과는 달리 이 사행의 공식명칭은 통신사가 아닌 회례사였다. 이는 1420년(세종 2: 10월 25일)의 기사에 잘 나타난다.

> 일본회례사(日本回禮使) 송희경(宋希璟) 등이 들어와 복명(復命)하니, 임금이 인견(引見)하고 …… 하였다.

위의 예에서 우리는 다음의 두 가지 사실을 확인하게 된다. 첫째, 박분과 송희경의 사행에서는 통신사라는 명칭이 공식적으로 사용되었는지가 불명확하다. 둘째, 박분의 경우는 일본으로 떠나기 전에 사행이 중단되었다.

통신사라는 공식명칭이 명확하게 사용된 최초의 사행은 1428년(세종 10: 12월 7일) 사행이었으며, 이 사행에 대해서는 왕조실록에서 일관되게 통신사라는 명칭이 사용되었다. 이때의 정사는 박서생이었으며, 이예는 부사로 참여하였다.

> 일본통신사 대사성(大司成) 박서생(朴瑞生), 부사(副使) 대호군(大護軍) 이예(李藝), 서장관 전 부교리(副校理) 김극유(金克柔)가 길을 떠나는데 …… 호피 4장을 하사하였다.

이후 1432년(세종 14: 7월 26일)에 이예가 일본국왕에게 파견되었는데, 이 사행의 공식명칭은 다시 회례사로 정해졌다. 이는 그 다음해에 귀국한 이예가 임금께 복명하는 다음 기사(세종 15: 10월 6일)에서 확인된다.

> 회례사(回禮使) 이예(李藝)가 일본에서 돌아와서 아뢰기를 …… 하였다.

그러나 이예의 1432년 사행은 12년이 지난 1444년(세종 26: 5월 18일)에 다시 실록기사에 등장한다. 당시 조난했던 이예를 구해 주었던 왜인에게 임금이 상을 내리시는 장면이다. 그런데 이번에는 당시 회례사였던 이예를 통신사로 부르고 있다.

> 처음에 상호군 윤인보(尹仁甫) 등이 아뢰기를,
> "제주를 지났다는 일은 모르는 체하되, 통신사 이예(李藝)와 김구경을 구호한 공만을 기록하여 의복·갓·목화[靴]와 쌀 10석을 급여할 것이며 …… 하소서"
> 하니 그대로 따랐다.

1428년과 1432년 이후에 다시 사신이 일본국왕에게 파견된 것은 1439년(세종 21)이었는데, 이때의 공식명칭은 통신사였으며 그 후부터는 일본국왕에게 보내는 사신의 명칭은 통신사(通信使)로 굳어지게 되었다. 對日통신사의 구성이나 형식이 정형화된 것은 대체로 1665년(효종 6) 이후라고 볼 수 있는데, 1428년 사행은 이와 같은 정형화된 對日통신사의 본보기가 되었다.

3) 對日통신사 명칭고

조선에서 일본으로 파견한 통신사를 조선에서는 일본통신사, 혹은 일본국 통신사로 불렀다. 이는 위에서 본 실록기사들에서도 이미 잘 나타나 있는 바와 같다.

- 태종 14년 2월 1일: 일본통신사(日本通信使) 박분(朴賁)
- 세종 2년 10월 25일: 일본회례사(日本回禮使) 송희경(宋希璟)
- 세종 10년 12월 7일: 일본통신사 대사성(大司成) 박서생(朴瑞生), 부사(副使) 대호군(大護軍) 이예(李藝)

또 다른 실록기사들을 살펴보자.

- 태조 3년 5월 28일: 일본회례사(日本回禮使) 김거원(金巨原)
- 태조 4년 7월 10일: 일본회례사(日本回禮使) 최용소(崔龍蘇)
- 세종 2년 10월 8일: 일본국회례사(回禮使)의 통사(通事) 윤인보(尹仁甫)
- 세종 5년 10월 13일: 일본국회례사(回禮使) 서장관(書狀官) 봉례랑 오경지(吳敬之)
- 세종 10년 11월 26일: 일본(日本)통신사(通信使) 박서생(朴瑞生)
- 세종 11년 04월 13일: 예조에서 일본통신사(通信使)의 보고에 의거하여 계하기를……

지금까지 본 실록기사들은 모두 한글번역본인데, 한자로 된 왕조실록의 원문에서는 혹시 다를 수도 있을까 하고 찾아보았는데, 생각했던 대로 여기에서도 마찬가지였다. 위의 기사들 중에서 두 기사만 예를 들겠다.

-세종 10년 12월 7일:
일본통신사 대사성(大司成) 박서생(朴瑞生)·부사(副使) 대호군(大護軍) 이예(李藝)·서장관 전 부교리(副校理) 김극유(金克柔)가 길을 떠나는데……
日本通信使大司成朴瑞生副使大護軍李藝書狀前副校理金克柔發行……
-세종 11년 04월 13일:
예조에서 일본통신사(通信使)의 보고에 의거하여 계하기를……
禮曹據日本通信使報告……

왕조실록의 기사들을 찾아보면 위와 같이 일본통신사 및 일본국통신사 등으로 표현하거나, 혹은 다음 기사들에서와 같이 '일본국에 갔던 통신사' 등으로 표현하고 있다.

-세종 5년 12월 4일: 일본국에 회례사(回禮使)로 갔던 직제학(直提學) 박희중(朴熙中)·부사(副使) 호군 이예(李藝)
-세종 25년 10월 13일: 일본국(日本國)에 갔던 통신사 변효문(卞孝文)

그렇다면 여기서 우리는 뚜렷한 결론을 얻을 수 있다. 즉, 조선에서 일본에 보내는 통신사는 일본통신사로 불리었으며 이는 바로 '일본에 보낸 통신사'의 뜻이라는 것이다. 이는 당연한 일이다. 앞에서 본 것과 같이 통신사는 원래 통신의 임무를 맡은 사신을 뜻히는 말이다. 조선이 보내는 사신을 조선에서 조선 사신이라고 부를 까닭은 없으며, 따라서 조선이 보내는 통신사를 조선에서 조선통신사라고 부를 까닭이 없는 것이다. 흡사 한국이 미국, 영국에 보내는 대통령특사를 미국특사, 영국특사라고 부를시언성

세종대의 대일통신사 李藝 **219**

〈표 2〉 조선시대 朝日 양국 사신의 명칭

	일본 行		조선 行	
조선 發	일본통신사 (일본에 보낸 통신사)	조선통신사 (조선에서 온 통신사)		
일본 發			일본국사신, 왜사 (일본에서 온 사신)	사신, 중(僧) (조선에 보낸 사신)
	조선의 관점	일본의 관점	조선의 관점	일본의 관점

한국특사라고 부르지는 않는 것과 같다.

그렇다면 지금 가장 널리 퍼져 있는 조선통신사라는 말은 어디서 나온 것인가? 이는 말할 것도 없이 당시 일본인들이 우리 통신사를 칭하는 말이었으며 현대 일본인들이 당시의 우리 통신사를 칭하는 말이다. 당시 우리 통신사들이 갖는 정치적·문화적 중요성은 조선에서보다 일본에서 훨씬 더 컸던 것으로 알려져 있다. '조선통신사'들을 영접하는 일은 당시 일본 전국의 주요 행사로 간주되었으며 따라서 일본인들이 그만큼 많은 정성을 기울이게 되었던 것이다. 이에 따라 '조선통신사'가 일본인들의 의식 속에 깊이 자리잡게 되었으며 자연스럽게 일본 역사학자들의 주요한 연구대상으로 부각되었다.

이에 반해 한국에서는 '일본통신사'에 대한 일반인들의 관심이 비교적 적었으며 학자들의 본격적인 연구 역시 비교적 늦게 시작되었던 것으로 풀이된다. 이에 따라 일본인들의 관점에서 명명된 '조선통신사'라는 명칭이 일본뿐 아니라 한국에서도 자연스럽게 그 세력을 확장하게 되었던 것으로 보인다.

사실상 일본통신사라고 하면 우리가 일본에 보낸 통신사, 그리고 일본에서 우리에게로 온 통신사의 두 가지 의미를 가질 수 있다. 어디까지나 우리의 관점에서 우리를 주체로 두고 하는 표현이다. 그런데 조선에서 일본통신사라는 말은 전자, 즉 우리가 일본에 보낸 통신사에 국한되었다.

후자, 즉 일본에서 우리에게로 온 통신사는 왕조실록에서 일본국왕사(日本國王使), 일본국사자(日本國使者), 일본국사신(日本國使臣), 혹은 왜사(倭使)로 표현되어 있다. 이는 다음의 실록기사들에서 보는 바와 같다.

-세종 1년 11월 20일:
경상도 관찰사가 일본국왕사(日本國王使) 중(僧) 화자(和子)·양예(亮倪)들과 …… 부산포(富山浦)에 도착하였음을 보고하였다.
-세종 6년 1월 1일:
임금은 흑의(黑衣)를 입고……일본국왕사신(日本國王使臣) 규주(圭籌)·범령(梵齡) …… 회사(回賜)하였다.
-정종 1년 6월 1일:
일본국(日本國)사신이 예궐(詣闕)하니 …… 그런 것이다.
-세종 30년 6월 12일:
예조 판서 허후를 불러 말하기를,
"이번에 온 일본국왕사신(日本國王使臣)을 내가 …… 왜사(倭使)로 하여금 …… 불가하겠습니까."
하니 …… 하였다.

그렇다면 우리도 이제부터 조선통신사라는 말 대신에 일본통신사라고 불러야 할까? 여기에도 다소의 문제가 있을 것으로 보인다. 이미 조선통신사라는 명칭이 일반인들의 귀에 상당히 익숙해져 있는 상황이라는 점을 전혀 무시하기는 어렵기 때문이다. [조선통신사 = 조선이 보낸 통신사]의 등식에 익숙해져 있는 사람들에게는, 자연스럽게 [일본통신사 = 일본이 보낸 통신사]로 인식될 가능성이 크다. 그렇다면 해법은 하나가 남는다. 즉, 對日통신사로 부르자는 것이다.

5. 인간 이예(李藝)

여기서는 왕조실록의 기사를 통해 이예의 인간적 면모에 대해 알아보자. 불우한 어린 시절, 동료를 감싸는 마음, 전문지식을 갖춘 공무원, 애족의 마음, 장인정신, 건강과 의지, 군신관계로 나누어 살펴보기로 한다.

1) 불우한 어린 시절

李藝가 8세 나던 1380년(고려 우왕 6) 울산군에 왜구가 침입하였고, 이때 李藝의 모친도 왜구의 포로가 되어 일본으로 끌려갔다. 당시에 부친이 생존해 있었는지의 여부는 알 수 없다. 만약 당시에 부친이 생존해 있었다면 부친도 아전의 신분이었을 가능성이 없지 않다.

그러나 만약 李藝가 더 어릴 때에 부친을 잃고 모친 슬하에서 살고 있었다면, 李藝는 8세 이후부터는 고아로 자랐을 수도 있다. 이런 경우였다면 부친의 신분과는 관계없이 李藝의 대에서부터 아전 계급으로 굳어졌을 수도 있다. 사료가 없기는 하지만, 8세때에 모친이 포로로 일본으로 잡혀 갈 정도라면 李藝는 상당히 불우한 어린 시절을 보냈을 것으로 짐작할 수 있겠다.

2) 동료를 감싸는 마음

1423년(세종 14)에 60세 노인이 된 李藝는 회례사가 되어 일본국왕에게 파견되었다. 이때 회례부사는 김구경이다. 출발은 좋았다. 일본국왕에게 보내는 국서에서 임금은 다음과 같이 말한다.

> 우리 두 나라는 대대로 인국(隣國)의 호의(好誼)를 닦아 항상 신의를 돈독히 했는데, 지금 또 전사(專使)로 보빙하니 매우 기쁘고 위로되오. 선사한 예물은 삼가 이미 영수하였으며, 이에 신하 李藝 등을 보

내어 가서 사례하는 뜻을 표하오. 변변치 못한 토산물과 부탁한 바의 『대장경』은 모두 별록(別錄)에 적었으니 영납(領納)하기 바라오.

그런데 사행을 마치고 돌아오는 길에 사절단은 바다에서 해적에게 약탈을 당하여, 가진 물건을 모두 빼앗기고 겨우 목숨만 보전하여 피신하였다. 김구경이 먼저 대마도에 돌아와서 임금께 올린 장계는 다음과 같이 기록하고 있다.

일본 서울에 이르러 일을 다 마치고 돌아오다가, 4월 13일에 배가 바다 가운데 좌초하여 창졸간 위급한 때에, 홀연히 해적선 35척이 나타나 일본국 서계(書契)와 예물(禮物) 및 본국의 무역한 잡물과 관군(官軍)의 의복·양식까지 모두 빼앗아 갔습니다. 깨어진 배를 타고 해안에 도착하여 맨몸으로 걸어서 대내전(大內殿)으로 향하여 얻어먹기도 하고 굶주리기도 하면서….

특히 60세의 노인 李藝로서는 참으로 견디기 어려운 시련이었을 것이다. 그러나 일본의 해적보다 더 무서운 것은 조선의 동료 외교관이었다.
김구경이 세종 임금께 나아간 자리에서 아뢰기를, 해적에게 당하게 된 것은 배가 무거웠기 때문이며 이는 또 李藝가 개인 이익을 위해 포목을 배에 많이 적재하였기 때문이라고 했다. 이렇게 되니 임금은 李藝를 의금부에 가두고 조사를 명하셨다.
의금부가 조사 결과를 임금께 아뢴 내용은 다음과 같다.

회례부사 김구경이 정사 李藝가 범한 것이라고 말을 얽어 임금께 고했습니다. 또 군량을 보충할 돈으로 속향(束香)과 백철(白鐵)을 사서 사사로이 썼습니다. 또 이 돈으로 진주(眞珠)와 금박(金薄)과 은박(銀

薄)을 사들이고는 "이것은 임금께 진상(進上)하기 위하여 샀다"고 일 컫고는 말을 돌이켜 품질이 나쁘다고 바치지 아니하였습니다.

임금은 김구경을 속장(贖杖) 1백에 처하라고 명하였다. 김구경이 나랏돈을 횡령하고 이를 은폐하기 위해 李藝에게 죄를 덮어씌웠다는 것이 분명히 밝혀진 셈이다.

여기서 한 가지 주목할 것은 김구경이 거짓으로 이예를 모함하는 데에도 불구하고 이예가 끝내 이에 대해 대응하지 않고 의금부에 갇히게 되었다는 점이다. 함께 死地를 넘나든 동료를 감싸 주려는 마음이 없이는 어려운 일이었을 것이다.

3) 전문지식을 갖춘 공무원

조선왕조의 개창과 명나라의 강성에 따라 동아시아의 정세는 점차 안정화하였으며, 태조대왕의 엄격한 대일정책이 실시됨에 따라 왜구의 침입이 감소하였다. 그러나 합법적 방법으로 교역을 청해 오는 왜사(倭使)의 왕래는 일본 각지로부터 급격히 증가하고 있었다. 이에 따라 조선은 상당 정도의 경제적 부담과 치안유지 부담을 느끼고 있었다. 이리하여 조선은 왜사의 왕래를 제한할 필요를 느끼게 되었다.

그 방법의 하나가 바로 문인(文引), 노인(路引), 서계(書契), 도서(圖書) 등의 이름으로 일종의 입국허가증을 발행하여 이를 제한함으로써 그들의 왕래를 통제하는 것이었다. 일본의 각지에서 오는 왜사들이 일단은 대마도를 거치지 않을 수 없었으며, 따라서 조선은 대마도주에게 문인 발급의 권한을 주되 그 총수를 규제하려고 했다. 이를 통하여 가장 효과적으로 왜사들의 왕래를 통제할 수 있다고 생각했던 것이다.

한문종(1989)은 "문인제도는 1438년(세종 20)에 대마도 경차관으로 파견된 李藝가 대마도주와 이를 정약한 이래 강력한 왜인 통제책으로 기능했다"고 말하고 있다.

이와 같은 문인제도를 총체적으로 규정하는 조약이 바로 1443년(세종 25)에 체결된 계해약조이다. 계해약조는 세종 25년 8~10월경에 대마도에 체찰사로 파견되었던 李藝가 주도하여 체결하였으며, 신숙주는 이 약조가 체결되도록 대마도주를 설득하는 데에 일조했다. 한문종[1989]에 의하면 계해약조는 대일 외교 체제를 형성하고 유지시키는 데에 커다란 역할을 하였으며, 이는 임진왜란 후에 체결된 기유약조에 계속 유지되어 조선후기 대일 외교의 근간이 되었다고 한다. 결국 계해약조에서 규정된 문인제도가 조선과 대마도간의 외교관계를 정례화함으로써 이후 대일 통교외교의 기본이 되었고, 또한 대마도주를 비롯한 일본의 지방호족들을 외교체제 속에 편입시키는 데에 크게 기여하였다는 것이다.

일본 본토뿐 아니라 특히 대마도와의 관계에 있어서, 李藝는 문인제도에 가장 정통하다고 자타가 공인하는 조선 최고의 전문 공무원이었다. 이에 대한 증거는 다음의 (1)~(10)에서 보는 바와 같이, 명백하게 실록에서 제시되고 있다.

(1) 1438년(세종 20) 조정에서 조선을 방문하는 대마도 왜인의 체류기한을 제한하는 문제에 대한 회의가 열렸다. 그런데 그 자리에는 사행 길에 올라 있는 李藝가 참석하지 않았다. 실록은 다음과 같이 기록하고 있다.

> 모두 말하기를 "李藝가 돌아오기를 기다려서 다시 숙의하게 하옵소서" 하니 그대로 따랐다.

여기서 우리는 세종임금과 당시 조정 중신들의 李藝에 대한 평가를 엿볼 수 있다. 또한 1443년(세종 25)에 71세의 노구로 대마도 체찰사를 자청하며 李藝는 세종께 이렇게 말한다.

신은 어려서부터 늙기까지 이 섬에 출입하여 이 섬의 사람과 사정을
두루 알지 못하는 것이 없으니, 신이 가면 저 섬의 사람들이 기꺼이
만나볼 것이며, 누가 감히 사실을 숨기겠습니까.

이 대목에서는 李藝 자신의 자신감이 잘 드러나고 있다.

⑵ 실록에서 문인제도가 가장 먼저 거론되는 것도 1426년(세종 8; 54
세)에 석견주와 대마도에 다녀온 李藝가 세종께 올렸던 복명서에서다.

대마도주 종정성이 신(臣)에게 이르기를, "여러 곳에서 잡인들이 범
람하여 각처에서 횡행하고 있으므로, 사신의 배와 무역하는 배에는
신(臣)이 모두 노인(路引)을 주었으니, 금후로는 노인을 갖지 않은
자는 접대하지 말 것입니다."

⑶ 1438년(세종 20; 66세)에는 임금이 의정부의 대신 및 첨지중추원
사 李藝와 더불어 대마도 왜인의 접대에 관한 일을 의논하게 했다. 이에
따라 李藝와 영의정 황희, 우의정 허조, 예조참판 안숭선, 판서 권제, 좌
찬성 신개, 우찬성 이맹균 등이 모여 왜인이 며칠 동안 국내에 머무르게
할 것인가의 문제에 대해 서로 의견을 나누었다.

⑷ 같은 해에 의정부가 임금께 아뢰니 임금이 따랐다.

"금번에 李藝를 파견하여 대마주에 가서 종정성과 더불어 이미 약속
을 정하고 있사오니, 바라옵건대, 이제부터 … 각처에서 사자로 보
내온 사람으로 종정성의 문인(文引)이 없을 것 같으면 그의 접대를
허락하지 아니하며 … 하옵소서"

하니, 임금이 그대로 따랐다.

이미 李藝가 대마도의 종정성과 약조한 바에 따라, 종정성의 문인이 없는 왜인의 접대는 허락하지 않는 것이 좋겠다는 것이 그 골자였다.

(5) 1439년(세종 21; 67세)에는 李藝가 왜인들의 위조 서계의 문제로 임금께 상소했다. 실록의 기록을 보자.

> 왜인으로서 종정성 등의 서계(書契)를 받아서 오는 자들을 신이 자세히 살펴보니, 모두 대마도 사람만이 아니오며, 간혹 농업을 일삼지 아니하고 도둑질로 업을 삼다가 대마도의 배에 부탁하여 오는 자가 있습니다. …하건대, 종정성과 소이전(小二殿)에게 후하게 하사하여 그 폐를 금하게 하옵고….

(6) 같은 해에 왜인이 제출하는 서계의 진위를 조사하도록 하는 문제와 무역 문제에 대해 李藝가 임금께 상소한 내용이 실록에 기록되어 있다.

> 종정성이 … 한 달 동안에 보내는 사람이 거의 수천 명에 이르니, 한도 있는 물건으로 한정 없는 사절을 대접하자면 장래가 걱정스럽습니다. 청하건대 … 왜인이 가지고 오는 서계의 진위를 조사하여 만약 위조가 있으면 응접하지 아니하고 모두 다 돌려보내는 것은 이미 전에 규정이 있사옵니다. …

(7) 같은 해에 李藝는 삼포왜인의 쇄환 등 문제에 대해 왜인 진강차랑과 교섭한 바를 임금께 아뢰었으며 그 내용이 실록에 기록되어 있다.

신이 진강차랑에게 이르기를, "종정성 등이 … 석견주 등처의 잡인을 모두 서계를 주어서 보내니, 이것은 장원(長遠)한 계책이 아니요, … 전자에 종정성의 청으로 … 삼포에 머물러 사는 자가 그 수가 많지 않았는데, 지금 이 무리에 의탁하여 와서 사는 자가 또한 많으니, 모두 쇄환하는 것이 어떠한가" 하였더니 대답하기를, "삼가 귀국의 교시에 의하겠다" 하였습니다.

진강차랑이 고기잡이할 곳을 청하기에, 신이 대답하기를, "이미 일찍이 … 염포·부산포·내이포 등처에서 고기잡이할 것을 들어 주었으니, 사세가 계달하기 어렵다" 하였습니다.

진강차랑이 말하기를, "부산포에 … 머물러 사는 왜인들도 내이포·염포의 예에 의하여 … 머물러 사는 것을 들어 달라" 하기에, 신이 대답하기를, "내이포·염포 등처는 종정성의 청을 들어서 허가하여 머물러 살게 하였지마는, 부산포는 전에 머물러 사는 왜인이 없고, 또 종정성의 서계에도 없는 바이니, 다시 새 법을 세울 것이 아니다. 사세가 계달하기 어렵다" 하였습니다.

진강차랑이 말하기를, "지금 간지사야문을 서울 안에 머물러 두고 심부름을 시키는데, 만일 조정의 명령이라면 감히 명령대로 하지 않을 수 없지마는, 조정의 명령도 없이 제 마음대로 서울에 올라왔으므로, 우리 도주(島主)가 불러서 그 까닭을 묻고자 한다" 하기에, 신이 대답하기를, "만일 원래 대마도에 살고 있는 사람이 제 마음대로 서울에 올라왔다면, 조정에 청하여 데려가는 것이 가하지마는, 내이포 등처의 항거(恒居)하는 왜인은 우리나라에서 철전(鐵箭)을 잘 만든다는 것을 듣고 서울 안에 두게 한 것이니, 네가 이 뜻을 돌아가서 도주에게 말하라" 하였습니다.

(8) 같은 해에 李藝가 왜인의 입국 허용 조건 등에 대해 진강차랑과 교

섭한 바를 임금께 아뢰었다.

진강차랑이 말하기를, "우리 도주(島主)가 보낸 사람 중에 도서(圖書)를 두 번 찍은 서계를 가진 자는 바다를 건널 10일의 양식을 주고, 도서를 한 번 찍은 서계를 가진 자는 3~4일이나, 혹은 5~6일의 양식을 주는 것은 역시 대국의 명령이라" 하였습니다. 신은 원하옵건대, 세 번 도서를 찍은 것을 가진 자는 10일의 양식을 주고, 도서를 한 번 찍은 것을 가진 자는 5일의 양식을 주게 하소서.

진강차랑이 또 말하기를, "비록 도서를 찍은 서계를 싸 가진 자라도 만일 도주(島主)의 문인(文引)이 없거든, 청하옵건대 접납을 허락하지 마소서. 내가 이 뜻으로 도주에게 고하겠다" 하였습니다. 신이 진강차랑에게 이르기를, "허위로 도서를 찍은 것을 가진 자는 참인지 거짓인지를 분변하기 어려우니, 도서를 고쳐 만들어서 너의 장수에게 주면 어떠한가" 하였더니 대답하기를, "만일 고쳐 만들어서 보내 주면 도주가 매우 기뻐할 것이라" 하였습니다. 신이 또 말하기를, "객인(客人)들이 각 포(浦)에 이르면 혹은 여러 가지로 청구하고, 혹은 족친을 만나 보겠다고 칭탁하는 자, 혹은 위조 서계를 가진 자, 혹은 이중으로 서계를 받아서 삼포에 체류하며 여러 가지 폐단을 만드는 자를 일절 금하는 것이 어떠한가" 하였더니 대답하기를, "내가 지금 삼포를 순행하여 우리 도주의 명령을 전하고 엄하게 검찰할 터이니 귀국에서도 역시 검찰하여 핵실하는 것이 좋다" 하였습니다. 신은 청하옵건대, 조관(朝官)을 보내어 진강차랑과 함께 의논하여 검찰 수사하여 강제로 그 섬으로 돌려보내고, 인하여 말하기를, "삼가 이런 무리를 보내지 말라. 비록 보낸다 하더라도 받아들이지 말게 하겠다" 하고, 이것으로 진강차랑에게 효유(曉諭)하여 보내는 것이 어떠합니까.

(9) 같은 해에 예조가 대마도의 종정성에게 편지를 보냈는데 그 골자는 종정성이 李藝와 더불어 정한 약조를 지켜 줄 것을 요구함과 동시에 왜인 입국에 대한 조정의 조처를 통고하는 것이었다.

(10) 같은 해에 의정부가 내이포에 사는 왜인들이 李藝에게 편지를 보내어 양식을 청하는 것이 부당하니 이를 하지 못하게 조처했다는 사실이 실록에 기록되어 있다.

> 내이포에 항상 사는 왜인 쇄모이라 등 6인이 李藝에게 편지를 보내어 양식을 청하였사온데, 그 포구에 머무르는 동안의 식량과 바다를 건너가는 식량을 대·중·소선을 분간하여 준다는 것이 이미 법으로 세워졌으므로, 사사로이 서면을 보내어 청구하는 것은 실로 부당하오니, 이제부터는 그렇게 하지 못하게 하옵고, 만약 부득이한 일이 있으면 소재지 관가에 고하여 감사에게 보고하게 하옵소서.

4) 애족의 마음

李藝는 전후 40여 회 일본과 대마도 등지로 왕래하면서, 667명의 조선인 포로를 구출해 돌아왔다. 외교협상 역량과 함께 애족의 마음이 없었다면 이러한 업적을 세우기 어려웠을 것이다. 실록은 다음과 같이 전한다.

> 신사년(1401년) 겨울에 … 포로된 50인을 찾아서 … 돌아왔는데 … 이때부터 경인년(1410년)까지 10년 동안 해마다 통신사가 되어 … 포로 5백여 명을 찾아왔다. 병신년(1416년)에 유구국에 사신으로 가서 또 40여 인을 찾아왔고, 임인년(1422년) 및 갑진년(1424년)에 … 찾아온 사람이 70여 인이어서 … 계해년(1443년)에는 포로 7인과 도적질한 왜인 14인을 찾아서 왔으므로 ….

여기에 명시된 인원을 합하면 667명이 된다.

5) 장인정신

자신의 맡은 일에 대한 긍지를 갖고 심혈을 기울여 매진하는 장인정신의 결여는 우리 사회의 다소 모자라는 면의 하나로 자주 거론되고 있다. 높은 보수를 받으며 사회적 존경이 주어지는 직종에서는 비교적 더 쉽게 장인정신이 발휘될 수 있을 것이다. 보수가 낮고 사회적 존경심이 적을수록 장인정신의 발휘가 어려워지는 것도 당연한 인정이겠다. 李藝는 상민에 비해서는 더 높은 사회적 지위를 가지면서도 사대부에 비해서는 낮은 위치에 있는 아전의 신분이었다. 그러나 李藝는 위험을 피해 달아난 다른 아전들과는 달리, 적진의 사지(死地)까지 일부러 따라가서 상관인 군수를 평소와 같이 깍듯이 모셨다.

그렇게까지 따라가지 않는다고 해서 비난받을 상황도 아니었고, 오히려 그렇게 함으로써 다소 모자라는 사람으로 의심받을 상황이었을 것이다. 이는 600년 전의 그 당시나 지금이나 다를 바가 없다. 그런데 그는 자기의 신분이 무엇인가에 관계없이 고귀한 직업윤리를 실천하며 생명을 던지는 장인정신을 보여 주었다. 바로 이 점이 험악한 왜적들의 마음을 흔들고 나아가서는 당시의 조정을 감동시켰던 것이다. 비슷한 종류의 행동이었다 하더라도, 양반 계층의 어떤 사람이 이런 행동을 했을 경우보다 중인 계층의 李藝가 했을 때에 사람들의 감동이 더 컸을 수도 있겠다.

이런 면에서 李藝를 현대 우리사회의 바람직한 인간형의 본보기로 삼을 수도 있을 것이다. 李藝의 장인정신은 그 아들 이종실에게로 계승되었고, 이종실은 대를 이어 대일 외교사절로 활약하였다. 이종실은 세조 임금 당시에 통신사 송처검과 함께 통신부사로 일본국왕에게 파견되었다. 이때의 사절단은 표류 끝에 한 사람을 제외한 모두가 바다에서 죽고 말았으며, 조정은 사신을 바다로 보내어 수중 장사를 치러 주었다.

『조선왕조실록』의 1460년(세조 6) 1월 5일 계미조에서 세조께서는 경상도 등 7개도의 관찰사에게 풍랑을 만난 이종실 일행의 사후 처리를 당부하고 있다.

> 통신사가 지난 기묘년 10월 초 8일에 배로 떠났으나 풍랑을 만나서 정사 송처검(宋處儉)이 탄 배는 간 곳을 알지 못하고, 부사 이종실(李宗實)의 배는 전복하여 패몰하였다. 바닷가에 있는 여러 고을 여러 포구로 하여금 후망(候望)하게 하여, 만약 표류하는 사람이 있거든 곡진히 구휼을 더하고, 시체를 발견하거든 간수하고 소홀히 하지 말게 하라.

사대부보다 낮은 아전의 신분이란 점에 개의치 않고 자신의 업무에 끝까지 최선을 다한 李藝, 그리고 대를 이어 외교관의 직업에 종사하며 죽음을 두려워하지 않고 결국 바다에서 순직하는 이종실. 그 부자의 모습은 직업윤리와 장인정신의 표본이라 할 수 있을 것이다.

6) 건강과 의지

실록은 다음과 같이 전한다.

> 왜국에 사명(使命)으로 가기가 무릇 40여 차례였으며 ….

43년 간 40여 회 일본을 왕래했으니 李藝는 거의 평균 일년에 한 차례씩 일본에 왕래한 것이다. 여기서 다시 실록의 기록을 보자.

> 신사년(1401년: 태종 1)부터 … 경인년(1410년: 태종 10)까지 10년 동안에 해마다 통신사(通信使)가 되어 삼도(三島)에 왕래하면서 ….

李藝가 수행한 40여 회의 외교 업무의 상세한 내용이 실록에 모두 기록된 것은 아니다. 40여 회 중에서 13회의 경우에만, 구체적으로 어떤 목적으로 어떤 직책을 맡아 어디로 파견되었는지에 대한 상세한 내용이 실록에 기록되어 있다. 정사(正使) 혹은 부사(副使)로 파견된 13회에 사절단의 수행원으로 다녀온 1회를 포함하면 14회이다. 그러나 그 나머지 26회 이상의 사행에 대해서는 그와 같은 상세한 기록은 실록에 나타나지 않는다.

李藝는 위에서 본 13회의 사행 중에서 6회는 일본국왕에게, 7회는 대마도 등 지역에 파견되었다. 이 6회의 사행을 중심으로 한 李藝의 활동을 일본국왕에게 파견되었던 다른 조선 외교관과 비교해 보자.

조선 500년의 역사를 1592년 임란을 전후하여 전기 200년 간, 후기 300년 간으로 나누면, 조선국왕은 전기 18회, 후기 12회, 합계 30회에 걸쳐 일본국왕에게 사절을 파견했다.

30회에 걸친 사절단의 정사와 부사로 파견된 신하는 모두 46인이다. 두 번 이상 파견된 경우를 포함한 연인원으로는 50인이 된다. 정사 및 부사를 조선전기와 조선후기로 나누면, 전기에 22인(연인원 26인), 후기에 24인(연인원 24인)이다. 李藝는 이 46인(연인원 50인) 중 가장 자주 일본에 다녀온 사람이다. 30회의 사절단 중에서 6회에 걸쳐 정사 혹은 부사로 파견됨으로써, 조선 500년의 전기와 후기에 걸친 46인의 외교관 중에서 가장 파견 빈도가 높았던 것이다. 윤인보가 2회 파견되었을 뿐, 나머지 44인은 모두 1회씩만 정사 혹은 부사로 파견되었다.

뿐만 아니라, 李藝는 또한 대마도-일기도-유구국에도 가장 자주 파견된 조선외교관이었다. 유구국은 지금의 일본 오키나와에 해당하며 당시에는 완전한 독립국이었다. 1609년에 와서 독립국으로서의 지위를 잃었으며 1879년에 공식적으로 일본 영토로 편입되었다. 그리고 대마도 등 지방 호족은 상당 수준의 독립성을 유지하고 있었다.

도요토미 히데요시(豊臣秀吉)의 일본 통일과 덕천막부(德川幕府)의 성립 이전에는 일본 중앙권력이 대마도 등 지방 호족까지 제대로 미치자 못하여 왜구가 창궐하여도 이를 효과적으로 제어하지 못하였다.

임란 이후 조선 후기에 들어와서는 사절단의 파견 대상이 일본국왕(막부 장군)으로 고정되었다. 그러나 조선 전기에는 왜구 금제의 현실적 필요성에 입각하여 대마도에도 자주 사절이 파견되었다. 조선 전기 200년간 일본국왕에 대한 사절단은 18회, 대마도·일기도·유구국에 대한 사절단은 40회였다.

조선 전기의 대일 사행을 모두 합하면 65회에 달한다. 일본국왕 18회, 대마도·일기도·유구국 40회를 뺀 나머지 7회는 대내전 등과 같은 중앙 호족과 실력자에게 파견되었다. 이 7회의 사절단은 부사도 없이 정사 1인만으로 구성되어 통산 7인의 중앙관리가 파견되었으며 李藝도 그중의 한 사람이다. 그러나 이에 대해서는 여기서 고려하지 않기로 한다.

40회에 걸친 사절단의 정사와 부사로 파견된 신하는 모두 29인이며 연인원은 40인이다. 李藝는 이 29인 중 가장 자주 바닷길에 나섰던 사람이다. 40회의 사절단 중에서 7회에 걸쳐 정사 혹은 부사로 파견됨으로써, 가장 파견 빈도가 높다. 평도전 3회, 피상의 3회, 박인귀 2회를 제외한 나머지 25인은 모두 1회씩만 정사 혹은 부사로 파견되었다.[16]

몸의 건강이 허락하지 않았다면 위와 같은 왕성한 외교활동은 불가능했을 것이다. 이런 점에서 우리는 이예는 특별히 건강한 몸을 갖고 잘 유지해 나갔던 것으로 추론할 수 있을 것이다.

李藝는 36세 나던 1408년(태종 8) 사행에서 조난을 당하여 사경에 이르렀으나, 이에 굴하지 않고 그 뒤로도 지속적으로 사행에 나섰다. 李藝가 60세 노인이었던 1432년(세종 14) 사행에서

---

16) 평도전과 피상의는 각각 조선으로 귀화한 일본인이다.

도 바다에서 왜구를 만나 약탈을 당하여 가진 물건을 모두 빼앗기고 겨우 목숨만 보존하여 돌아왔다. 그러나 李藝는 66세 되던 1438년에 또 대마도로 파견되었다. 그리고 71세 되던 1443년에는 세종 어전에서 자청하여 대마도 사행에 올랐다.

당시의 71세라면 지금의 몇 세에 해당하는 나이일까? 폭풍과 해적의 위험에 고스란히 노출되면서 지금에 비하면 일엽편주라 할 당시의 배에 몸을 싣고 일본으로 떠난다는 것은 지금의 71세라도 결코 쉬운 일이 아닐 것이다. 몸의 건강과 정신의 의지가 뒷받침되지 않고서는 불가능한 일이었을 것으로 생각된다.

7) 군신관계

1426년(세종 8) 李藝가 석견주·대마도의 사물관압사로 떠나기 전에 세종을 뵈었을 때 임금과 신하가 대화한 내용이 직접화법으로 실록에 기록되어 있다.

> 석견주·대마도의 사물 관압사 대호군 李藝가 사조하니, 임금이 불러 보고 이르기를, "종정무(宗貞茂)는 지성으로 마음을 바쳤기 때문에, 부왕께서 이를 가상히 여기시어 항상 보호를 베푸셨는데, 정무가 죽은 뒤에 그 섬의 도둑들은 이때까지 보호하여 준 은혜는 생각하지 아니하고 틈을 타서 좀도둑질을 감행하고 있음은 그대도 아는 바이다. 이제 그대는 가서 그 뜻을 종언칠에게 전하라"
> 하니, 예가 대답하기를,
> "소신이 이 섬에 왕래한 것이 여러 번이었습니다. 정무가 살았을 때에 신이 이르기를, '너희는 우리나라에 대하여 정성껏 섬기지 않으면 안 된다' 라고 말하여 왔습니다"
> 하니, 임금이 이르기를,

"몇 번이나 갔다 왔느냐"
하니, 예가 대답하기를,
"모두 16번이었습니다"
하였다. 임금이 이르기를,
"(일본을) 모르는 사람은 보낼 수 없어서, 이에 그대를 명하여 보내는 것이니, 귀찮다 생각하지 말라"
하고, 드디어 갓과 신을 하사하였다.

위의 대화에서는 위험한 길을 떠나는 신하에 대한 임금의 사랑을 엿볼 수 있다.
1443년(세종 25) 李藝는 71세의 노구로 대마도 체찰사를 자청하며 세종께 이렇게 말한다.

신이 듣건대 이제 대마도에 사신을 보내어 포로된 사람들을 쇄환하려고 하시는데, … 다만 성상께서 신을 늙었다 하여 보내시지 않을까 두렵습니다. 신이 성상의 은혜를 지나치게 입었으므로 죽고 사는 것은 염려하지 않습니다. 이제 종사(從事)할 사람을 가려서 소신을 보내도록 명하시면 포로로 잡혀 간 사람들을 죄다 찾아서 돌아오겠습니다.

이 대목에서는 李藝의 충성심이 나타나고 있다. 실록에 실려 있는 위의 두 기사는 신하에 대한 사랑과 임금에 대한 충성이라는 조선시대의 바람직한 군신관계를 잘 보여 주고 있다.

《主要參考文獻》

· 김상보 · 장철수, 「조선통신사를 포함한 한일관계에서의 음식문화교류 3: 조선통신사 파견과 일본의 조선통신사 접대」, 『Korean Dietary Culture』 vol. 13, No. 4, 1998.
· 노승석, 『拭疣集譯註』, 박사학위논문, 성균관대학교, 2002.
· 이명훈 · 이남호, 『鶴坡李先生 記事』, 학성이씨근원연구회, 2000년 3월.
· 이명훈, 『李藝의 使命: 나는 조선의 통신사로소이다』, 새로운사람들, 2005년 2월.
· 이병휴, 「退溪 李滉의 家系와 생애」, 『한국의 철학』, 경북대학교, 창간호, 1973년.
· 이원식, 『조선통신사』, 대우학술총서 인문사회과학 59, 민음사, 1991년 10월.
· 이원익, 『東史約』, 한국사료총서 33권, 국사편찬위원회, 1990.
· 이장찬, 『鶴坡先生實紀』, 학성이씨家 전승문헌, 1872년.
· 이현종, 『조선전기 대일교섭사연구』, 한국연구원, 1964.
· 지두환, 「세종대 대일정책과 李藝의 대일활동」, 『한국문화연구』 5, 한국문화연구소, 1998.
· 하우봉 · 손승철 · 이훈 · 민덕기 · 정성일, 『朝鮮과 琉球』, 대우학술총서 450, 도서출판 아르케, 1999.
· 한문종, 「조선초기 李藝의 대일교섭 활동에 대하여」, 『全北史學』, 제11 · 12 합집, 85~133쪽, 1989년 7월.
· 한문송, 「조선전기 대일 외교정책 연구: 대마도와의 관계를 중심으로」, 박사학위논문, 전북대학교 대학원, 1996년 8월.
· 황현, 『梅泉野錄』, 한국사료총서, 총 1권, 국사편찬위원회, 1990년.

조선 전기 한일관계와 염포연구

손승철
강원대학교 사학과 교수

1. 머리말
2. 삼포의 연구현황
3. 염포의 개항과 폐쇄
4. 맺음말

1. 머리말

 2003년 10월 25일, 경상남도에서는 부산·진해 경제자유구역을 지정하면서, 이 구역을 동북아의 國際物流團地로 개발하여 화물의 중계지로 만들겠다는 구체적인 계획을 발표했다. 이 계획에 의하면 부산시와 경상남도가 2004년 2월까지 釜山·鎭海 經濟自由區域廳을 발족해, 부산시 강서구와 경상남도 진해시 일대의 신항만과 배후부지 1,253만평을 5개 지구로 나누어 2020년까지 개발하는 것으로 되어 있다. 5개지구 개발구역 중, 특히 薺浦가 있었던 웅동지구(287만평)는 해양리조트 단지로 개발된다. 이미 제포항의 반정도가 매립이 되어 고층아파트가 들어섰고, 인근 야산에 공동묘원이 만들어져 과거의 경관이 거의 사라져 버렸는데, 다시 그 일대를 전면적으로 개발하여 해양수변공원 및 관광·레저시설을 만들겠다는 구상이다.

 조선 전기 한일관계의 창구였던 三浦(제포·부산포·염포) 중 부산포가 20세기에 들어서면서 완전히 부산의 중심지역(고관 및 용두산공원일대)이 되어, 이제는 지형조차 추측하기 힘든 상태가 되어 버렸다. 뿐만 아니라 울산의 염포지역도 1980년부터 현대자동차의 자동차야적장이 되고, 국제여객터미널이 들어서면서, 이제는 현장에 가더라도 그 흔적을 전혀 찾을 수 없게 되었다.

이러한 시점에서 염포였던 울산에서 충숙공 이예 선생을 주제로 한, 국제심포지엄이 개최된다는 사실은 울산지역의 역사적 정체성의 재조명은 물론, 조선 전기 한일관계사 연구에 있어서도 매우 중요한 의미를 가질 뿐만 아니라 타지역에도 지역사의 발굴과 보존 사업에 좋은 본보기가 될 것이다.

본 발표는 이러한 현실을 감안하면서, 그 동안 이루어진 삼포지역에 대한 연구현황 및 관련사료, 그리고 앞으로의 연구과제 등을 제안하여, 향후 울산을 포함한 삼포지역의 역사지리학적 연구를 위한 기초자료로 삼고자 한다.

2. 삼포의 연구현황

1) 한국에서의 연구

1945년 이후 三浦에 관련된 연구논저는 총 29편에 달하고 있다.(국사편찬위원회 『韓國史研究彙報』 수록논문) 이들 연구를 주제별로 분류해 보면 다음 표와 같다.

주제	왜관개관	항거왜인	무역	삼포왜란	포소이전	관련내용	염포	제포	발굴보고서	계
편수	5	2	4	3	3	8	1	2	1	29

① 왜관전반에 관련된 연구: 金容旭,「釜山倭館考」(1962)는 왜관에 관련된 최초의 논문으로 三浦의 설치과정과 부산포왜관의 성립, 왜관의 기구 및 왜관에 관련된 제 약조에 관한 개괄적인 검토를 하였다. 이어 朴仁錫,「釜山貿易考」(1963)에서는 주로 무역을 중심으로 삼포의 개항과 왜관의 公私貿易에 관한 소개를 하였다. 한편 李完永,「東來府 및 倭館의 行政小考」(1963)에서는 왜관의 행정기구 및 조직에 관해 소개하였다. 또한 金義煥,「釜山市形成의 歷史的 背景과 그 性格」(1970)에서는 조선시대 부산포에 관해 소개하였는데, 이상의 논문들은 모두 부산포 및 왜관에 관한 평면적이고 개괄적인 소개 정도의 내용이다. 三浦의 형성과정에 대한 보다 세밀한 역사적 검토와 景觀이나 지리적인 조건 등을 포함하여 삼포가 왜인들의 入港場이 된 이유나 당시 이 지역의 港灣・浦口 상황 등이 좀더 소상하게 고찰되어야 할 것이다.

② 恒居倭人을 주제로 한 연구로는 申基碩,「朝鮮朝 前期의 對日通交 －三浦恒居倭人問題를 中心으로－」(1985)와 유희원,「朝鮮初期 三浦恒居倭人과 對口政策 － 對倭寇 防止策의 한 形態」(1993)가 있다. 주로 삼포 내에 거주하고 있었던 일본인에 대한 문제를 다룬 것으로 그들의 貿易活動과 조선정부의 統制策에 관해 서술하고 있다. 조선에서 활동한 왜인들은 크게 使送倭人, 投化倭人, 興利倭人 세 종류로 구분되는데, 이들의 활동이 相互比較되면서, 倭館內의 恒居倭人의 활동이나 생활상이 좀더 구체적으로 밝혀져야 할 필요성이 있다.

③ 貿易에 관련해서 李鉉淙,「朝鮮初期倭人收稅考 －三浦恒居倭人과 釣魚倭人을 중심으로－」(1960)는 삼포에 거주하는 恒居倭人에 대한 수세 적용 논의 및 釣魚倭人에 대한 수세방법 등에 관한 내용이며, 同,「三浦倭亂後 倭人接待貿易에 對하여」(1962)는 1510년 삼포왜란 이후 왜인무역

의 변화상을 살피고 있다. 한편 金東哲, 「朝鮮後期 倭館開市貿易과 東萊商人」(1998)은 개시무역의 양상을 통해 왜관과 경상도지역의 유통구조를 밝히고 있으며, 朴小恩, 「17·8세기 戶曹의 倭館收稅策 變化」(2000)는 왜관에서 이루어지고 있는 인삼무역에 대한 동래상고들의 활동에 대해 연구하고 있다.

④ 三浦倭亂에 관해서는 李鉉淙, 「三浦倭亂原因考」(1960), 同, 「三浦倭亂後 對倭交涉再開始末에 對하여」(1961), 李在範, 「三浦倭亂의 歷史的 性格에 대한 再檢討」(1996) 등 3편의 논문이 있는데, 삼포왜란의 원인이나 경과, 그 역사적 의미 등에 대한 전개과정을 사실적으로 서술하였다.

⑤ 倭館移轉에 관해서는 張舜順, 「朝鮮後期 倭館의 設置와 移館交涉」(1996)과 尹用出, 「17세기 중엽 豆毛浦 倭館의 移轉交涉」(1999)이 있는데, 임진왜란 직후 절영도 가왜관부터 두모포왜관시대를 거쳐 초량왜관에 이전될 때까지의 과정을 다루었다. 河宇鳳, 「壬辰倭亂以後의 釜山과 日本關係」(1992)도 임란 이후 왜관의 변천상황을 이해하는 데 도움이 된다.

⑥ 倭館과 관련된 여러 가지 내용을 다룬 논문으로 李進熙, 「釜山浦를 그린 朝鮮時代의 그림에 대하여」(1987)는 釜山浦를 소재로 그린 그림들을 소개하면서 그림의 특징과 제작연대를 설명하고 있다. 孫承喆, 「倭人作拏謄錄을 통하여 본 倭館」(1993)과 金聲振, 「釜山 隣近地域의 生活에 미친 釜山倭館의 영향」(1998)에서는 서울대학교 奎章閣에 소장되어 있는 『倭人作拏謄錄』을 분석하여 왜관을 둘러싸고 발생한 交奸事件의 실태를 밝혀 부산사회상의 단면을 묘사하였다. 또한 제임스루이스, 「朝鮮後期 釜山倭館의 記錄으로 본 韓日關係 -폐·성가심(迷惑)에서 相互理解로-」(1996)는 왜관을 둘러싸고 발생하는 한일 양국인의 갈등을 欄出이나 交奸問題를 예

로 다루고 있다. 그 외에도 金聲振, 「釜山倭館과 韓日間의 文化交流」(1998)는 왜관을 통해서 이루어지는 서적의 반출과 승려들의 일본체험과 기록을 다루었고, 許芝銀, 「癸亥約條(1683)締結과 倭館統制策」(1997)과 李相奎, 「17-8세기 동래부에 파견된 倭學譯官의 機能」(1998)은 왜관에서 체결된 조선 후기 각종 약조와 역관들의 기능에 대하여 다루었다.

⑦ 鹽浦와 薺浦에 관한 연구는 거의 전무한데, 鹽浦에 관해서는 유일하게 崔槇幹, 「日本 室町時代의 草菴茶에 끼친 梅月堂의 影響」(1988)이 있으나, 그 내용도 염포를 본격적으로 다룬 것은 아니다. 다만 단일논문은 아니지만, 金東哲, 「조선 전기 대일정책과 울산」(『蔚山廣域市史』 제1편 제5장 4절)(2002)이 있는데, 조선 전기 한일관계사 속에서 염포를 조명한 한 글이다. 제포에 관해서도 진해의 향토사가인 黃正德에 의한 『진해시사』(1987)와 「世祖때 세운 鎭海市 薺浦의 木柵」(1997)이 있을 뿐, 삼포 가운데 제일 번성했음에도 그 연구는 너무 미약하다.

⑧ 三浦 가운데에서는 유일하게 薺浦의 水中遺蹟(木柵)이 1999년 부산 동아대학교 박물관에 의해 발굴되어, 心奉謹, 鄭義道, 『鎭海薺浦水中遺蹟』 발굴보고서가 발간되었다. 이 발굴은 제덕만 매립공사과정에서 水中木柵의 일부가 노출되어 그 중요성을 감안하고 발굴조사한 것이다. 이 수중목책은 발굴 결과 삼포왜란 후 설치했던 것으로 드러났으며, 함께 출토된 도자기와 기와편 등과 함께 당시의 문화상을 파악하는 데 중요한 자료로 활용되고 있다. 향후 도자기 생산이나 유통 과정 등을 포함하여 이 부분에 대한 심도 있는 분석과 연구가 요구된다.

이상 삼포 및 왜관에 대한 연구는 주로 정치·외교·무역·제도사 측면의 연구가 주를 이루고 있으며, 자연·지리·환경·사회상 등의 연구가 절대적으로 부족하여 역사적인 실체를 규명하는 데는 아직도 많은 연구가 필요하다.

2) 일본에서의 연구현황

조선 전기 한일관계사에 대한 일본학자의 연구는 숫적으로 한국에 비하여 월등하게 차이가 난다. 그중 삼포에 관한 대표적인 연구로는 三浦周行, 「足利時代日本人の居留地たりし朝鮮三浦」(『朝鮮』86); 小田省吾, 「李朝朝鮮時代に於える倭館の變遷 －就中絶影島倭館に就て－」(京城帝國大學法文學會編, 『朝鮮支那文化の研究』)를 비롯하여 中村榮孝, 「三浦の制限と倭館の設置」「三浦における倭人の評亂」『日鮮關係史の研究』上); (吉川弘文館, 1965); 關周一, 「倭人送還交涉と三浦の形成」『社會文化史學』33, 1994; 同, 「對馬・三浦の倭人と朝鮮」『朝鮮史研究會論文集』36; 村井章介・荒野泰典・高橋公明・孫承喆, 「三浦から釜山倭館へ－李朝時代の對日貿易と港町－」(靑丘學術論集, 3, 1993); 村井章介, 『中世倭人傳』(岩波新書, 1993); 田代和生, 『倭館－鎖國時代の日本人町』(文藝春秋, 281, 2002) 등이 있다. 물론 이외에도 삼포에 관하여 부분적으로 언급한 논저는 많이 있지만, 여기에 소개한 것들은 삼포를 주요 주제로 다룬 논저들이다.

이 연구들 가운데 특히 中村榮孝와 村井章介의 연구는 삼포연구의 기본적인 텍스트라 할 정도로 아주 중요하다. 예를 들면 中村榮孝는 三浦周行의 연구를 바탕으로 삼포와 왜관의 성립과정을 최초로 소개하여 이후의 연구자들은 모두 그의 서술에 따르고 있다. 또한 村井章介는 『中世倭人傳』에서 왜구의 활동지역을 삼포를 포함하는 남해안지역으로 설정하고, 그 활동지역을 국경이나 민족을 넘어선 제 민족의 잡거지역으로 서술하고 있으며, 왜인(왜구포함)들의 비정상적인 행위(약탈이나 사기－僞使 등)를 넓은 의미에서 아시아해역에서의 인적교류라는 개념으로 설명하고 있다. 이러한 측면에서 일본학자들의 연구가 삼포연구에 기초가 되지만, 기본적으로 삼포를 일본중세사와 일본인의 시각에서 다루고 있다는 점을 간과해서는 안 된다.

3) 三浦에 관련된 史料

1) 문헌사료

삼포에 관련된 문헌사료로는 기본적으로『朝鮮王朝實錄』,『備邊司謄錄』,『承政院日記』,『海東諸國記』,『通文館志』,『增正交隣志』,『春官志』,『邊例集要』등 한일관계를 다양한 형태로 기록한 사서들이다. 이 가운데 한일관계사료를 가장 풍부하게 통시적으로 기록하고 있는『朝鮮王朝實錄』의 경우를 보면, 삼포에 관련된 사료는 총 1,298개이다. 그리고 村井章介, 孫承喆의「朝鮮前期 三浦關係史料目錄(1392~1591)」(『靑丘學術論集』제3집)에는 사료 715개가 소개되어 있다. 이를 왕대별로 정리해 보면 다음 페이지의 표와 같다.

이들『朝鮮王朝實錄』속의 삼포 관련 기사가 좀더 세밀히 분석되어야 하며, 조선 후기의 경우『備邊司謄錄』이나『承政院日記』등의 기사도 함께 발췌되어 보완되어야 할 것이다.

한편 조선 전기 한일관계사 연구에서 신숙주의『海東諸國記』는 재삼 거론할 필요도 없이 삼포연구의 최고 사료이다. 특히「朝聘應接記」에 수록된 三浦熟供·三浦分焰·三浦宴·留浦日限·三浦禁約 등의 기록과 三浦地圖는 앞의 관찬 사료와 함께 삼포연구에 가장 중요한 자료들이다.

2) 각종 지리지

삼포와 관련된 각종 지리지로는 우선 고려시대의『高麗史 地理志』가 있다. 조선시대에 들어와서는『新撰八道地理志』(1424),『世宗實錄地理志』(1454),『八道地理地』(梁誠之,1478),『東國輿地勝覽』(1481),『新增東國

『朝鮮王朝實錄』 속의 삼포 관련 기사

왕대	연대	재위	기사수	왕대	연대	재위	기사수
太祖	1392-1398	6	0	光海君	1608-1622	14	10
定宗	1399-1400	2	0	仁祖	1623-1649	27	5
太宗	1401-1418	18	12	孝宗	1649-1659	10	1
世宗	1418-1450	32	116	憲宗	1659-1674	15	0
文宗	1450-1452	2	5	肅宗	1674-1720	46	9
端宗	1452-1455	3	22	景宗	1720-1724	4	1
世祖	1455-1468	13	77	英祖	1724-1776	52	12
睿宗	1468-1469	1	18	正祖	1776-1800	24	35
成宗	1469-1494	25	318	純祖	1801-1834	34	13
燕山君	1494-1506	12	69	憲宗	1835-1848	13	3
中宗	1506-1544	39	385	哲宗	1848-1863	15	3
仁祖	1545	1	0	후기합계	1608-1863	256	110
明宗	1546-1567	22	36				
宣祖	1567-1608	41	130				
전기 합계	1392-1608	216	1,188	총계			1,298

輿地勝覽』(1487~1528), 『輿地圖書』(1754~1770), 『東國文獻備考』, 『新刊東國文獻備考』(1770) 외 고종년간 편찬된 각 지역의 邑誌 등이 있는데, 예를 들면 『熊川邑誌』가 있다.

3) 각종 고지도

① 삼포 및 倭館古地圖, 회화

『海東諸國記』의 삼포도, 各種 草梁倭館圖(鄭歚의 『草梁倭館圖』, 1678년의 『草梁倭館圖』, 『倭館東館』・『西館圖』, 『釜山草梁倭館鳥瞰圖』 등).

② 港浦口를 그린 各種 古地圖

현존하는 古地圖를 소장처별로 살펴보면, 고려대학교 33종, 국립중앙

도서관 78종, 국사편찬위원회 7종, 서울대학교 132종, 숭실대학교 37종, 영남대학교 80종, 기타 4종 등 총 371종이다. 이 밖에도 연세대학교, 성신여자대학교, 국립중앙박물관, 개인소장 등이 있으나 정확한 수는 파악되지 않고 있다.

③ 개항 이후 현재에 이르기까지 울산·부산·진해 부근의 지도·지적도 및 각종 사진

개항 당시 부산항, 동래부 스케치, 釜山港居留地約書附圖, 釜山日本居留地平面圖, 朝鮮釜山港境界圖, 明治36年 釜山港市街及附近地圖, 釜山付全圖, 大正元年 釜山市街圖, 1859-1962년 釜山港 6點. 現在의 釜山圖 및 지적도, 해당지역의 각종 사진 및 항공사진 등.

④ 발굴보고서

薺浦 水中木柵에 관한 동아대 박물관 발굴보고서 및 관련지역의 지표조사 및 발굴 보고서 등.

3. 염포의 개항과 폐쇄[1]

삼포의 개항과정에 관해서는 이미 상당 부분이 선행연구에서 밝혀져 있다. 1392년 건국한 조선왕조는 국방체제를 정비·강화해 가면서 왜구의 약탈에 대해 적극적으로 군사적인 대응을 해 가는 한편, 교린 정책에 의해 왜구의 금압을 요청하는 외교사절을 파견하고, 왜구를 평화적인 통

---

1) 이 장은 상당부분 金東哲,「조선전기 대일정책과 울산」(『蔚山廣域市史』 제1편 제5장 4절)을 참조했다.

교자로 전환시키기 위한 여러 가지 회유책을 실시해 갔다.

그 결과 건국 직후부터 對馬島, 一岐島는 물론이고 九州지역과 六州지역의 영주들은 물론 室町幕府의 장군과도 사절을 교환하게 되면서, 興利倭人과 使送倭人의 왕래가 급증하게 되었고, 조선에 투항하는 恒居倭人의 수도 많아졌다. 그렇다고 왜구가 완전히 금압된 것은 아니어서, 조선왕조에서는 왜구에 대해서는 군사적으로 응징해 가면서, 한편으로는 이들 평화적인 통교자들에 대한 대책을 세워 나가기 시작했다. 즉 투항왜인들을 한양이나 지방 군현에 분치하고, 흥리왜인과 사송왜인에게는 입항하여 정박하는 포소를 제한하였다.

그리하여 1407년 7월, 경상도병마절제사 姜思德의 건의에 의해 흥리왜인이 정박할 수 있는 포구를 좌우도 도만호가 방어하는 부산포와 내이포의 두 곳으로 한정하였다.[2] 이 점에서 포소의 개항과 왜관의 설치, 그에 대한 통제 등은 별도의 문제로 보아야 한다. 즉 일방적으로 1407년을 포소의 개항으로 말하지만, 이 해는 이미 개항된 포소를 통제하기 시작한 시점으로 보아야 한다. 그러나 당시의 기록을 보면, 이 제한도 그대로 지켜지지는 않았던 것 같고, 전처럼 각 포구에 흩어져 정박하는 현상은 여전했던 것 같다. 그 후 1417년 10월에 염포의 국방상의 중요성을 강조하여 염포에도 만호를 두게 된다.[3] 그리고는 이듬해인 1418년 3월에는 염포와 가배량에 각기 왜관을 설치하여 부산포와 내이포의 항거왜인을 안치하도록 했다. 결국 부산포와 내이포의 두 곳에 염포와 가배량이 늘어 네 곳의 포구가 허용되었고, 그 곳에 왜관을 지어 항거왜인을 살도록 한 셈이 된다.

이 시기에 얼마나 많은 왜인들이 조선에 와서 살았는가에 대해 정확한 수는 알 수 없지만, 한 연구에 의하면 1410년의 시점에 경상도에 거주한

---

[2] 『太宗實錄』 7년 7월 무인.
[3] 『太宗實錄』 17년 10월 갑진.

〈현재의 삼포위치〉

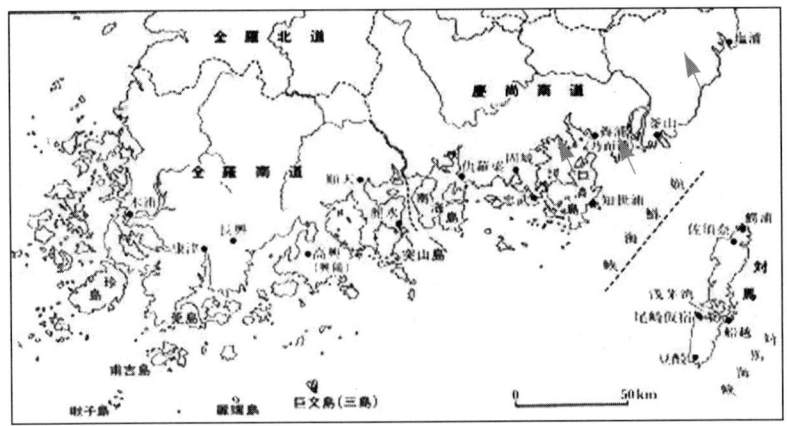

일본인은 2천인 정도이고, 1416년경에는 100인의 왜인이 서울에 거주했다고 한다.[4] 그 후 1419년 6월 대마도정벌 직전에 대마도공격의 정보가 누설될 것을 염려하여 각포에 거주하고 있는 왜인과 흥리왜인을 잡아서 각도에 분치하였는데 그 수가 591인이었고, 당시 죽은 자가 136인이었다. 그렇다면 적어도 727인의 항거왜인이 살고 있었던 셈이 된다.

1419년 6월 대마도정벌 후, 9월에 대마도주의 힝복문시를 받고, 그 해 11월에 일본국왕사 및 구주절도사의 사절이 왕래한 후, 일본인의 왕래는 더욱 급증하게 된다. 그리하여 1426년 1월, 내이포와 부산포에 추가하여 염포에서도 무역을 허가하기로 했다. 이로써 무역이 허가된 포구는 내이포·부산포·염포의 세 곳이 되었고, 이때부터 소위 「三浦時代」가 시작된다.

이후에도 삼포의 항거왜인 수는 계속 늘었는데, 1434년의 경우, 내이포에 600여 인이었고, 부산포도 같은 상황이라고 했다. 항거왜인이 증가하자 조선조정의 위기감은 점차 고조되어 갔다. 이러한 상황에 대하여 경

---

4) 關周一, 「中世の日朝關係 -倭寇·朝鮮遣使ブーム·三浦-」『歷史と地理』 457, 1993, 11쪽.

상감사는 다음과 같이 보고했다.

> 내이포에 와서 사는 왜놈이 갔다가 왔다가 함이 일정치 아니하여 날마다 더 오고 달마다 더 와서 수년 동안에 거의 수백 호나 되었으니, 이것은 뱀을 방안에 기르는 것과 같습니다. 아마 반드시 독을 뿜을 날이 있을 것이니, 마땅히 빨리 본토로 돌려보내어 후회를 끼치지 말도록 해야 할 것입니다.[5]

그리하여 조선에서는 대마도주 宗貞盛에게 삼포에 거주하는 항거왜인을 소환하도록 요청했고, 宗貞盛은 1436년 3월에 내이포 253인, 부산포 29인, 염포 96인 합계 378인을 쇄환했고, 宗貞盛이 남겨두기를 청한 60인과 그대로 머무르기를 원하는 자 146인, 합계 206인을 그대로 머물도록 허락하였다. 그런데 당시 대마도주가 요청한 60인이 뒤에 60호로 해석되어, 내이포(제포) 30호, 부산포 20호, 염포 10호로 배분되었다.

삼포 항거왜인의 호구수

	1436년		1466년		1475년		1476년		1494년	
	호수	인구	호수	인구	호수	인구	호수	인구	호수	인구
제포		·	300	1,200여	308	1,722	308	1,731	347	2,500
부산포		·	110	330여	67	323	88	350	127	453
염포		·	36	120여	36	131	34	128	51	152
계		216	446	1,650여	441	2,176	430	2,209	525	3,105

그러나 이러한 제한에도 불구하고 항거왜인의 수는 계속 증가하였다. 위의 표에 의하면, 염포의 일본인 수는 적을 때는 34호에 128인이었고 많을 때는 51호에 152인이었다. 가장 적을 때인 1476년의 기록에 의하면,

---

[5] 『世宗實錄』 17년 7월 기축.

128인 가운데 長男이 42명, 長女가 43명, 老男이 8명, 老女가 8명, 弱男이 14명, 弱女가 12명, 老僧이 1명이었다. 따라서 염포의 항거왜인들은 34호구에 평균 3~4인이 가족단위의 생활을 하면서, 무역을 위해 도항해 오는 흥리왜인과 사송왜인들의 편의를 보아 주고, 그 대가로 생활했음을 알 수 있다.[6] 뿐만 아니라 이들은 농사도 짓고, 자신들의 배로 어업에도 종사하면서 일상적인 생활을 영위했다. 기록에 의하면 1493년 당시 항거왜인이 타는 배가 제포에 80여 척, 부산포에 30여 척, 염포에 15척이나 있었다.[7] 뿐만 아니라 승려도 1인이 있어 종교생활도 하고 있었음을 알 수 있다.

이들 항거왜인들은 흙으로 벽을 쌓고, 이엉으로 지붕을 덮은 집을 짓고 살았다. 토지는 좁고 사람은 많았기 때문에, 집이 물고기의 비늘같이 늘어서서 불이 나면 곧 번지고 말았다. 이러한 모습을 1474년 정월, 화재가 발생했다는 보고를 접한 신숙주는 다음과 같이 묘사하고 있다.

> 무릇 왜인들은 집 모양이 흙집 같은데, 흙을 바르고 이엉을 덮었으므로, 비록 불은 났지만, 재산은 손상되지 않았습니다. 그리고 땅은 좁은데 사람은 많고, 그 집들이 연달아 줄지어 있어서 연소되기에 이르렀습니다. 저번에 李拱이 웅천으로부터 체차되어 돌아와서 신에게 말하기를, "제포 만호영은 왜인들이 사는 집과 연접해 있고, 또 울타리도 없어서 관부의 체면이 없습니다. 또 만약 왜인의 집에서 불이 나면 연소될 염려가 있으니, 담장을 둘러치고 문을 만드는 것이 좋겠습니다"고 하였습니다.[8]

---

6) 『太宗實錄』 18년 3월 임자.
7) 『成宗實錄』 24년 윤5월 신축.
8) 『成宗實錄』 5년 정월 경술.

즉 만호영이 촌락과 붙어 있고, 벽도 없기 때문에 거의 관부의 모습을 갖추고 있지 않을 뿐만 아니라 연소될 위험이 있으므로, 관청의 주위를 장벽으로 둘러싸고 문을 설치하기를 청하고 있다. 신숙주가 편찬한 『海東諸國記』(1471)에는 화재가 발생한 같은 해에 추가된 삼포도에 이러한 모습을 상세히 묘사하고 있다.

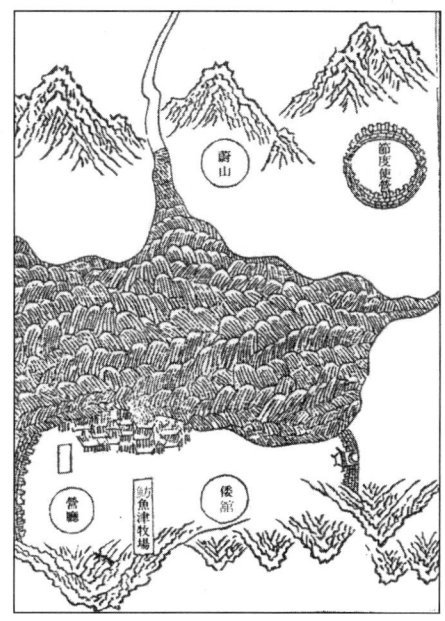

〈해동제국기의 염포도〉

『海東諸國記』의 「蔚山鹽浦地圖」에는 바다의 해안쪽으로 왜인의 주거지가 있고, 그 배후에 영청과 왜관이 있다. 왜인거주지와 영청 사이에 가운데가 공백인 사각형이 있다. 薺浦圖나 釜山浦圖에도 직사각형 안에 절이나 암자이름이 써 있는 것을 보면, 이것도 아마 절이나 암자였을 것인데, 써 넣는 것을 빠뜨린 것은 아닐까. 눈길을 끄는 것은 왜인주거공간을 성벽으로 둘러싸고 있는 제포나 부산포가 지형적으로 고립되어 있는 데 반하여, 이곳은 양쪽이 터져 있어서 성벽을 쌓은 것이 아닌가 한다. 또 북측 성문에는 문을 만들어 왜인거주지역에 대한 출입을 통제했다고 여겨진다. 한편 성문 가까이에 倭館이 있고, 營廳이 내부 깊숙이 있는 것을 보면, 혹시 그 위치가 바뀐 것은 아닐까 의심된다. 왜냐하면 제포나 부산포의 경우, 왜인거주지와 왜관과 밀접해 있고, 영청은 그것을 아울러 견제하기 위해 조선의 군사시설과 연계하는 위치에 있으므로, 염포의 경우도

〈1975년 염포 항공사진〉　　〈2001년 염포 항공사진〉

영청이 문 가까이에 있어야 하므로 그 위치가 바뀌는 것이 보다 자연스럽다. 한편 영청과 왜관 사이에는 魴魚津牧場이 표시되어 있는데, 그 위치에 관해서는 고증이 필요하다. 또한, 절도사영은 울산병영성이고 울산은 울산읍성을 가리킨다고 본다.

　필자가 이 지역을 처음 답사한 1992년 당시만 해도 염포동 성내마을이 있어, 염포의 옛 모습을 가늠하는 것이 비교적 가능했으나, 그 후 현대자동차 야적장과 여객터미널을 만들면서 완전히 매립되어, 지금으로서는 성벽은 물론이고, 왜인거주지나 왜관·영청 등에 대해 전혀 고증할 수 없게 되어 버렸다.

　항거왜인의 거주가 일단 허용되자, 삼포의 왜인거주자는 급증해 갔다. 예를 들면 1436년 삼포 전체의 거주인원이 216인이었는데, 1년 후의 보고에는 1천인에 이른다는 보고가 있었고, 1475년에는 2천인을 넘었고, 1494년에는 3천인을 넘어섰다. 항거왜인의 수가 급증하자 많은 문제점이 동시에 발생했다. 먼저 공무역의 부담이 늘어나면서 국가 재정이 궁핍해졌다. 또한 이들이 토지를 강제로 점유하는 등 주변 조선인들과 문제가 발생하였다. 1508년 11월에 제포 근처의 가덕도에서 왜변이 일어나자 이를 계기로 조선정부의 통제가 강화되었고, 드디어 이에 반발한 삼포의 왜인들이 1510년 4월에 삼포왜란을 일으키게 된다.

삼포왜란 당시 염포의 피해상황은 구체적으로 알 수 없으나, 부산포·제포·염포·다대포·가라·이산은 포마다 병화를 입고 배가 불탔다거나, 염포·부산포·동래·제포·웅천·거제의 각 포를 침노하였다고 한 것으로 보아, 거의 소실되었을 가능성이 높다. 삼포왜란은 15일 만에 조선군에 의해 완전히 진압되었다. 그러나 삼포 항거왜인과 대마종씨의 계획적인 폭동은 완전히 실패로 끝나 교역의 단절을 초래하고 말았다. 1512년 4월에 일본국왕사의 파견에 의해 화친이 이루어지자 교역의 재개가 이루어졌다. 그러나 약조의 내용은 포소에 항거왜인을 불허하고, 제포에 한하여 교역을 허가하는 것이었다. 1521년에 부산포가 추가되었지만, 왜인의 거류는 여전히 금지되었다. 그 후 1544년 사량진왜변으로 포소가 다시 폐쇄되었다가, 1547년 부산포 한 곳만으로 제한되었다.

결국 제포·부산포와 함께 삼포로 존재하던 염포는 1510년 4월의 삼포왜란으로 포소가 폐쇄된 이후 개항되지 않았다. 1407년에 만호가 설치된 염포에는 1418년부터 정식으로 왜인의 입항이 허용되었고, 1426년부터는 흥리왜인과의 무역도 허가되면서 소위「三浦時代」를 열었다, 그러나 1510년 삼포왜란에 의해 교역이 단절됨으로써 84년간의 국제무역항의 역사를 마감하게 된다.

4. 맺음말

이상에서 삼포에 대한 연구사 및 관련자료, 염포의 개항과 폐쇄 등에 대해 살펴보았다. 앞서 언급한 바와 같이 삼포는 조선 전기 한일관계사 연구의 가장 중요한 주제임에도 불구하고, 한국에서의 연구는 아주 부

〈1960년대의 염포지역〉

족하다. 특히 염포에 대한 연구는 전무한 것이 현실이다. 한편 일본 학자들에 의한 연구는 이미 상당한 역사를 가지고 있지만, 연구시각의 차이로 인해 그대로 수용하기 어려운 문제점들이 내재되어 있다.

따라서 삼포의 연구는 이제부터 시작하는 단계라고 해도 과언이 아니다. 이러한 의미에서 삼포에 대한 향후 연구과제 몇 가지를 제시하고자 한다.

첫째, 당시 조선왕조는 동아시아 국제관계 속에서 어떻게 조일관계를 안정시키려 했으며 그와 관련하여 삼포개항은 어떻게 추진되었고, 또 개항의 시점은 정확히 언제였는가. 둘째, 삼포는 당시 조일관계 속에서 어떻게 기능했으며, 조일 양국에 의해 어떻게 운영되었던가. 셋째, 삼포에 사는 왜인들은 어떻게 생활했고, 그들과 조선인과의 관계는 어떠했을까. 넷째, 동아시아 해역사 속에서 삼포의 시대는 역사적으로 어떠한 의미를 갖는 것일까. 다섯째, 근대화 과정에서 삼포지역은 어떻게 변해 갔으며, 현재의 실태는 어떠한가. 여섯째, 歷史的 가치가 있는 삼포지역 및 관련 文化財에 대한 保存은 어떻게 하고 있는가. 일곱째, 삼포관련 연구자료-즉 문헌, 지도, 자료 등에 대한 DB구축작업의 추진 등을 강조하고 싶다.

향후 이러한 제안이 삼포 지역사회에 받아들여져, 삼포 지역사회 연구의 초석을 다지는 데 일조할 수 있기를 바란다.

《삼포관련 연구논저 목록》

· 金容旭,「釜山倭館考」『韓日文化』1-2, 釜山大 韓日文化研究所, 1962.
· 金容旭,「釜山倭館考」『韓日文化』1집, 釜山大 韓日文化研究所, 1962.
· 朴仁錫,「釜山貿易考」『港都釜山』2, 釜山市史編纂委員會, 1963.
· 李完永,「東來府 및 倭館의 行政小考」『港都釜山』2호, 1963.
· 金義煥,「釜山市形成의 歷史的 背景과 그 性格」『朴元杓先生華甲記念 釜山史學論叢』, 1970.
· 申基碩,「朝鮮朝 前期의 對日通交 -三浦恒居倭人問題를 中心으로-」『玄岩申國柱博士華甲記念 韓國學論叢』, 1985.
· 俞稀媛,「朝鮮初期 三浦恒居倭人과 對日政策 -對倭寇 防止策의 한 形態-」國民大大學院 國史學科 碩士學位論文, 1993.
· 李鉉淙,「朝鮮初期倭人收稅考 -三浦恒居倭人과 釣魚倭人을 中心으로-」『史學研究』9, 1961.
· 李鉉淙,「三浦倭亂後 倭人接待貿易에 對하여」『韓日文化』1-1, 釜山大 韓日文化研究所, 1962.
· 金東哲,「朝鮮後期 倭館開市貿易과 東萊商人」『民族文化』21, 1998.
· 朴小恩,「17·8세기 戶曹의 倭館收稅策 變化」『朝鮮時代史學報』14, 2000.
· 李在範,「三浦倭亂의 歷史的 性格에 대한 再檢討」『韓日關係史研究』6집, 1996.
· 李鉉淙,「三浦倭亂原因考」『海圓黃義敦先生古稀記念史學論叢』, 1960.

· 李鉉淙,「三浦倭亂後 對倭交涉再開始末에 對하여」『歷史敎育』5, 1961.
· 張舜順,「朝鮮後期 倭館의 設置와 移館交涉」『韓日關係史硏究』제5집, 1996.
· 尹用出,「17세기 중엽 豆毛浦 倭館의 移轉交涉」『韓國民族文化』13, 釜山大 民族文化硏究所, 1999.
· 李進熙,「釜山浦를 그린 朝鮮時代의 그림에 대하여」『崔永禧先生華甲記念 韓國史學論叢』, 1987.
· 孫承喆,「倭人作拏謄錄을 통하여 본 倭館」『港都釜山』10호, 1993.
· 루이스제임스,「朝鮮後期 釜山倭館의 記錄으로 본 韓日關係 -폐·성가심(迷惑)에서 相互理解로-」『韓日關係史硏究』제6집, 1996.
· 金聲振,「釜山倭館과 韓日間의 文化交流」『韓國文學論叢』제22집, 韓國文學會, 1998.
· 李進熙,「草梁倭館의 役割」『朝鮮後期 韓日關係史學術講演會 發表要旨』, 韓國史學會, 1991.
· 許芝銀,「癸亥約條(1683) 締結과 倭館統制策」詳明大敎育大學院 碩士論文, 1997.
· 李相奎,「17-8세기 東萊府에 派遣된 倭學譯官의 機能」韓國精神文化硏究院 韓國學大學院 碩士學位論文, 1998.
· 崔楨幹,「日本 室町時代의 草菴茶에 끼친 梅月堂의 影響」, 江原大 人文科學硏究所, 1988.
· 黃正德,「世祖 때 세운 鎭海市 薺浦의 木柵」『慶南鄕土史論叢』Ⅵ, 1997.
· 黃正德,『鎭海市史』, 鎭海鄕土文化硏究所, 1987.
· 金聲振,「釜山 隣近地域의 生活에 미친 釜山倭館의 영향」『東洋漢文

學硏究』, 제12집, 1998.
・河宇鳳, 「壬辰倭亂以後의 釜山과 日本關係」『港都釜山』 9호, 1992.
・心奉謹,鄭義道, 『鎭海薺浦水中遺蹟』, 古蹟調査報告書 第29冊, 東亞大
　　　學校 博物館, 1999.
・三浦周行, 「足利時代日本人の居留地たりし朝鮮三浦」(『朝鮮』86).
・小田省吾, 「李朝朝鮮時代に於える倭館の變遷 −就中絕影島倭館に就
　　　て−」(京城帝國大學法文學會編, 『朝鮮支那文化の硏究』).
・中村榮孝, 「三浦の制限と倭館の設置」, 「三浦における倭人の諍亂」
　　　『日鮮關係史の硏究』上 (吉川弘文館, 1965).
・關周一, 「倭人送還交涉と三浦の形成」『社會文化史學』 33, 1994.
・　　　, 「對馬・三浦の倭人と朝鮮」『朝鮮史硏究會論文集』 36.
・村井章介・荒野泰典・高橋公明・孫承喆, 「三浦から釜山倭館へ −李
　　　朝時代の對日貿易と港町−」(『靑丘學術論集』 3, 1993).
・村井章介, 『中世倭人傳』(岩波新書, 1993).
・田代和生, 『倭館 − 鎖國時代の日本人町』(『文藝春秋』 281, 2002).

朝鮮前期 韓日關係와 對馬島

사에키 코우지(佐伯 弘次)
규슈대학 문학부 교수

1. 머리말
2. 朝鮮王朝 初期의 倭寇懷柔政策과 對馬
3. 世宗期의 通交統制와 對馬
4. 『海東諸國記』의 日本人 通交者의 實像
5. 맺음말 – 16世紀代로의 展望

1. 머리말

朝鮮前期 韓日關係(中世日朝關係)에는 몇 개의 구분되는 시기가 있다. 田中健夫氏의 정리에[1] 의하면, 第 1 期는 1392년의 朝鮮 建國부터 1419年 應永의 外寇(己亥東征: 대마도정벌)까지로, 왜구가 終息되어 日本 各地의 通交者가 통제 없이 朝鮮에 건너간 時期이다. 第 2 期는 1419년부터 1450년까지 世宗에 의한 平和通交政策의 시대로, 수많은 通交統制 規定이 정해지고 또한 對馬와 朝鮮의 關係가 軌道에 오른 시기이다. 第 3 期는 1450년부터 1510년 三浦의 亂에 이르는 시대로, 通交의 諸制度는 完備되어 갔지만 貿易이 정체 狀態에 달한 時期이다. 第 4 期는 1510年부터 1592年 壬辰倭亂의 勃發에 이르는 時代로 宗氏의 朝鮮通交權 獨占이 진행되는 시기이다.

---

1) 田中健夫, 『中世海外交涉係史』第4章 (東京大學出版會, 1975年).

近年에 日朝關係史硏究는 많은 硏究가 登場하여 예전의 關係史像을 一新시키고 있지만 4개의 時期 중 第3의 時期와 第4의 時期에 硏究를 集中하고 있는 듯하다. 특히 예전의 第4時期에 指摘되어 있었던「對馬宗氏에 의한 朝鮮貿易의 獨占化」를 第3의 時期에서 그 萌芽를 보는 硏究 動向이 하나의 潮流가 되고 있는 듯하다.[2)]

本 報告에서는 이러한 動向을 살펴가면서 15世紀代에 한정하여 韓日關係에 있어서 對馬의 位置 규정에 대해서 생각해 보고자 한다.

2. 朝鮮王朝 初期의 倭寇懷柔政策과 對馬

1350年 이래 前期倭寇는 朝鮮王朝 初期의 武斷과 懷柔政策에 의해서 沈靜化되고 倭寇들은 使送倭人이나 興利倭人이라는 평화적인 通交者로 變質·分解되었다고 한다.[3)] 倭寇를 回數로 보면 1370년대 후반부터 80년대 전반이 절정을 이뤄 80년대 후반 이후는 감소하고 있다. 이것은 高麗의 對日外交나 室町幕府·守護大名들의 倭寇 단속이 어느 정도 성과를 거둔 결과라고 할 수 있다.

朝鮮王朝 초기의 倭寇懷柔政策에는 投化倭(向化倭)의 奬勵나 日本人에 대한 授職이 있었다.[4)] 朝鮮王朝는 倭寇의 首領에게 投降을 촉구하고 投降한 倭人에게는 田地·家財를 부여하고 妻를 주어서 安住시켰다. 그 때문에 많은 日本人이 朝鮮에 投降하여 投化倭가 되었다. 또한 醫術 등의 技

---

2) 最近 日本에 있어서 中世 日朝關係史 硏究의 動向에 대해서는 佐伯弘次,「戰後における中世日朝關係史硏究-1980年代以降を中心に」(韓日關係史學會編,『韓日關係史硏究の回顧と展望』, 國學資料院, 2002年)를 참조.
3) 田中健夫,『中世海外交涉史の硏究』第1章(東京大學出版會, 1959年), 同,『倭寇』, 38-50쪽(敎育社, 1982年).
4) 中村榮孝,『日本と朝鮮』102~103쪽(至文堂, 1966年).

能을 가진 자에게는 명목상의 관직을 수여하고 대우하였다. 이러한 조선으로부터의 관직을 받은 일본인을 受職倭人(受職人)이라고 한다. 이러한 초기의 受職人으로 出身地가 判明된 자의 대부분이 對馬島民이었다. 따라서 조선의 投化政策·授職政策은 對馬 倭寇勢力의 근절에 성공하였다고 할 수 있다.

이러한 일본인에게 부여된 관직은 명목상의 影職이었지만 일부 실무에 종사한 자도 나타났다. 對馬出身의 投化倭 平道全이 그 대표적 예이다. 平道全의 구체적인 本貫地와 對馬時代의 존재 형태에 대해서는 명확하지 않다. 對馬島主 宗貞茂의 家臣이었던 平道全은 1407年 3月에 宗貞茂의 使者로 朝鮮에 來朝하여 被虜人을 送還하였지만(『太宗實錄』 7年 3月 庚午條), 그 직후에 朝鮮에 투화하고 같은 해 7月에는 官職과 銀帶를 하사받아 受職人이 되었다(同前 7年 7月 丙寅條). 그 후 對馬宗氏와의 外交交涉이나 倭寇討伐·倭船 建造 등에서 활약하였는데 應永의 外寇(對馬島征伐) 때에 실각하였다.

한편 조선왕조는 倭寇懷柔政策의 일환으로서 평화적인 通交者에 대해서는 후한 접대를 하고 南部 沿岸의 임의의 浦所(港)에서의 자유로운 무역을 허가하고 沿海에서의 漁業 허가나 食糧의 賜給도 행하였다.[5] 이 때문에 倭寇들은 급속히 평화로운 通交者가 되고 使送倭人(使者의 명목으로 渡航하는 日本人)·興利倭人(商業活動을 위하여 渡航한 일본인)으로 조선에 渡航하였다.

이러한 懷柔政策 결과 倭寇는 잠잠해졌지만 예를 들면 興利倭人들은 無制限으로 각 浦所에 入港하기 때문에 朝鮮政府는 이전의 倭寇 再發을 염려하였다. 使送倭人도 대량으로 朝鮮에 渡航하게 되어 그 接待 費用은 막대해졌다. 또한 朝鮮에서의 暴動을 일으키는 일본인도 나왔기 때문에

---

5) 위의 책, 103쪽.

그 대책을 강구하지 않을 수 없게 되었다.

이와 같은 倭寇 沈靜化의 주요한 원인은 朝鮮側의 정책에 있었지만 현재 한 가지 잊어서는 안 될 것은 對馬島主 宗氏의 倭寇禁壓 노력이다. 특히 15世紀 初頭의 島主였던 宗貞茂는 倭寇禁壓에 노력하였다. 1418年 3月 병중의 宗貞茂가 藥材를 조선에 구했을 때 投化倭 平道全은「貞茂가 無病일 때에는 賊船은 薩摩州를 通過하여 中國 江南지역으로 향했지만 貞茂가 병중이므로 賊人은 朝鮮의 沿岸에서 활동하게 되었다」고 기술하고 있다.[6] 宗貞茂의 努力에 의하여 왜구들이 조선을 襲擊하지 않게 되었음을 보여 주고 있다. 이러한 宗氏의 努力을 평가한 조선은 宗氏에 매년 數百石의 米·豆를 賜給하였다.

3. 世宗期의 通交統制와 對馬

위에서 언급하였듯이 15世紀 전반에 朝鮮의 倭寇懷柔政策과 對馬宗氏의 노력에 의해서 前期 倭寇는 잠잠해졌다. 그러나 朝鮮側의 懷柔政策은 커다란 경제적 부담이 되고 재정을 압박하였다. 더욱이 증대하는 興利倭人들은 倭寇 再發의 위협이 되기도 하였다. 그 때문에 조선왕조는 일본으로부터의 통교에 대해서 제한을 가하게 되었다.

本 節에서는 다양한 朝鮮側의 通交統制策과 對馬의 對應에 대해서 검토하겠다.

---

[6] 田中健夫,『對外關係と文化交流』(思文閣出版, 1982年), 35쪽.

1) 三浦의 지정과 對馬

倭人 通交統制策의 하나로서 浦所의 制限이 이루어졌다.[7] 15世紀 初頭, 朝鮮은 우선 興利倭船이 入港하는 浦所를 水軍都万戶가 駐在하는 釜山浦(富山浦)와 薺浦 2港으로 제한하였다. 1426年 對馬의 早田左衛門太郎이 그 제한을 撤廢하고 慶尙道의 沿岸에서 자유롭게 交易할 수 있도록 요구하자 朝鮮側은 나아가 鹽浦 1港을 追加하여 일본에 대한 貿易港은 3港이 되었다. 이것이 三浦의 發端이다. 당초 三浦는 興利倭船에게만 指定된 貿易港이었지만 應永外寇 즈음부터 使送倭船에게도 적용되게 되어 三浦가 이 대에 성립하였다.

예를 들면 對馬宗氏의 歲遺船 50船은 25船씩 薺浦와 釜山浦에 入港하게 되어 있고 그 밖의 使船은 三浦에 分泊하는 규정이 있었다. 삼포에는 倭館이라고 하여 일본에서 오는 사절을 응접하는 시설이 지어졌다. 삼포에 使送倭船이 入港하면 三浦의 관리가 외교문서와 그것에 날인된 圖書(銅印)를 검토하고 對馬島主의 文引을 확인하며 배의 대소나 船夫의 人數·이름을 확인하였다. 朝鮮側의 규정에 합치되면 사자를 왜관에 들여 응접하고 그 후 상성하도록 하였다. 使者에게 식량이 지급되기도 하고 船夫에게 食料가 내려지기도 하고 宴席이 설치되기도 하였다.

이렇게 개항한 三浦에는 점차 일본인이 거주하게 되었다. 三浦에 거주한 일본인을 恒居倭라고 부른다. 恒居倭의 出身地는 對馬가 많았다. 산이 많고 경작지가 부족한 對馬는 기근이 일어나기 쉬워서 많은 島民이 三浦를 新天地로 생각하였던 것이다. 恒居倭의 數가 너무나 증가하였기 때문에 1436年 국왕 世宗은 對馬島主 宗貞盛에게 恒居倭를 對馬에 송환해 줄 것을 요청하였다. 宗貞盛은 管下의 60人만의 거주를 인정해 줄 것을 요

---

7) 中村榮孝, 『日本と朝鮮』, 104, 123쪽. 한편 三浦의 倭人에 대해서는 村井章介, 『中世倭人傳』(岩波書店, 1993年)이 있다.

청했는데 薺浦 253人, 鹽浦 90人, 釜山浦 29人의 計 372人이 송환되고 206人의 거주가 인정되었다. 근세에 있어서 조선무역에 종사한 對馬藩의 특권적 무역상인을 「六十人」이라고 부르는 것은 宗貞盛이 요구한 三浦居住 恒居倭 60人에게 淵源이 있는 것은 아닐까?

   조선정부는 三浦 恒居倭의 人口調査를 여러 번 실시하고 그 통계자료를 남기고 있다. 그것에 의하면 가장 많을 때 약 500戶, 3,000人의 恒居倭가 있었다. 예를 들면 1475年 3月의 統計(『成宗實錄』6年 3月 辛亥條)에 의하면 釜山浦에는 88戶·350人의 恒居倭가 있고 3개의 寺院이 있으며 倭僧 5名이 살고 있었다. 薺浦에는 308戶·1731人의 恒居倭가 있고 寺院은 11개로 46人의 倭僧이 있었다. 鹽浦에는 34戶·128人의 恒居倭가 있고, 寺院은 1개로 1人의 倭僧이 있었다. 計 430戶·2,209人의 恒居倭가 있었던 것이다. 규모로 보면 薺浦가 가장 크고 전체의 8할에 가까운 항거왜가 제포에 살고 있었다.

   『海東諸國記』 등에 의하면 三浦는 宗氏의 代官이 있어 恒居倭부터 收稅하고 있었으며 각 浦마다 대표자가 있었다. 항거왜 중에는 현지인과 密貿易을 하는 자도 있어서 조선정부의 두통거리였다.

   對馬의 中世文書 중에서도 三浦에 관한 것이 있다.[8]

```
              (花押)      (宗貞盛)
  千部經之勸進のため二このそう(僧)とかい(渡海)候ニて, かうらい
  (高麗)三浦の日本人, 又ハそさ(送使)船·はい〲(賣買)船いつれ
  も少勸進心おち二ほんそう(奔走)あるへく候,
      文安六 三月二十九日              祐覺(花押)
        高麗
        こもかい
```

---

[8] 「宗家御判物寫」(『長崎縣史史料編第一』, 吉川弘文館, 505쪽).

> ふさんかい　　日本人の中
> うるしやう

　文書의 袖判은 島主 宗貞盛의 花押이므로 이 문서는 宗貞盛이 文安 6年(1449) 3월 29일에 발급한 것이다. 祐覺은 宗貞盛의 奉行人이다. 받는이 쪽의 高麗는 조선을 의미하고 「かい」는 浦이므로 「こもかい」는 제포를, 「ふさんかい」는 부산포를, 「うるしやう」은 蔚山, 즉 鹽浦를 의미한다. 요컨대 조선 三浦의 일본인, 즉 恒居倭 앞으로 보낸 문서이다.

　「千部經」은 追善과 祈願을 위해 같은 經典을 천 명이 한 번씩 혹은 한 명이 천 번 讀誦하는 법회를 말하며 千部會이라고도 하였다. 「そさ船」은 「送使船」으로 使送倭船을 의미하고 「はい／\船」은 「賣買船」이고 興利倭船을 의미한다. 「心おち」(心落)는 「厚意」나 「친절, 호의」의 뜻이다.

　「千部經(千部會)」를 對馬에서 개최하는 비용 조달을 위해서 이 승려를 渡海시키므로 삼포의 일본인과 삼포에 입항하는 送使船(使送倭船)과 賣買船(興利倭船)은 모두가 다 마음을 다하여 寄付하시오」라는 內容이다. 對馬島內의 宗敎行事 費用調達을 위해서 宗氏의 許可와 支持를 확보하고 三浦의 恒居倭나 入港하는 日本船으로의 勸進行爲가 이루어진 것이다.

　또 한 통의 같은 文書가 있다.[9]

> 對馬みね(峰)のこんけん(權現)のしやたんさうゑい(社壇造營)くわむしん(勸進)のためニ,宮司ミの(美濃)坊罷くたり(下り)候,かうらい(高麗)三うら(浦)の百しやう(姓),そのほかそさふね(送使船)みな心おちニほんそう(奔走)あるへきよしおほせ(仰)にて候,そのむね(旨)心ゑ(得)あるへき狀如件,

---

9) 위의 책, 392쪽.

```
          寶德三
              正月十一日                          祐覺(花押)
              高麗
              こもかい
              ふさんかい
              うるしやう
```

 寶德 3年(1451) 1월 11일의 宗貞盛 奉行人 祐覺이 제시한 文書이다. 文末 가까이에 「由仰せにて候」라고 되어 있으므로 이 文書는 奉書라고 해야 할 것이고 實質的인 發給者는 島主宗貞盛이다. 「對馬峰郡의 峰權現의 社壇造營勸進을 위해 宮司인 美濃坊가 三浦에 가므로 朝鮮 三浦의 百姓이나 送使船은 모두 마음을 다하여 寄付를 하도록」이라는 宗貞盛의 命을 전한 것이다. '三浦의 百姓'은 恒居倭를 의미한다. 峰權現社의 社壇造營을 위한 費用 調達을 위한 기부가 삼포의 恒居倭와 使送倭船에게 명해진 것이다. 이 두 통의 문서에서 보면 당시 삼포는 對馬의 주민에게 있어서 대마 사회의 연장선상의 위치였음을 엿볼 수 있다.

2) 授圖書制

 세종 초년 일본으로부터 오는 通交者에게 圖書(銅印)를 수여하고 그것을 書契(외교문서)에 날인하도록 하여 通交의 徵證으로 삼는 제도가 시작되었다.[10] 이것을 授圖書制라고 부르고 있다. 圖書를 조선에서 수여받은 일본인 통교자는 受圖書라고 한다. 그 최초의 출현은 1418년 11월 小早川淨存의 청원에 의해서 조선이 圖書를 수여한 것이다. 두 번째의 예는 1419년 日本國 西海路 石城府管事 平万景에 대한 授與이다. 이들 이후 授圖書

---

10) 中村榮孝,『日本と朝鮮』113~115쪽.

制는 日朝關係의 주요 제도로서 보급되어 갔다.

小早川淨存(則平)은 安芸사람으로 室町幕府 奉公衆이었는데 1414年에 室町幕府에 의해 九州上使로서 博多에 파견되었다.[11] 九州探題 澁川氏를 부솨하는 입장이고 또한 조선무역도 활발하게 하였다. 石城府 管事平万景(滿景)은 澁川氏의 重臣 板倉滿景으로 활발한 朝鮮貿易을 한 것으로 알려지고 있다.[12] 즉 小早川淨存·板倉滿景은 모두 九州探題 澁川氏의 측근에 있었던 인물로서 함께 활발한 朝鮮貿易을 하였다. 그것을 담당한 것은 博多商人이라고 생각할 수 있다. 따라서 九州探題 澁川氏-博多商人의 라인에서 授圖書制가 創出되고 日朝關係의 重要한 制度로서 정착해 갔다고 할 수 있다.

3) 對馬島主 文引制

對馬島內나 日本 各地로부터 朝鮮에 통교하는 자는 島主宗氏의 文引(路引·吹噓·吹擧)을 受給하여 지참하지 않으면 賊으로 취급되어 應接을 하지 않는 제도가 만들어졌다.[13] 文引이란 渡航認可證明書이다. 이 제도는 興利倭船에 대하여 각지의 유력자의 行狀(路引)을 지참하는 것이 요구되었던 것에서 유래한다.

對馬島主 文引制는 1426年 石見州·對馬島 賜物管押使로 李藝가 來日한 것이 계기가 되었다. 對馬를 방문한 李藝는 島主 宗貞盛으로부터 「宗氏가 各所의 使船·興利船에게 모두 路引을 발급하고, 今後 이 路引을 지참하지 않은 者는 朝鮮이 접대하지 않는다」라는 제도가 제안되었다. 이 제안이 실제로 조직적으로 운용된 것은 1435년 이래의 일이다. 이 해 宗貞盛은 一族인 受圖書人 宗彦七(盛國)이나 宗茂直 등의 私交를 인정하지

---

11) 川添昭二,『對外關係の史的展開』第6章(文獻出版, 1996年).
12) 위와 같음.
13) 中村榮孝,『日本と朝鮮』117~118쪽, 中村榮孝,『日鮮關係史の硏究 上』11章(吉川弘文館, 1965年).

않고 貞盛의 文引이 있는 者만을 접대하도록 요구하였다. 이것은 바로 승인되었다. 對馬島內에는 仁位宗氏나 豊崎郡主 宗盛國처럼 島主를 따르지 않는 자가 있으므로 宗貞盛이 이 제도로 그들을 朝鮮通交라는 면에서 통제하여 島主權의 강화를 겨냥한 것이다.[14]

이듬해에는 일본인 통교자의 부정을 방지하기 위하여 文引에 使船의 대소, 正官(使者), 格人(乘組員)의 名數 等을 적어 놓도록 하고 나아가 對馬島外의 諸島의 通交者에 대해서도 文引制를 적용하게 되었다. 1438年 李藝가 對馬에 파견되고 조선과 對馬 사이에 修好約條이 締結되어 對馬島主 文引制는 확립되었다. 對馬島內外의 使人은 모두 島主의 文引이 없으면 접대를 받을 수 없게 확정된 것이다.

다음해인 1439年에는 ① 日本國王과 管領武衛(斯波氏)의 사자는 文引이 없어도 接待한다, ② 지금까지 通信하고 있고 자신이 來朝하는 者, 井太郎과 같이 朝鮮에 誠心歸順한 者, 大內氏·菊池氏 등은 宗氏의 文引이 없어도 중앙에 보고하여 지시를 받아 조치한다는 例外規定이 만들어졌다. 한편 『海東諸國記』(1471年)의 시대가 되면 「諸使는 모두 對馬島主의 文引을 받은 후에 온다」라고 되어 있어(『朝聘應接記』), 예외규정이 없어지게 된다.

島主 宗成職의 시기에는 守護所가 있는 峰郡佐賀에서 秦盛幸이라는 家臣이 書契·文引에 대한 일을 맡고 있었다(『海東諸國記』 日本國紀 對馬州). 宗氏는 發行料를 징수하여 스스로의 財源으로 삼고 있었다.

4) 癸亥約條와 歲遣船 定約

1443年 朝鮮과 對馬 사이에 癸亥約條(嘉吉條約)라는 約條가 締結되었다.[15] 이 약조문은 『世宗實錄』에는 기록되어 있지 않아서 全文은 알지 못

---

14) 長節子, 『中世日朝關係と對馬』 第1部 第5章(吉川弘文館, 1987年).
15) 中村榮孝, 『日本と朝鮮』, 119~120쪽.

한다. 다음 2條만이 알려져 있다.[16]

一 島主處歲賜米豆共二百石事
一 歲遣五十船, 而如有不得已報告事, 則數外特送船事

第1條는 朝鮮에서 對馬島主에게 每年 米·大豆를 합하여 200石을 賜給하는 것을 규정하고 있다. 第2條는 對馬島主의 歲遣船(每年 定數派遣할 수 있는 使送船)을 50船으로 하고 緊急報告가 있으면 50船 이외에 特送船[17]을 파견해도 좋다는 규정이다.

日本人 通交者의 歲遣船은 1440년에 小早川淨存과 歲遣船 1船을 定約한 것이 최초의 일이다. 癸亥約條의 對馬島主 歲遣船 50船의 규정은 두 번째의 예가 된다. 이후 日本人 通交者의 歲遣船數가 점차 결정되었다. 『海東諸國記』에는 다수의 歲遣船 定約者가 보이고 있어, 이 제도가 日朝通交에 있어서 지극히 중요한 제도가 되었음을 보여 주고 있다. 커다란 흐름으로 말하면 '受職人에서 歲遣船 定約者로' 라는 방향이다.

이 癸亥約條 成立의 意義는 조선과 對馬의 관계를 規範化했다는 점에서 중요하였지만, 對馬宗氏에게는 그때까지 많은 使船을 파견하고 있었던 것이 상당한 제한을 받는 결과가 되었다는 이해가 일반적이다.[18] 그러나 島主는 對馬島內 諸氏에 대하여 歲遣船의 船數를 할당하는 권리를 획득하여, 이 제도는 島主 文引制와 함께 島內 諸氏를 장악하는 데에 유효하였다. 이것에 불만을 가진 宗氏의 有力 一族은 독자적으로 조선과 교섭

---

16) 佐伯弘次,「中世日朝間の約條」(村井章介編,『8~17世紀の東アジア地域における人物情報の交流 下』, 科學研究費補助金研究成果報告書, 2004年).
17) 特送船에 대해서는 荒木和憲,「中世後期における對馬宗氏の特送船」(『九州史學』 135, 2003年).
18) 中村榮孝,『日鮮關係史の研究 上』 179쪽, 長節子,『中世日朝關係と對馬』, 200쪽.

하여 宗盛國의 7船을 비롯하여 각자의 歲遣船을 획득하였다.

 癸亥約條 체결 결과 島主는 家臣에 대하여 歲遣船의 所務를 知行으로 부여할 수 밖에 없었던 것이 지적되고 있다.[19] 朝鮮通交權의 知行化가 진행된 것이다. 一例를 들어 보자.[20]

> 對馬佐護郡之內伊豆守(宗國幸)給分配分之儘, 任(宗)貞國判形之旨候, 又每年國竝書一通, 同肥前千葉殿書一通幷貢錢, 自分之書一通, 爲扶持遣之處, 不可有相違之狀如件,
>
> 永正十年
>   十二月二十三日   義盛御判
>   宗大膳亮殿

 永正 10年(1513) 12月 23日에 對馬島主 宗義盛이 直臣인 宗大膳亮에 대하여 내린 文書이다. 내용은 佐護郡의 知行地를 아버지인 宗伊豆守國幸 당시의 그대로 인정하고, 또한 ①「每年國竝書」1 通, ②「同肥前千葉殿書」1 通·貢錢, ③「自分之書」1 通을 扶持로서 보낸다는 것이다. 宗大膳亮의 父 宗國幸은 宗貞國의 家臣으로 조선과의 외교와 무역에 활약한 인물로 1471년에 宗貞國의 特送으로서 朝鮮에 파견되는 등(『成宗實錄』 2年 8月 壬戌條) 朝鮮과의 외교에 활약하였다. 1478년 이래 거의 每年 朝鮮에 遣使하여 朝鮮貿易을 하였다. 1512년 三浦의 난 후인 壬申約條 締結 교섭을 위하여 조선에 파견되어 薺浦에서 客死하였다. 그 후 외교교섭은 아들인 大膳亮가 계승하였다. 宗國幸-大膳亮家는 대대로 朝鮮과의 外交·貿易에 활약한 宗氏의 直臣이라고 할 수 있다.

---

19) 荒木和憲,「對馬島主宗貞盛の政治的動向と朝鮮通交」,(『朝鮮學報』189輯, 2003년).
20)「宗家御判物寫」『長崎縣史史料編第一』, 724쪽.

다음으로 이 문서에 보이는 세 가지의 朝鮮通交權에 대해서 검토해 보자. ①의「每年國竝書」는「國次書」라고도 적고, 島主 歲遣船(구체적으로는 歲遣船 派遣에 동반한 宗氏의 書契)를 의미한다. 1510년 이전은 癸亥約條의 50船, 1512年 이후는 壬申約條의 25船이다. 宗國幸은 島主 歲遣船을 매년 1船 派遣할 權利를 知行으로서 獲得하고 있었던 것이다.

②의「同肥前千葉殿書一通幷貢錢」 가운데「同」은 每年에 해당한다. 「肥前千葉殿書」는 肥前千葉氏가 歲遣船을 파견하는 권리를 나타낸다.『海東諸國記』日本國紀 肥前州條는 다음과 같이 千葉氏에 대해서 기록하고 있다.

千葉殿

己卯年(1459)遣使來朝, 居有小城, 北距博多十五里, 民居一千二百余戶, 正兵五百余, 書稱肥前州小城千葉介元胤, 約歲遣一船,

위 기록의 내용은 다음과 같다.

"千葉氏는 1459년 이래 朝鮮에 사자를 파견하고 있다. 肥前國小城(博多로부터 15里, 民居 1,200여 호)에 살고, 正兵 500여 인이 있다. 書契에서는 '肥前州小城千葉介元胤'라고 칭하고 있다. 歲遣船 1船을 정약하고 있다." 小城을 본거지로 하는 肥前의 有力國人 千葉元胤이 歲遣船 1船의 定約者가 된 것이다.

그러면 그 '千葉殿書一通'과 '貢錢'을 宗氏直臣 宗大膳亮가 知行으로서 給與받고 있는 것은 어떤 사정에 의한 것인가?「千葉殿書」는 千葉氏의 歲遣船을 파견할 권리(구체적으로는 千葉氏 歲遣船 派遣에 동반한 書契)를 나타내기 위해 1513년 이전의 어느 시점에서 千葉氏의 歲遣船 派遣에 동반한 權利를 島主 宗氏가 획득하고 그것을 1513년에 宗大膳亮에게 給與하였음을 알 수 있다.「貢錢(くせん)」은 使船發送에 즈음하여 島主로부

터 賦課되는 公物이다.[21]

한편, 宗國幸의 조선통교를 보면 1481년 2월과 1492년 3월에「宗大膳國幸」과 千葉介元胤의 使者가 동시에 조선에 來朝하고 있다. 이것은 우연이라고 하기보다는 이 시점에서 宗國幸이「千葉殿書」1通을 島主로부터 給與받고 있기 때문으로 보고자 한다. 그렇게 생각하면「千葉殿書」의 급여는 1484년 이전의 일이 된다. 이「千葉殿書」의 權利 移行에 대해서는 어느 시점에서 千葉氏로부터 島主 宗氏가 통교권을 획득하였다는 상정과 最初부터 島主 宗氏가 작성한 僞使였다는 상정이 가능하다. 적어도 1480年代에는 肥前 千葉氏의 조선통교권은 千葉氏로부터 對馬宗氏에게 옮아 갔다고 할 수 있다. 宗國幸은 1484년 이전에 島主로부터 그 통교권을 부여받은 것이다.

③의「自分之書一通」은 宗大膳家의 歲遣船 1 船을 派遣하는 권리이다. 앞에서 기술하였듯이 宗國幸은 1478년 이래 매년 조선에 사자를 파견하고 있다. 이것은 1478年경에 宗國幸이 朝鮮으로부터 歲遣船 1 船을 인정받은 것을 의미한다. 또한 1484年부터는 年 2回 遣使하고 있는 경우도 많다. 이후 歲遣船이 1 船 追加되었을 可能性이 있다. 이 宗國幸의 歲遣船은 三浦의 亂 직전까지는 유효하였다고 생각할 수 있지만, 三浦의 亂과 壬申約條로 인해 자신과 千葉氏의 歲遣船 權益은 소멸하였다고 생각된다.

5) 여러 가지 課役과 陸地・高麗의 사이

享德 2年(1453) 2월 5일 對馬島主 宗成職은 家臣인 大山宮內左衛門尉에 대해서「當國・かうらい(高麗)의 諸公事」를 免除하였다.[22] 當國은 對馬, 高麗는 朝鮮을 의미하므로 對馬島內와 조선관계에 관한 諸公事를 면

---

21) 米谷均,「16世記日朝關係における僞使派遣の構造と實態」,(『歷史學硏究』697호, 1997年).
22) 佐伯弘次・有川宜博 編,「大山小田文書」26・27호(『九州史學』12호, 2002年).

제한 것이 된다. 구체적인 공사는 ① 鹽判(對馬의 소금을 조선에 반출할 때에 宗氏가 발행하는 判=文引에 부과하는 稅), ② おうせん判(對馬島民이 全羅道 孤草島海域에 出漁할 때에 宗氏가 발행하는 判=文引에 부여하는 稅), ③ 陸地之一俵物(陸地는 九州 本土, 一俵物은 명확하진 않지만 무엇인가의 물품에 부과하는 세라고 생각된다), ④ 人의 賣口買口(사람을 사고 파는 데에 부과되는 세라고도, 사람이 商賣할 때에 부과하는 세라고도 한다), ⑤ 船의 賣口買口(배를 사고 파는 데에 부과되는 稅라고도, 船에서 商賣할 때 부과되는 稅라고도 한다), ⑥ 山手(山의 이용에 드는 稅)의 6종류이다.

島主 宗氏가 여러 가지 雜稅를 家臣이나 島民에 부과하고 있었음을 알 수 있는데 그것을 면제하는 것이 家臣에 대한 知行給與이기도 했다. 특히 朝鮮과의 관계에 있어서도 文引發行料 徵收라는 형태로 宗氏는 財源確保를 의도하였던 것이다.

최근 對馬市 美津島町 尾崎의 水崎(假宿) 遺跡이 관심을 모으고 있다.[23] 尾崎는 倭寇의 頭目 早田氏의 본거지(寄)가 있는 곳이지만 發掘 地点은 土寄가 아니고 假宿이라는 지명이다. 여기에서 14세기 후반부터 15세기 전반을 중심으로 한 柱穴 等의 遺構와 陶磁器・金屬製品・瑪瑙製石帶・朝鮮系 瓦・中國錢 等 많은 유물이 발견되었다. 특히 全出土陶磁器에 있어서 朝鮮王朝 陶磁의 비율이 65~70퍼센트로 일본 국내에서는 유례없이 높은 숫자라는 점이 주목된다. 나머지 대부분은 中國陶磁器로 태국・베트남 등 동남아시아 도자기도 약간 출토되고 있다.

이들 유물은 早田氏의 倭寇活動의 關係에서 이해되는 점이 많지만 과연 그것만으로 이해할 수 있는 유물일까? 對馬의 문서를 조사해 보면 大

---

23) 佐伯弘次, 「國內外流通の據点としての對馬」(『中世都市研究』 10호, 2003년).
24) 「宗家御判物寫」『長崎縣史史料編第一』 752쪽.

永 2年(1522)의 문서[24]에「おさき(尾崎)・かりやと(假宿)の舟, 高麗江渡海之時, 鹽判・同いかり(碇)の公事の事幷大せん判之事」라고 되어 있다. 이것은 尾崎와 假宿의 배가 조선에 渡海하고 있고, 그것에 대하여 宗氏가 鹽判・碇公事(入港料)・大せん判을 징수하고 있었음을 의미하고 있다. 이것은 尾崎・假宿船이 조선에 소금을 반출하고 弧草島海域에 출어하고 있었던 것에 다름아니다. 전자는 興利倭船의 활동이라고 생각할 수 있고, 後者는 漁船의 活動이다.

또한 寬正 6年(1465) 宗成職이 尾崎의 小島寄合中 앞으로 보낸 文書[25]에「陸地・高麗のあきない(商)きてう(歸朝)の舟の御公事」라고 한 표현이 나온다. 당시 尾崎 地域에 陸地(九州)와 조선을 왕래하는 商船이 있었음을 알 수 있다. 이것도 興利倭船의 활동일 것이다. 應仁 元年(1467) 宗貞國이 尾崎의 草鹿部(日下部)氏 앞으로 보낸 文書[26]에도「つしまの國よりのこをりの內, つちより(土寄)三ケ村よりはたらき候する船の一俵物之事」라는 표현이 나온다. 이 세 마을에서 움직였던 배의 목적과 목적지는 명확하지 않지만 앞의 寬正 6年의 문서와 함께 생각하면 조선이나 九州에 商賣를 위해 渡航하는 배라는 解釋이 가능하다.

文書史料에 의하면 15세기 중반부터 16세기에 걸쳐서 尾崎・假宿地域에는 朝鮮・九州와의 流通의 자그마한 거점이 존재하였다고 할 수 있다. 水崎遺跡에서 출토되는 유물 중에는 이러한 尾崎 地域을 거점으로 하여 朝鮮・九州와의 교역을 하는 배가 가져온 물건도 포함되어 있다고 생각할 수 있다.

---

25) 위의 책, 563쪽.
26) 위의 책, 574쪽.

4. 『海東諸國記』의 日本人 通交者의 實像

1) 『海東諸國記』의 일본인 통교자

신숙주의 『海東諸國記』(1471)는 중세 조일관계사의 기본사료의 하나이다. 많은 연구가 이 사료에 의해서 15세기 중후기의 조일관계의 실상을 구축해 왔다. 본 사료는 200여 명에 이르는 일본인 통교자를 수록하고 있다.(표 참조)

『海東諸國記』에 수록된 일본인 통교자의 분포는 가장 동쪽이 信農國(1인)이다. 山城 등 畿內로부터 中國・四國에는 많은 나라에 통교자가 있고, 九州에서는 더욱 더 조밀하게 된다. 일본측에도 일정의 통교자가 기록되어 있다. 九州 본토에서는 肥前이 가장 많고(31인), 博多를 포함한 筑前이 그 다음이다(18인). 筑後・日向・大隅는 통교자가 기록되어 있지 않다. 壹岐・對馬에서는 대마가 33인으로 많다. 조선과 가깝고 또 조일관계의 요지에 위치해 있었기 때문에 대마가 많은 것은 당연하다.

통교자는 조선통교권의 유무 때문에 ① 통교권을 가진 자와 ② 통교권을 가지지 않은 자로 대별된다. 전자는 受圖書人・세견선정약자・수직인으로 크게 나누어진다. 이 시대는 수도서인이 세견선정약자로 변화해 간 시기이고, 그러한 양상을 사료에서도 찾아볼 수 있다. 후자에는 다양한 인물이 있지만 통교의 계기에서 보면, 세조대의 瑞祥祝賀使, 宗貞國請에 의한 통교자, 조선 표류민의 송환자가 많다.

이들 일본인 통교자가 서일본 일대에 분포되어 있기 때문에 지역적인 확대와 광범한 사회층이 지적되어 왔다. 그러나 근년에 그 많은 것이 僞使이었음이 밝혀져서[27] 『海東諸國記』의 사료비판의 필요성이 높아지고 있다.[28]

---

27) 長節子,「朝鮮前期朝日關係の虛像と實像―世祖王代瑞祥祝賀使を中心として―」(『年報朝鮮学』8号, 2002年).

2) 『海東諸國記』의 대마도인

『海東諸國記』의 일본국 대마도조에는 33인의 대마도의 조선통교자를 기록하고 있다. 이 33인은 크게 ① 종씨 일족과 그의 가신단과 ② 수직인으로 대별된다. ①은 많은 경우 수도서인이나 세견선정약자이다. 도주 宗貞國의 세견선 50척이 최대이다. 이것에 대해서 ②는 早田氏·平松氏·中尾氏·黑瀨氏 등「賊首」라고 표현된 이전의 왜구세력이 중심이었다. 이 영주층 = 수도서인·세견선정약자, 구왜구세력 = 수직인이라는 이중구조는 壹岐에서도 공통이다. 대마의 통교자에서 특징적인 것은 통교자의 이중구조라는 이른바「興利倭船」[29]이 본 사료에는 등장하지 않는 점이다. 이 조일관계의 저변을 이루는「興利倭船」의 활동은 대마측의 사료도 함께 검토하면 개별적으로는 영세하지만 朝鮮－對馬－北部九州라는 루트에서 활동한 사례도 있고,[30] 그의 실태 규명이 기다려진다. 이러한 흥리왜선의 활동을 포함하면 중세 대마의 조선통교는 三重構造라고 할 수 있다.

3) 『海東諸國記』의 일본인 통교자의 실상

『海東諸國記』중에 많이 보이는 瑞祥祝賀使나 宗貞國請에 의한 통교자는, 對馬 宗氏가 꾸며 낸 위사라는 것이 명백하게 되었다.[31] 이것 이외에도 많은 위사가 포함되어 있을 것으로 생각된다. 이러한 위사가 모두 종씨에 의한 것인가 아닌가는 의견이 나누어지고 있지만,『海東諸國記』에는 많은 위사가 포함되어 있는 것은 의심할 수 없다.

---

28) 佐伯弘次·水野哲雄·三村講介·荒木和憲·岡松仁_·岩成俊策·大塚俊司·松尾弘毅·八木直樹,「『海東諸國記』日本人通交者の個別的晏討」(『東アジアと日本：交流と揀容』3号, 九州大学21世紀ＣＯＥプログラム, 2006年).
29) 長節子,「興利倭船の研究」(『朝鮮넥報』146輯, 1993年).
30) 佐伯弘次,「中世の尾崎地域と早田氏」(美津島町文化財保護協맆編・刊『水崎(冨宿)遺跡』2001年).
31) 長節子注(27)論文.

따라서 위사라고 하는 베르를 떼어내면, 『海東諸國記』가 가리키는 일본인 통교자는 對馬・壹岐・肥前・筑前이라는 북부 九州地域에 집중되어 있는 것을 볼 수 있다. 15세기 후반의 조일관계는 조선에 가장 가까운 이 지역에 주로 한정되어 있다고 말할 수 있다.[32]

5. 맺음말 – 16세기로의 전망

이전의 중세 조일관계사의 상식은 1510년의 삼포왜란과 1512년 임신약조에 의해서 조일관계의 축소화와 대마 종씨에 의한 위사의 대량 창출 = 무역의 독점이 시작된다고 하는 것이었다. 그러나 근년에 15세기대 중기에 종씨에 의한 위사의 창출이 밝혀짐에 의해서 이전의 도식은 무너졌다.

또 대마 종씨가 비장하고 있던 도서・목인이 대량으로 발견된 것에 의해서[33] 15세기부터 16세기에 걸쳐서 종씨에 의한 僞使通交의 실태가 밝혀졌다. 16세기대에 이르면 『조선왕조실록』과 함께 「朝鮮國次之書契覺」이나 새로 발견된 圖書・木印, 더욱이 대마의 중세문서라고 부르는 宗氏側의 사료가 중요하게 된다.

대마의 중세유적을 보면, 출토무역 도자의 태반은 조선자기이고, 중국자기를 주체로 한 일본의 타 지역과는 극히 대조적이다. 대마가 왜 조선무역에 의존하고 있었는가, 고고학적으로도 명확하게 되었다. 이와 같이 대마를 둘러싼 중세 조일관계사 연구에 있어서는 새로운 사료가 발굴되었고, 이러한 여러 사료를 종합함으로써 교류의 실태가 보다 선명하게 될 것이다.

(번역: 장순순)

---

32) 佐伯弘次他注(28)論文.
33) 田代和生・米谷均, 「宗家旧蔵「圖書」と木印」(『朝鮮学報』156輯, 1995年).

朝鮮前期韓日關係と對馬島

1. はじめに

　朝鮮前期の韓日關係(中世日朝關係)には, いくつかの畫期がある. 田中健夫氏の整理[1]によると, 第1期は1392年の朝鮮建國から1419年の應永の外寇(己亥東征)までで, 倭寇が終息して日本各地の通交者が無統制に朝鮮に渡った時期である. 第2期は1419年から1450年までの世宗による平和通交政策の時代で, 數多くの通交統制規定が定められ, また對馬と朝鮮の關係が軌道に乘った時期である. 第3期は1450年から1510年の三浦の亂に至る時代で, 通交の諸制度は完備していったが, 貿易が行きづまりの狀態に達した時期である. 第4期は1510年から1592年の壬辰倭亂の勃發に至る時代で, 宗氏の朝鮮通交權獨占が進行する時期である.

1) 田中健夫, 『中世對外關係史』第4章(東京大學出版會, 1975年).

近年, 日朝關係史研究は多くの研究が登場し, かつての關係史像を一新しつつあるが, 4つの時期のうち, 第3の時期と第4の時期に研究が集中しているように思われる.とくにかつて第4の時期に指摘されていた「對馬宗氏による朝鮮貿易の獨占化」を, 第3の時期にその萌芽を見る研究動向が一つの潮流としてあるように思われる.[2]

　本報告では, こうした動向を踏まえつつ, 15世紀代に限定して, 韓日關係における對馬の位置づけについて考えてみたい.

2. 朝鮮王朝初期の倭寇懷柔政策と對馬

　1350年以來の前期倭寇は, 朝鮮王朝初期の武斷と懷柔の政策によって沈靜化し, 倭寇たちは, 使送倭人や興利倭人という平和な通交者に變質・分解したとされている.[3] 倭寇を回數で見ると, 1370年代の後半から80年代の前半がピークで, 80年代後半以降は減少に轉じている. これは高麗の對日外交や室町幕府・守護大名たちの倭寇取り締まりがある程度成果を收めたものと考えられる.

　朝鮮王朝初期の倭寇懷柔政策には, 投化倭(向化倭)の奬勵や日本人への授職があった.[4] 朝鮮王朝は, 倭寇の首領に投降を促し, 投降した倭人には田地・家財を與え, 妻をめとって安住させた. このため, 多くの日本人が朝鮮に投降し, 投化倭となった. また, 醫者などの技能を持つ者には,

---

2) 最近の日本における中世日朝關係史研究の動向については, 佐伯弘次, 「戰後における中世日朝關係史研究－1980年代以降を中心に」(韓日關係史學會編, 『韓日關係史研究の回顧と展望』國學資料院, 2002年)を參照.
3) 田中健夫, 『中世海外交涉史の研究』, 第1章(東京大學出版會, 1959年). 同, 『倭寇』38-50頁(教育社, 1982年).
4) 中村榮孝, 『日本と朝鮮』, 102～103頁(至文堂, 1966年).

名目上の官職を授け，これを優遇した．こうした朝鮮から官職を與えられた日本人を受職倭人(受職人)という．こうした初期の受職人で出身地が判明する者のほとんどが對馬の島民であった．したがって朝鮮の投化政策・授職政策は對馬の倭寇勢力の切り崩しに成功したといえる．

　こうした日本人に與えられる官職は名目的な影職であったが，一部實務につく者も現れた．對馬出身の投化倭平道全がその代表である．平道全の具體的な本貫地や對馬時代の存在形態については不明である．對馬島主宗貞茂の家臣であった平道全は，1407年3月に宗貞茂の使者として朝鮮に來朝し，被虜人を送還したが(『太宗實錄』7年3月庚午條)，その直後に朝鮮に投化し，同年7月には官職と銀帶を與えられ，受職人となっている(同前7年7月丙寅條)．その後，對馬宗氏との外交交渉や倭寇討伐・倭船建造等で活躍したが，應永の外寇時に失脚した．

　一方，朝鮮王朝は，倭寇懷柔政策の一環として，平和な通交者に對しては手厚く接待し，南部沿岸の隨意の浦所(港)で自由な貿易を許し，沿海での漁業許可や食糧の賜給も行った．[5] このため，倭寇たちは急速に平和な通交者となり，使送倭人(使者の名目で渡航する日本人)・興利倭人(商業活動のために渡航した日本人)として朝鮮に渡航した．

　こうした懷柔政策の結果，倭寇は沈靜化したが，例えば，興利倭人たちは無制限に各浦所に入港するので，朝鮮政府はかつての倭寇の再發を恐れた．使送倭人も大量に朝鮮に渡航するようになり，その接待費用は莫大なものとなった．また，朝鮮で暴動を起こす日本人も出てきたため，その對策を考えざるを得なくなった．

　このような倭寇沈靜化の主要な原因は，朝鮮側の政策にあったが，今ひとつ忘れてならないのは，對馬島主宗氏の倭寇禁壓の努力である．とくに

---

5) 同前，103頁．

15世紀初頭の島主であった宗貞茂は倭寇禁壓に努力した. 1418年3月, 病氣の宗貞茂が藥材を朝鮮に求めた時, 投化倭平道全は, 「貞茂が無病の時は賊船は薩摩州を通過して中國江南の地に向かっていたが, 貞茂が病んだので賊人は朝鮮の沿岸で活動するようになった」と述べている.[6] 宗貞茂の努力により, 倭寇たちが朝鮮を襲撃しなくなっていたことを示している. こうした宗氏の努力を評價した朝鮮は, 宗氏に毎年, 數百石の米・豆を賜給した.

3. 世宗期の通交統制と對馬

上記のように, 15世紀前半に朝鮮の倭寇懷柔政策や對馬宗氏の努力によって, 前期倭寇は沈靜化した. しかし, 朝鮮側の懷柔政策は大きな經濟的な負擔となり, 財政を壓迫した. さらに増大する興利倭人たちは倭寇再發の脅威ともなった. そのため, 朝鮮王朝は日本からの通交に對して制限を加えるようになった.

本節では, 様々な朝鮮側の通交統制策と對馬の對應について檢討する.

1) 三浦の指定と對馬

倭人通交統制策の一つとして, 浦所の制限が行われた.[7] 15世紀初頭, 朝鮮はまず興利倭船の入港する浦所を水軍都万戸が駐在する釜山浦(富山浦)と薺浦の2港に制限した. 1426年, 對馬の早田左衛門太郎がこの制限を

---

6) 田中健夫, 『對外關係と文化交流』35頁(思文閣出版, 1982年).
7) 中村榮孝, 『日本と朝鮮』104, 123頁. なお, 三浦の倭人については, 村井章介, 『中世倭人傳』(岩波書店, 1993年)がある.

撤廢して，慶尚道の沿岸で自由に交易出來るように要求したことから，朝鮮側はさらに鹽浦1港を追加し，日本向けの貿易港は3港となった．これが三浦の發端である．當初，三浦は興利倭船のみに指定された貿易港であったが，應永外寇ごろから使送倭船にも適用されるようになり，三浦がここに成立した．

　例えば，對馬宗氏の歲遣船50船は，25船ずつ薺浦と釜山浦に入港することになっており，その他の使船は三浦に分泊する規定となっていた．三浦には倭館という日本からの使節を應接する使節が作られた．三浦に使送倭船が入港すると，三浦の役人が外交文書やそれに捺された圖書(銅印)を檢討し，對馬島主の文引をあらため，船の大小や船夫の人數・名前をあらためた．朝鮮側の規定に合っていれば，使者を倭館に入れて應接し，その後上京させた．使者に食糧が給與されたり，船夫に食料が下されたり，宴席が設けられたりした．

　こうして開港された三浦には，しだいに日本人が居住するようになった．三浦に居住した日本人を恒居倭と呼んでいる．恒居倭の出身地は對馬が多かった．山が多く，耕地が乏しい對馬は飢饉が起きやすく，多くの島民が三浦を新天地としたのである．恒居倭の數があまりにも増えたため，1436年，國王世宗は對馬島主宗貞盛に對して，恒居倭を對馬に送還するように要請した．宗貞盛は，管下の60人のみの居住を認めるように望んだが，薺浦253人，鹽浦90人，釜山浦29人の計372人が送還され，206人の居住が認められた．近世において朝鮮貿易に從事した對馬藩の特權的貿易商人を「六十人」と呼ぶのは，宗貞盛が要求した三浦居住の恒居倭60人に淵源があるのではなかろうか．

　朝鮮政府は三浦恒居倭の人口調査を度々行っており，統計資料が殘っている．それによると，最も多いときで，約500戶，3000人の恒居倭がいた．例えば，1475年3月の統計(『成宗實錄』6年3月辛亥條)によると，釜山

浦には, 88戸・350人の恒居倭がおり, 3寺院があり, 倭僧5名が住んでいた. 薺浦には, 308戸・1731人の恒居倭がおり, 寺院は11で, 46人の倭僧がいた. 鹽浦には, 34戸・128人の恒居倭がおり, 寺院は1で, 1人の倭僧がいた. 計430戸・2209人の恒居倭がいたのである. 規模的には, 薺浦が最も大きく, 全體の8割近くの恒居倭が薺浦に住んでいた.

『海東諸國記』等によると, 三浦には宗氏の代官がおり, 恒居倭から收稅していたし, 各浦ごとに代表者がいた. 恒居倭の中には現地人と密貿易をする者がおり, 朝鮮政府の頭痛の種であった.

對馬の中世文書の中にも三浦に關するものがある.[8]

(花押)(宗貞盛)

千部經之勸進のため二このそう(僧)とかい(渡海)候二て, かうらい(高麗)三浦の日本人, 又ハそさ(送使)船・はい／＼(賣買)船いつれも少勸進心おちニほんそう(奔走)あるへく候,

　　　文安六　三月二十九日　　　　　　　祐覺(花押)
　　　　　高麗
　　　　　こもかい
　　　　　ふさんかい　　　日本人の中
　　　　　うるしやう

文書の袖判は島主宗貞盛の花押であるので, この文書は宗貞盛が文安6年(1449)3月29日に出したものである. 祐覺は宗貞盛の奉行人である. 宛所の高麗は朝鮮を意味し, 「かい」は浦のことなので, 「こもかい」は薺浦を, 「ふさんかい」は釜山浦を, 「うるしやう」は蔚山すなわち鹽浦を意味する.

---

8)「宗家御判物寫」(『長崎縣史史料編第一』, 505頁, 吉川弘文館).

つまり朝鮮の三浦の日本人つまり恒居倭宛の文書である.

「千部經」は追善や祈願のため, 同じ經典を千人で1回ずつ, もしくは1人で千回讀誦する法會のことで, 千部會ともいわれた.「そさ船」は「送使船」であり, 使送倭船を意味するし,「はい／＼船」は「賣買船」であり, 興利倭船を意味する.「心おち」(心落)とは,「厚意」とか「こころざし」の意である.

「千部經(千部會)を對馬で開催する費用調達のため, この僧侶を渡海させるので, 朝鮮三浦の日本人や三浦に入港する送使船(使送倭船)や賣買船(興利倭船)はいずれもこころざしとして寄付しなさい」という內容である. 對馬島內の宗敎行事費用調達のため, 宗氏の許可と支持を取り付け, 三浦の恒居倭や入港する日本船への勸進行爲が行われたのである.

もう1通同様の文書がある.[9]

對馬みね(峰)のこんけん(權現)のしやたんさうゑい(社壇造營)くわむしん(勸進)のためニ, 宮司ミの(美濃)坊罷くたり(下り)候, かうらい(高麗)三うら(浦)の百しやう(姓), そのほかそさふね(送使船)みな心おちニほんそう(奔走)あるへきよしおほせ(仰)にて候, そのむね(旨)心ゑ(得)あるへき狀如件,

　　　寶德三
　　　　　正月十一日　　　　　　　　　　祐覺(花押)
　　　　　高麗
　　　　　こもかい
　　　　　ふさんかい
　　　　　うるしやう

---

9) 同前, 392頁.

寶德 3年(1451) 1月11日の宗貞盛奉行人祐覺の出した文書である. 文末近くに「由仰せにて候」とあるので, この文書は奉書というべきもので, 實質的な發給者は島主宗貞盛である. 「對馬峰郡の峰權現の社壇造營勸進のため, 宮司の美濃坊が三浦にまかり下るので, 朝鮮三浦の百姓や送使船はみなこころざしとして寄付を行うように」という宗貞盛の命を傳えたものである. 「三浦の百姓」とは恒居倭を意味する. 峰權現社の社壇造營の費用調達のための寄付が, 三浦の恒居倭と使送倭船に命じられているのである. この2通の文書からすると, 當時の三浦は對馬の住民にとって, 對馬社會の延長的な位置にあったことがうかがわれる.

2) 授圖書の制

世宗初年, 日本からの通交者に圖書(銅印)を授け, それを書契(外交文書)に捺させて通交の徵證とする制度が始まった.[10] これを授圖書の制と呼んでいる. 圖書を朝鮮から授與された日本人通交者は受圖書人といわれる. その初見は, 1418年 11月, 小早川淨存の請願により, 朝鮮が圖書を授與したことである. 2例目は, 1419年の日本國西海路石城府管事平万景への授與である. これら以降, 授圖書制は日朝關係の要として普及していった.

小早川淨存(則平)は安芸の國人で, 室町幕府奉公衆であったが, 1414年に室町幕府から九州上使として博多に派遣されていた.[11] 九州探題澁川氏を補佐する立場であり, また朝鮮貿易も活發に行っている. 石城府管事平万景(滿景)は澁川氏の重臣板倉滿景であり, 活發な朝鮮貿易を行ったことで知られている.[12] すなわち小早川淨存・板倉滿景ともに九州探題澁

---

10) 中村榮孝, 『日本と朝鮮』, 113~115頁.
11) 川添昭二, 『對外關係の史的展開』第6章(文獻出版, 1996年).
12) 同前.

川氏のすぐ側にいた人物であり, ともに活發な朝鮮貿易を行った. それを擔ったのは博多商人であると考えられている. したがって九州探題澁川氏－博多商人のラインで授圖書制が創出され, 日朝關係の重要な制度として定着していったということができる.

3) 對馬島主文引の制

對馬島內や日本各地から朝鮮に通交する者は, 島主宗氏の文引(路引・吹噓・吹擧)を受給して持參しなければ, 賊として取り扱い, 應接をしないという制度が作られた.[13] 文引とは, 渡航認可證明書である. この制度は, 興利倭船に對して各地の有力者の行狀(路引)を持參することが求められたことに由來する.

對馬島主文引の制は, 1426年, 石見州・對馬島賜物管押使として李藝が來日したことがきっかけとなった. 對馬を訪れた李藝は, 島主宗貞盛から「宗氏が各所の使船・興利船に皆路引を發給し, 今後, この路引を持たない者は朝鮮が接待をしない」という制度が提案された. この提案が實際に組織的に運用されるのは, 1435年以降とされている. この年, 宗貞盛は一族の受圖書人宗彦七(盛國)や宗茂直らの私交を認めず, 貞盛の文引がある者だけを接待するように要求した. これはただちに承認された. 對馬島內には, 仁位宗氏や豊崎郡主宗盛國のように, 島主に從わない者がいたため, 宗貞盛がこの制度によって彼らを朝鮮通交の面で統制し, 島主權の強化をねらったものである.[14]

翌年には, 日本人通交者の不正を防止するため, 文引に, 使船の大小,

---

13) 中村榮孝, 『日本と朝鮮』 117~118頁, 中村榮孝, 『日鮮關係史の研究 上卷』 11章(吉川弘文館, 1965年).
14) 長節子, 『中世日朝關係と對馬』 第1部 第5章(吉川弘文館, 1987年).

正官(使者), 格人(乘組員)の名數等を書き込ませ, かつ對馬島外の諸島の通交者に對しても文引制を適用することになった. 1438年, 李藝が對馬に派遣され, 朝鮮と對馬の間で修好約條が締結されて, 對馬島主文引の制は確立した. 對馬島內外の使人は全て島主の文引がなければ接待されないことが確定したのである.

翌1439年には, ① 日本國王と管領武衛(斯波氏っ)の使者は文引がなくても接待する, ② これまで通信しており, 自身で來朝する者, 井太郎のような朝鮮に誠心歸順した, 大內氏・菊池氏などは宗氏の文引がなくても, 中央に報告して指示を仰いで措置するという例外規定が設けられた. なお, 『海東諸國記』(1471年)の時代になると, 「諸使は皆對馬島主文引を受けて後乃ち來る」とあり(「朝聘應接記」), 例外規定がなくなっている.

島主宗成職の時期には, 守護所がある峰郡佐賀で秦盛幸という家臣が書契・文引のことを掌っていた(『海東諸國記』日本國記對馬州). 宗氏は發行料を徵收し, 自らの財源としていた.

4) 癸亥約條と歲遣船定約

1443年, 朝鮮と對馬の間に癸亥約條(嘉吉條約)という約條が締結された.[15] この約條本文は, 『世宗實錄』に記されておらず, 全文は不明である. 次の2條のみが知られる.[16]

　一　島主處歲賜米豆共二百石事

---

15) 中村榮孝, 『日本と朝鮮』, 119~120頁.
16) 佐伯弘次, 「中世日朝間の約條」(村井章介編, 『8~17世紀の東アジア地域における人・物・情報の交流 下』, 科學研究費補助金研究成果報告書, 2004年).

一 歲遣五十船, 而如有不得已報告事, 則數外特送船事

　第1條は, 朝鮮から對馬島主に每年, 米・大豆を合わせて200石賜給することを規定している. 第2條は, 對馬島主の歲遣船(每年定數派遣することができる使送船)を50船とし, 緊急の報告があれば, 50船以外に特送船[17]を派遣してもよいという規定である.

　日本人通交者の歲遣船は, 1440年に小早川淨存と歲遣船1船を定約したのが初見である. 癸亥約條における對馬島主歲遣船50船の規定は2例目となる. これ以降, 日本人通交者の歲遣船數が順次決められていった. 『海東諸國記』には多數の歲遣船定約者が見えており, この制度が日朝通交にとって極めて重要な制度となっていたことを示している. 大きな流れでいえば, 受職人から歲遣船定約者へという方向である.

　この癸亥約條成立の意義は, 朝鮮と對馬の關係を規範化するものとして重要であったが, 對馬宗氏にとっては, それまで多くの使船を派遣していたのがかなりの制限を受ける結果となったという理解が一般的である.[18] しかし, 島主は對馬島內諸氏に對して歲遣船の船數を割り當てる權利を獲得し, この制度は島主文引の制とならんで, 島內諸氏を掌握するためには有效であった. これに不滿を持つ宗氏の有力一族は獨自に朝鮮と交渉し, 宗盛國の7船を始めとして, 各自の歲遣船を獲得した.

　癸亥約條締結の結果, 島主は家臣に對して歲遣船の所務を知行として與えざるを得なかったことが指摘されている.[19] 朝鮮通交權の知行化が進行するのである. 一例をあげよう.[20]

---

17) 特送船については, 荒木和憲, 「中世後期における對馬宗氏の特送船」(『九州史學』135號, 2003年).
18) 中村榮孝, 『日鮮關係史の硏究 上卷』179頁, 長節子『中世日朝關係と對馬』200頁.
19) 荒木和憲, 「對馬島主宗貞盛の政治的動向と朝鮮通交」(『朝鮮學報』189輯, 2003年).
20) 「宗家御判物寫」『長崎縣史史料編第一』724頁.

> 對馬佐護郡之內伊豆守(宗國幸)給分配分之儘，任(宗)貞國判形之旨
> 候，又每年國竝書一通，同肥前千葉殿書一通并貢錢，自分之書一通，
> 爲扶持遣之處，不可有相違之狀如件，
> 　　　永正十年
> 　　　　　十二月二十三日　　　　　　　　　義盛御判
> 　　　宗大膳亮殿

　永正10年(1513)12月23日に對馬島主宗義盛が直臣の宗大膳亮に對して出した文書である．內容は佐護郡の知行地を父の宗伊豆守國幸の時のまま安堵し，また，①「每年國竝書」1通，②「同肥前千葉殿書」1通・貢錢，③「自分之書」1通を扶持として遣わすというものである．宗大膳亮の父宗國幸は宗貞國の家臣として朝鮮との外交や貿易に活躍した人物で，1471年に宗貞國の特送として朝鮮に派遣されるなど(『成宗實錄』2年8月壬戌條)，朝鮮との外交に活躍した．1478年以降，ほぼ每年のように朝鮮に遣使し，朝鮮貿易を行った．1512年の三浦の亂後の壬申約條締結交渉のため朝鮮に派遣され，薺浦で客死した．その後，外交交渉は子の大膳亮が引き繼いだ．宗國幸－大膳亮家は，代々朝鮮との外交・貿易に活躍した宗氏直臣ということができる．

　次にこの文書に見える3つの朝鮮通交權について檢討しよう．①の「每年國竝書」とは，「國次書」とも書き，島主歲遣船(具體的には歲遣船派遣にともなう宗氏の書契)を意味する．1510年以前は，癸亥約條の50船，1512年以降は壬申約條の25船である．宗國幸は島主歲遣船を每年1船派遣する權利を知行として獲得していたのである．

　②の「同肥前千葉殿書一通并貢錢」の內，「同」は每年に相當する．「肥前千葉殿書」とは，肥前千葉氏の歲遣船を派遣する權利を表す．『海東諸國記』日本國記肥前州條は，次のように千葉氏について記している．

千葉殿

己卯年(1459)遣使來朝, 居有小城, 北距博多十五里, 民居一千二百余戶, 正兵五百余, 書稱肥前州小城千葉介元胤, 約歲遣一船,

　千葉氏は1459年以來, 朝鮮に遣使している. 肥前國小城(博多から15里, 民居1200余戶)に居し, 正兵500余人がいる. 書契では「肥前州小城千葉介元胤」と稱している. 歲遣船1船を定約している. 以上のような內容である. 小城を本據地とする肥前の有力國人千葉元胤が歲遣船1船の定約者になっていたのである.

　では, その「千葉殿書一通」と「貢錢」を宗氏直臣宗大膳亮が知行として給與されるというのはどのような事情によるのだろうか. 「千葉殿書」とは千葉氏の歲遣船を派遣する權利(具體的には千葉氏歲遣船派遣にともなう書契)を表すため, 1513年以前のある時点で, 千葉氏の歲遣船派遣にともなう權利を島主宗氏が獲得し, それを1513年に宗大膳亮に給與したことがわかる. 「貢錢(くせん)」とは, 使船發送の際に島主から賦課される公物である.[21]

　さて, 宗國幸の朝鮮通交を見ると, 1481年2月と1492年3月に「宗大膳國幸」と千葉介元胤の使者が同時に朝鮮に來朝している. これは偶然というよりは, この時点で宗國幸が「千葉殿書」1通を島主から給與されていたからと見たい. そう考えると, 「千葉殿書」の給與は1484年以前ということになる. この「千葉殿書」の權利移行については, ある時点で千葉氏から島主宗氏が通交權を獲得したという想定と, 最初から島主宗氏が作成した僞使であるという想定が可能である. 少なくとも1480年代に

---

21) 米谷均, 「16世紀日朝關係における僞使派遣の構造と實態」(『歷史學硏究』697號, 1997年).

は, 肥前千葉氏の朝鮮通交權は千葉氏から對馬宗氏に移っていたということができる. 宗國幸は1484年以前に島主からその通交權を給與されたのである.

③の「自分之書一通」とは, 宗大膳家の歲遣船1船を派遣する權利である. 先述のように, 宗國幸は1478年以降, 每年のように朝鮮に遺使している. これは1478年ごろに宗國幸が朝鮮から歲遣船1船を認められたことを意味している. また, 1484年からは年2回遺使していることも多い. これ以降, 歲遣船が1船追加された可能性がある. この宗國幸の歲遣船は三浦の亂直前までは有效であった考えられるが, 三浦の亂と壬申約條によって, 自身と千葉氏の歲遣船權益は消滅したと考えられる.

5) 樣々な課役と陸地・高麗の間

享德2年(1453)2月5日, 對馬島主宗成職は, 家臣の大山宮內左衛門尉に對して, 「當國・かうらい(高麗)の諸公事」を免除した.[22] 當國は對馬, 高麗は朝鮮を意味するので, 對馬島內と朝鮮關係に關する諸公事を免除したことになる. 具體的な公事は, ① 鹽判(對馬の鹽を朝鮮に搬出するときに宗氏が發行する判=文引にかかる稅), ② おうせん判(對馬島民が全羅道孤草島海域に出漁する際に宗氏が發行する判=文引にかかる稅), ③ 陸地之一俵物(陸地は九州本土のこと. 一俵物は不明であるが, 何らかの物品にかかる稅と考えられる), ④ 人の賣口買口(人の賣買にかかる稅とも, 人が商賣するときにかかる稅ともされる), ⑤ 船の賣口買口(船の賣買にかかる稅とも, 船で商賣するときにかかる稅ともされる), ⑥ 山手(山の利用にかかる稅)の6種類である.

---

22) 佐伯弘次・有川宜博編, 「大山小田文書」26・27號(『九州史學』132號, 2002年).
23) 佐伯弘次, 「國內外流通の據点としての對馬」(『中世都市研究』10號, 2003年).

島主宗氏が様々な雜税を家臣や島民に賦課していたことがわかるが, それを免除することが家臣に對する知行給與でもあった. とくに朝鮮との關係においても文引發行料徵收という形で宗氏は財源確保を意圖したのである.

　最近, 對馬市美津島町尾崎の水崎(假宿)遺跡が注目を集めている.[23] 尾崎は倭寇の頭目早田氏の本據地(土寄)がある場所であるが, 發掘地点は土寄ではなく, 假宿という地名である. ここから14世紀後半から15世紀前半を中心とする柱穴等の遺構と陶磁器・金屬製品・瑪瑙製石帶・朝鮮系瓦・中國錢等多くの遺物が發見された. とくに全出土陶磁器における朝鮮王朝陶磁の割合が65~70パーセントと日本國內では異樣に高い數字である点が注目される. 殘りの殆どは中國陶磁器であるが, タイ・ベトナムといった東南アジア陶磁器も若干出土している.

　これらの遺物は早田氏の倭寇活動の關係で理解されることが多いが, はたしてそれのみで理解できる遺物なのであろうか. 對馬の文書を調べていくと, 大永2年(1522)の文書[24]に「おさき(尾崎)・かりやと(假宿)の舟, 高麗江渡海之時, 鹽判・同いかり(碇)の公事の事幷大せん判之事」とある. これは尾崎と假宿の舟が朝鮮に渡海しており, それに對して宗氏が鹽判・碇公事(入港料)・大せん判を徵收していたことを意味している. これは尾崎・假宿船が朝鮮に鹽を搬出し, 弧草島海域に出漁していたからに他ならない. 前者は興利倭船の活動と考えられ, 後者は漁船の活動である.

　また, 寬正6年(1465), 宗成職が尾崎の小島寄合中に宛てた文書[25]に, 「陸地・高麗のあきない(商)きてう(歸朝)の舟の御公事」という表現が出てくる. 當時, 尾崎地域に陸地(九州)と朝鮮を往來する商船があったことが

---

24)「宗家御判物寫」『長崎縣史史料編第一』, 752頁.
25) 同前, 563頁.

わかる. これも興利倭船の活動であろう. 應仁元年(1467), 宗貞國が尾崎の草鹿部(日下部)氏に宛てた文書[26]にも, 「つしまの國よらのこをりの内, つちより(土寄)三ケ村よりはたらき候する船の一俵物之事」という表現が出てくる. この三ケ村よりたらき候ずる船の目的と目的地は明確ではないが, 先の寬正6年の文書とあわせて考えると, 朝鮮や九州に商賣のために渡航する船という解釋が可能である.

文書史料によると, 15世紀半ばから16世紀代にかけての尾崎・假宿地域には, 朝鮮・九州との流通の小さな據点が存在したといえる. 水崎遺跡から出土する遺物の中には, こうした尾崎地域を據点にして朝鮮・九州との交易を行う船によってもたらされた物も含まれていると考えられる.

4. 『海東諸國記』の日本人通交者の實像

1) 『海東諸國記』の日本人通交者

申叔舟『海東諸國記』(1471年)は, 中世日朝關係史の基本史料の一つである. 多くの研究がこの史料によって15世紀中後期の日朝關係のあり方を構築してきた. 本史料には200人近くの日本人通交者を收錄している(表參照).

『海東諸國記』所收日本人通交者の分布は, 最も東が信濃國(1人)である. 山城など畿内から中國・四國には多くの國に通交者がおり, 九州ではさらに稠密となる. 日本海側にも一定の通交者が記されている. 九州本土では肥前が最も多く(31人), これに博多を擁する筑前が次ぐ(18人). 筑後・日向・大隅は通交者が記されていない. 壱岐・対馬では, 対

---

26) 同前, 574頁.

馬の33人が多い．朝鮮と近く，また日朝關係の要の位置にあったため，対馬が多いのは當然である．

通交者は，朝鮮通交權の有無から，①通交權を有する者と②通交權を有しない者に大別される．前者は，受圖書人・歲遣船定約者・受職人に大別される．この時代は，受圖書人が歲遣船定約者に變化していく時期であり，その樣が本史料からも看取できる．後者には，樣々な人物がいるが通交の契機から見ると，世祖代の瑞祥祝賀使，宗貞國請による通交者，朝鮮漂流民の送還者が多い．

これら日本人通交者が西日本一帶に分布していることから，朝鮮通交者の地域的な廣がりと廣範な社會層が指摘されてきた．しかし，近年，その多くが僞使であることが明らかにされ，[27] 『海東諸國記』の史料批判の必要性が高まっている．[28]

2)『海東諸國記』の對馬島人

『海東諸國記』日本國対馬州条には，33人の対馬島の朝鮮通交者を記している．この33人は大きく①宗氏一族とその家臣団と②受職人に大別される．①は多くの場合，受圖書人か歲遣船定約者である．島主宗貞國の歲遣船50船が最大である．これに対して②は，早田氏・平松氏・中尾氏・黑氏など，「賊首」と表現される旧倭寇勢力が中心であった．この領主層＝受圖書人・歲遣船定約者，旧倭寇勢力＝受職人という二重構造は，壱岐でも共通している．

---

27) 長節子，「朝鮮前期朝日關係の虛像と實像―世祖王代瑞祥祝賀使を中心として―」(『年報朝鮮学』8号，2002年)．
28) 佐伯弘次・水野哲雄・三村講介・荒木和憲・岡松仁・岩成俊策・大塚俊司・松尾弘毅・八木直樹，「『海東諸國記』日本人通交者の個別的尋討」(『東アジアと日本：交流と揀容』3号，九州大学21世紀COEプログラム，2006年)．

対馬の通交者で特徴的なのは，通交者の二重構造といわゆる「興利倭船(商船)」[29]が本史料には登場しないことである．この日朝關係の底辺をなす「興利倭船」の活動は，対馬側の史料も併せて檢討すると，個別的には零細であるが　朝鮮―対馬―北部九州というルートで活動した例もあり，[30]その実態究明がまたれる．こうした興利倭船の活動を含めると，中世対馬の朝鮮通交は三重構造ということになる．

3)『海東諸國記』の日本人通交者の實像

　『海東諸國記』の中に多く見える瑞祥祝賀使や宗貞國請による通交者は，対馬宗氏が仕立てた僞使であることが明らかになった．[31] これ以外にも多くの僞使が含まれていると考えられる．こうした僞使がすべて宗氏によるものであるか否かは議論が分かれるところであるが，『海東諸國記』には多くの僞使が含まれていることは疑いようがない．

　したがって僞使というベールをはぎ取ると，『海東諸國記』が示す日本人通交者は対馬・壱岐・肥前・筑前といった北部九州地域に集中していたと見るべきである．15世紀後半の日朝関係は，朝鮮に最も近いこの地域に主として限定されていたということができる．[32]

---

29) 長節子,「興利倭船の研究」(『朝鮮学報』146輯, 1993年).
30) 佐伯弘次,「中世の尾崎地域と早田氏」(美津島町文化財保護協会編・刊『水崎(仮宿)遺跡』2001年).
31) 長節子注(27)論文.
32) 佐伯弘次他注(28)論文.

5. おわりに〜16世紀代への展望

　かつての中世日朝關係史の常識は,1510年の三浦の乱と1512年の壬申約条によって,日朝關係の縮小化と対馬宗氏による偽使の大量創出＝貿易の独占が始まるというものであった.しかし,近年,15世紀代中期の宗氏による偽使の創出が明らかになったことによって,かつての圖式は崩れてきた.

　また,対馬宗氏が秘藏していた圖書・木印が大量に発見されたことによって,[33] 15世紀から16世紀にかけての宗氏による假使通交の実態が明らかになってきた.16世紀代になると,『朝鮮王朝実録』とともに,「朝鮮送使國次之書契覺」や新発見の圖書・木印,さらには対馬の中世文書といった宗氏側の史料が重要になる.

　対馬の中世遺跡を見ると,出土貿易陶磁の大半は朝鮮陶磁であり,中國陶磁を主体とする日本の他地域と極めて対照的である.対馬がいかに朝鮮貿易に依存していたか,考古学的にも明らかになってきた.このように対馬をめぐる中世日朝關係史研究においては,新たな史資料が発掘されており,こうした諸史資料を総合することによって,交流の実態がより鮮明になるだろう.

---

33) 田代和生・米谷均,「宗家旧蔵「圖書」と木印」(『朝鮮学報』156輯,1995年).

〈『海東諸國記』の日本人通交者〉

國名	番號	人名	名稱	遣使年	受圖書	受職	歲遣船	通交目的	備考
山城州	1	畠山殿							
	①	義忠	管提畠山修理大夫源義忠	1455					1465年死, 子義勝嗣ぐ
	②	義勝	管提畠山左京大夫源義勝	1470					
	③	義就	五州總太守畠山左金吾督源朝臣義就	1460					義忠の同母弟 本の子
	2	細川殿							
	①	勝元							
	②	持賢	細川右馬頭源朝臣持賢	1470					
	③	勝氏		1470					勝元の從兄弟
	3	左武衛殿							
	①	義淳	左武衛源義淳	1428					
	②	義敏	左武衛源義敏	1460					
	③	義廉	左武衛將軍源義廉	1463					
	4	山名殿							
	①	敎豊	九州總太守山名霜台源朝臣敎豊	1459					
	②	義安	八州總太守山名彈正少弼源朝臣義安	1469					
	5	京極殿							
	①	持淸	住京極佐佐木氏兼太膳大夫源持淸	1458					法名生觀
	②	高忠	所司代京極多賀豊後州源高忠	1470					
	③	榮熙	隱岐州護代佐佐木尹左近將監源	1471					生觀同母弟という
	6	右武衛殿							
	①	道鎭	九州府探題	1409					1424年道鎭書に入京とあり
	②	義俊	九州都督左近大夫將監	1420					道鎭子
	③	義堯	京城攝可源朝臣義堯	1466					道鎭の後か
	7	甲斐殿	甲斐遠尾越濃四州守源政盛	1469					左武衛臣, 巨酋使の例
	8	伊勢守	國王懷守納政所伊勢守政親	1470					國王近侍長, 巨酋使の例
	9	敎通	山城居住四川伊與住人河野刑部大輔	1470				壽蘭護送	
	10	之種	京城奉行藺戌肥前於藤原朝臣之種	1470				壽蘭護送	國王に近侍す
	11	信忠	京城居住京見駿可守源朝臣信忠	1470				壽蘭護送	
	12	勝忠	京城居住鷹野民部少輔源朝臣勝忠	1470				壽蘭護送	
	13	建肯	慧日山內常喜詳庵住持建肯	1470				館接壽蘭	東福寺內
	14	昌堯	京城東山淸水寺住持大禪師昌堯	1468				宗貞國請	
	15	用書記	深修庵住持用書記	1469				宗貞國請	
攝津州	1	忠吉	兵庫津平方民部尉忠吉	1467	○		1		

國名	番號	人名	名稱	遣使年	受圖書	受職	歲遣船	通交目的	備考
攝津州	2	吉光	西宮津尉長予鹽備中守源吉光	1468				宗貞國請	
	3	昌壽	佛法雙寺四天王寺住持比丘昌壽	1468				宗貞國請	
信濃州	1	善峯	善光寺住持比丘善峯	1468				宗貞國請	
播摩州	1	吉家	室津代官藤原朝臣吉家	1467				觀音現像	
	2	盛久	播摩州太守周間浦住源光祿盛久	1468				觀音現像	
備前州	1	貞吉	卯島津代官藤原貞吉	1467				觀音現像	
	2	廣家	小島津代官藤原廣家	1468				觀音現像	
備後州	1	吉安	海賊大將原左馬助源吉安	1467				觀音現像	
	2	政良	高崎城大將堯軍源朝臣政良	1468				宗貞國請	
	3	光吉	支津代官藤原朝臣光吉	1468				宗貞國請	
	4	家德	三原津太守在京助源家德	1468				宗貞國請	
	5	忠義	守護代官山名四宮源朝臣忠義	1469			1	宗貞國請	
安芸州	1	持平	小早川美作守持平	1440	○		1		父常賀は國王に近侍
	2	國重	海賊大將藤原朝臣村上備中守國重	1464					
	3	教實	安芸州太守藤原武田大膳大夫教實	1468				觀音現像	
	4	公家	嚴島太守藤原朝臣公家	1468				觀音現像	
周防州	1	大內殿							管周防長門豐前筑前四州
	2	弘安	山口所司代杉河守源弘安	1470			1		方居して山口を守る
	3	教之	大內進亮多多良別駕教之	1454					大內殿政弘叔父
	4	芸秀	太畠 太守海賊大將軍源朝臣芸秀	1467				雨花	
	5	義就	上將太守鎌刈源義就	1467				觀音現像	
	6	正吉	上觀守屋豫藤原朝臣正吉	1468				觀音現像	
	7	盛祥	富田津代官源朝臣盛祥	1468				觀音現像	漂流人を報ず
長門州	1	弘氏	四州守護代官陶越前守多多良朝臣弘氏	1467				觀音現像	
	2	光久	文司浦大將軍源光久	1467				壽藏奠送	
	3	忠秀	赤間關鎭守高石藤原忠秀	1467				觀音現像	
	4	忠重	赤間關太守矢田藤原朝臣忠重	1467				舍利分身	
	5	義長	實重關太守野田藤原朝臣義長	1468				觀音現像	
	6	國茂	鷲尾多多良朝臣國茂	1468				觀音現像	
	7	正滿	乾珠滿珠島代官宮內頭藤原正滿	1468				宗貞國請	
	8	貞成	三島州伊智羅峻可守藤原貞成	1469				宗貞國請	
阿波州	1	義直	鳴渡浦大將軍源朝臣義直	1468				觀音現像	
伊予州	1	盛秋	川野孔城守越知朝臣盛秋	1468				宗貞國請	
	2	貞義	鎌田將監每賊大將源貞義	1468				宗貞國請	
若狹州	1	忠常	十二關一番遠敷守護備中守源朝臣忠常	1471				壽藏奠送	
	2	義國	大浜津守護代官左衛門大夫源義國	1468				宗貞國請	
丹後州	1	家國	田伊佐津平朝臣門四郎家國	1468				宗貞國請	

國名	番號	人名	名稱	遣使年	受圖書	受職	歲遣船	通交目的	備考
但馬州	1	源國吉	津山關佐佐木兵庫助源國吉	1467				舍利分身	
伯耆州	1	義保	伯耆州太守綠野源朝臣義保	1469				宗貞國請	
出雲州	1	盛政	美保關鄕左衛門大夫藤原朝臣盛政	1467				壽藺舊送	
	2	公順	見尾關豐松田備前太守藤原朝臣公順	1467				觀音現像	
	3	義忠	留關海賊大將藤原朝臣義忠	1469				宗貞國請	
石見州	1	和兼	因幡守藤原周布和兼	1447	○		1		周布兼貞子
	2	賢宗	櫻井津土屋修理大夫平朝臣賢宗	1470					
	3	久直	益田守藤原朝臣久直	1467				壽藺舊送	
	4	正教	三住右馬守源氏朝臣正教	1467				壽藺舊送	
	5	吉久	北江津太守平朝臣吉久	1468				壽藺舊送	
隱岐州	1	秀吉	隱岐州太守源朝臣秀吉	1469				宗貞國請	
筑前州	1	小二殿	筑豊肥三州總太守太宰府都督司馬少卿				1·2		巨酋使의 例
	2	護軍道安		1455	1455	1457		琉球國使	
	3	司正林沙也文		1470		1470			道安子, 大友殿管下
	4	護軍宗家茂		1455	1455	1455			富商宗金子, 大友殿管下
	5	司果信盈		1469		1469			藤安吉女壻, 大友殿管下
	6	氏鄕	宗像朝臣氏鄕	1455			1		小二殿管下, 麾下의 兵有리
	7	貞成	冷泉津扇內州太守田原藤原貞成	1461	○		1·2		大友殿婿親, 博多代官
	8	信重	冷泉津藤原佐藤四郞信重	1456		1471	1		富商定淸女壻, 大友殿管下
	9	安直	筥崎津寄住臣藤原右衛門尉安直	1467				漂流人	八幡神留守殿管下
	10	直吉	筥崎津寄住藤原兵衛次郞直吉	1467				漂流人	〃, 信重兄子, 筥崎津居
	11	重家	冷泉津布永臣平與三郞重家	1467				漂流人	大友殿管下
	12	親慶	胎土邦北崎津源朝臣親慶	1467				觀音現像	
	13	正家	相以島大將軍源朝臣正家	1467				壽藺舊送	
	14	氏俊	宗像先社務氏俊	1467				舍利分身	
	15	道京	絲島太守大內氏道京	1468				宗貞國請	
	16	繩繁	名島櫛島兩島太守藤原繩繁	1468				宗貞國請	
	17	成直	筑前州總政所秋月太守源成直	1469				宗貞國請	大友殿管下, 秋月殿武才
	18	信歲	麻生藤原信歲	1466				觀音現像	1467年又遣使, 不接待
豊前州	1	邦吉	蓑島海賊大將玉野井藤原朝臣邦吉	1468				宗貞國請	
	2	俊幸	彦山座主黑川院藤原朝臣俊幸	1468				宗貞國請	大友殿管下, 彦山居武才

國名	番號	人名	名稱	遣使年	受圖書	受職	歲遣船	通交目的	備考
豊後州 1		大友殿							大友殿九州に於て兵強し
	①	源持直	豊筑兩後州太守	1429					是より使船絶えず
	②	源親重	豊筑兩後州太守	1437					持直は伯父
	③	親繁	豊州大友	1457					1458年又遣使
	④	師能	豊筑守大膳大夫	1460					持直嫡孫
	⑤	日田守護親常		1471					大友殿政親弟
2		親常	日田郡守護修理大夫大藏親常	1471					大友殿異母弟
3		國光	日田郡太守源朝臣國光	1460					漂流人・觀音現像
4		茂實	豊後州受護代官木部山城守茂實	1468				宗貞國請	
肥前州 1		節度使	九州節度使源敎直	1469			1・2		肥前州阿也非知に居す
2		千葉殿	小城千葉介元胤	1459			1		居は小城
3		源義	呼子一岐守源義	1465			1・2		小二殿管下, 呼子殿
4		源納	上松浦波多島源納	1455	○		1・2		小二殿管下, 波多島に居す
5		源永	上松浦鴨打源永	1456			1・2		小二殿管下, 鴨打殿
6		藤源次郎	上松浦九沙島主藤源次郎	1456			1		
7		源祐位	上松浦那護野寶泉寺源祐位	1457			1		僧, 寶泉寺に居す
8		源盛	上松浦丹後太守源盛	1457	○		1		小二殿管下, 麾下の兵あり
9		源德	上松浦神田能登守源德	1456			1		
10		源次郎	上松浦佐志源次郎	1469			1		小二殿管下, 武才, 佐志殿
11		義永	上松浦九沙島主藤原朝臣筑後守義永	1456	○		1		
12		源義	下松浦一岐州太守志佐源義	1455			1・2		小二殿管下, 武才, 志佐殿
13		源滿	下松浦三栗野太守源滿	1457			1		小二殿管下, 麾下の兵, 三栗野に居す
14		源吉	下松浦山城太守源吉	1445	○		1		
15		源勝	五島宇久守源勝	1455	○		1・2		宇久島に居し, 五島總治, 麾下の兵
16		少弼弘	田平寓鎮源朝臣彈正少弼弘	1457			1・2		麾下の兵あり
17		源義	平戸寓鎮肥州太守源義	1456	○		1		小弼弘の弟, 麾下の兵, 平戸に居す
18		藤原賴永	上松浦那久野藤原賴永	1466					壽藺書記を遣わす
19		源宗傳	上松浦多久豊前守源宗傳	1468				宗貞國請	多久に居す, 麾下の兵
20		源泰	上松浦波多下野守源泰	1468				宗貞國請	波多に居す, 麾下の兵
21		四郎左衛門		1465				源滿使	連年來るも接待せず

朝鮮前期韓日關係と對馬島 303

國名	番號	人名	名稱	遣使年	受圖書	受職	歲遣船	通交目的	備考
肥前州 22		源貞	下松浦大嶋太守源朝臣貞	1467				觀音現像	大島に居す, 麾下の兵
	23	源義	下松浦一岐津崎太守源義	1467				觀音現像	麾下の兵あり
	24	貞茂	五島悼大島太守源朝臣貞茂	1469				宗貞國請	五島に居す, 源勝管下微者
	25	源茂	五島玉浦守源朝臣茂	1467				雨花・舍利	五島に居す, 源勝管下微者
	26	源貞	五島太守源貞	1467				觀音現像	五島に居す, 源勝管下微者
	27	藤原盛	五島日島太守藤原朝臣盛	1469				宗貞國請	五島に居す, 源勝管下微者
	28	淸男	彼杵郡波杵遠江淸原朝臣淸男	1469				宗貞國請	
	29	源重俊	太村太守源重俊	1467				舍利分身	大村に居す, 武才, 麾下の兵
	30	源信吉	風島津太守源信吉	1468				觀音現像	
	31	源豊久	平戶寓鎭肥州太守源豊久	1471	○				父義松の圖書を送り, 新圖書を請う
肥後 1		菊池殿	肥筑二州太守藤原朝臣菊池爲邦	1465	1470		1・2		菊池殿, 世肥後州を主る
	2	源藤爲房	藤原爲房	1455			1		
	3	敎信	八代朝臣敎信	1459			1		
	4	政重	肥後州大將軍大橋朝臣政重	1467				漂流人・觀音現像	
	5	武敎	武敎(1457), 高瀨隊藤原武敎(1467)	1457				觀音現像	菊池殿族親, 高瀬に居す
薩摩州 1		盛久	日向太守藤原盛久	1457			1・2		
	2	熙久	伊集院寓鎭鄂州太守藤原熙久	1455			1・2		
	3	持久	島津藤原朝臣持久	1457			1		忠國族親, 島津に居す
	4	源忠國	薩摩三州太守島津源忠國	1457			1	觀音現像 (1467)	國王族親, 薩摩日向大隅三州を總治
	5	藤原忠滿	古志島代官藤原忠滿	1467				觀音現像	
	6	只吉	房泊代官只吉	1468				宗貞國請	
	7	久重	市來千伐太守大藏氏久重	1468				宗貞國請	
	8	國久	市來太守大藏氏國久	1468				宗貞國請	忠國の從弟, 部府に居す
	9	吉國	薩摩州來種島太守吉國	1469				宗貞國請	
	10	持永	島津藤原朝臣持永	1469				宗貞國請	
對馬島 1		郡守宗盛俊	對馬州守護代官平朝臣宗助六盛俊	1468					豊崎郡, 古于浦に居し, 遙治す
	2	郡守宗彦次郎盛世							豆酘郡

國名	番號	人名	名稱	遣使年	受圖書	受職	歲遣船	通交目的	備考
對馬島	3	郡守宗盛弘	宗右衛門尉盛弘	1445			4		伊奈郡, 貞茂子, 宗貞盛妹壻, 歲賜米豆15石
	4	郡守宗茂秀	出羽守宗大膳茂秀	1433					佐須郡, 賀茂子, 都代官
	5	郡守宗盛家	宗信濃守盛家	1444			7		仁位郡, 宗貞盛再從弟, 貞盛女壻, 歲賜米豆20石
	6	護軍多羅而羅	而羅洒文家次, 平松而羅洒文家繼	1460	1460				仁位郡, 賊首, 賜米豆10石
	7	司直源茂崎		1455		1455		漂流人	網代浦
	8	護軍六郎洒文		1459	1459	○			佐賀浦, 賜米豆10石
	9	護軍阿馬豆	又四羅盛數	1458	1458	○			佐賀浦, 舊一岐島毛都伊浦居, 海賊宮內四郎子, 賜米豆10石
	10	司正都羅馬都		1464		1464			佐賀浦, 六郎洒文子
	11	司正都羅而老				○			佐賀浦, 向化鐵匠干知沙也文子, 今本島に還る
	12	秦盛幸	海西路關處嶺守秦盛幸	1457	1457		1		佐賀浦, 本唐人, 書契·文引を掌る
	13	職盛	平朝臣宗四郎職盛	1468					佐賀浦, 故代官盛直子
	14	上護軍平茂持				○			船越浦, 平盛秀弟, 從兄六郎次郎の繼後, 賜米豆15石
	15	護軍皮古時羅		1464	1469	1464			船越浦, 平茂持弟, 賜米豆10石
	16	副司果平伊也知		1470		1470			船越浦, 平茂持子, 早田彦八, 島主請により受職
	17	島主宗貞國					50		國府浦, 1443年宗貞盛の時, 歲遣50船 國府浦, 1443年宗貞盛の時, 50船, 特送, 歲賜米豆200石
	18	宗貞秀	對馬州平朝臣貞秀	1467			7		國府浦, 宗貞國子, 歲賜米豆15石
	19	盛俊							國府浦, 豊崎郡守
	20	國幸	宗大膳國幸	1471					國府浦, 對馬島特送, 三浦を察す, 島主親信

國名	番號	人名	名稱	遣使年	受圖書	受職	歲遣船	通交目的	備考
對馬島	21	宗茂世	九州侍所管事平朝臣彦八郎茂世	1455			3		豆酘浦, 宗虎熊丸, 宗貞盛姪, 賜米豆10石
	22	國久	佐護郡代官平朝臣宗播摩守國久	1465	1465		1		佐須浦, 島主請により受圖書, 天神山の海賊を管す, 今領兵し博多にあり
	23	宗彦九郎貞秀	平朝臣宗彦九郎貞秀	1460	○		1		佐須浦, 宗盛直從弟, 佐須郡守宗茂秀の後
	24	上護軍宗盛吉		1463	1463				佐須浦, 宗盛家弟, 賜米豆15石
	25	宗茂秀							佐須浦, 佐須郡守
	26	宗茂直							佐須浦, 宗茂秀同母弟
	27	國吉	佐須那代官平朝臣宗石見守國吉	1468					
	28	護軍皮古汝文		1458	1460	1458			大浦, 三浦恒居倭を總治す
	29	司正所溫皮古破知	宗茂實	1467		1467		漂流人	大浦, 宗茂次子, 島主請により受職
	30	宗茂次	上津郡追浦平朝臣宗伯耆守茂次	1460					大浦
	31	中樞平茂續				○			土寄浦, 賊首早田子, かつて侍朝し中樞となる. 今本島に還る
	32	護軍中尾吾郎		1468		1468			土寄浦, 平茂續子, 中尾彈正の後
	33	護軍井可文愁戒			1465	1462			加志浦, 父賊首井大郎は己亥東征に功あり, 歲賜米豆10石
	34	護軍皮古仇羅		1465	1465	1465			黑瀨浦, 海賊首護軍藤茂家子, 賜米豆10石
	35	護軍時難洒毛		1468		1468			貝鮒浦, 平家久子
一岐島	1	志佐代官源武	一岐守護代官眞弓兵部少輔源武	1468	1468		1·2		湯岳鄕
	2	源經	上松浦鹽津留助次郎源經	1469	1469		1·2		國分鄕
	3	源重實	上松浦鹽津留松林院主源重實	1457			1		國分鄕
	4	宗殊	一岐州上松浦鹽津留觀音寺宗殊	1459			1		國分鄕
	5	呼子代官源實	上松浦呼子一岐州代官牧山帶刀源實				1		小于鄕, 1470年子正遣使
	6	護軍三甫郎大郎		1461	1461	○			本居浦, 賊首護軍藤永繼子, 賜米豆10石

國名	番號	人名	名稱	遣使年	受圖書	受職	歲遣船	通交目的	備考
一岐島	7	司正有羅多羅	可文愁戒源貞	1458		1458			本居浦 三甫郞大郞凡 本居浦 藤九郞欠子長
	8	司正豆留保時		1470		1470			子也三甫羅は今來たりて侍朝(司正)

종합토론 녹취록

종합토론

주제: 충숙공 이예의 역사적 재조명
사회: 민덕기(청주대)
토론: 김동철(부산대)   케네스 로빈슨(국제기독교대학)
      유재춘(강원대)   지두환(국민대)
      이종서(울산대)   이 훈(국사편찬위원회)

[민덕기]　　　　그러면 지금부터 종합토론을 시작하겠습니다. 먼저 손승철 선생님의 「조선 전기 한일관계와 염포」에 대하여 부산대학교의 김동철 교수님께서 토론해 주시겠습니다.

[김동철]　　　　저는 시간관계상 논문이 가지고 있는 연구사적인 의미는 생략하고, 간단하게 궁금한 점을 묻는 것으로 토론을 시작하도록 하겠습니다. 세 가지 정도를 질문하겠습니다.

첫째, 손승철 선생님께서 삼포연구에 있어서 한일 양국간의 연구사적인 검토를 해 주셨습니다. 지금 현재 한국학계와 일본학계의 삼포연구 동향의 가장 중요한 차이점이 무엇인가에 대해서 말씀해 주셨으면 합니다. 그리고 또 이러한 연구사적인 차이가 왜 생겼는지, 그 이유에 대해서도 간단하게 설명 부탁드리겠습니다.

둘째, 왜관설치 시기에 대한 질문입니다. 일반적으로 조선시대 한일 관계사를 연구할 때, 제포와 부산포를 비롯한 왜관이 가장 먼저 설치된 것이 1407년이라고 보고 있습니다. 앞으로 2007년이 되면 왜관이 설치된 지 600년이 되는 아주 중요한 해라고 볼 수 있습니다. 이 문제는 그 당시의 시점뿐만 아니라 지금 현재 600주년의 문제와도 걸려 있다고 볼 수 있습니다. 1407년을 제포 부산포 왜관이 설치된 해라고 봤을 때, 그 사료적 근거로 들고 있는 것이 손 선생님께서도 인용하고 있는 태종실록 7년 무인조입니다. 무인조의 기사를 보면, 정말 이때 왜관이 설치되었는지 아니면 그 이전에 설치되었는지, 이때 이런 논의가 있다가 그 이후에 설치되었는지, 상당히 애매한 부분이 있습니다. 이 사료를 근거로 해서 1407년을 왜관설치 시점으로 볼 수 있는 것인지, 아니면 또 다른 사료가 있는지 묻고 싶습니다.

셋째, 삼포의 왜관을 비교할 때 염포가 제포나 부산포에 비해서 어떤 특징적인 면을 가진 것이 있는지, 그리고 그 이유는 무엇인지에 대해서 간단하게 질문을 드리도록 하겠습니다.

[손승철]   예, 감사합니다. 간단히 답변 드리도록 하겠습니다.

첫째, 한국과 일본의 삼포에 대한 연구의 차이가 무엇이냐고 질문하셨습니다. 제가 참고문헌에 제시했던 연구를 정리해 보니, 일본의 경우에는 주로 왜관이 어떻게 설치됐느냐의 과정 또는 왜관에서 왜인들이 어떤 활동을 했느냐 등 일본인의 활동을 중심으로 접근하는 성향을 보았습니다. 결국에는 일본인 입장에서, 일본 외교사의 관점에서, 왜관을 연구했다고 종합적으로 말씀드릴 수 있겠습니다. 한국에서의 연구는 연구편수도 많지 않을 뿐만 아니라 지극히 단편적인 접근을 한 것이 많은 것 같습니다. 그리고 대일정책이 조선 전기에 어떻게 전개되었는가를 왜관을 통해서 본 것 같고, 삼포왜란을 중심으로 연구한 것이 많습니다. 아까 제가 말씀드린 대로, 동아시아 해역사 내지는 한국의 일본관계사의 포괄적인 의미에서 연구가 진행되고 있지 않다는 것입니다.

둘째, 1407년 태종실록의 기사를 왜관설치의 결정적인 계기로 볼 수밖에 없는지, 다른 사료가 있는지에 대해서 말씀하셨는데, 저는 조금 다르게 생각하고 있습니다. 다시 말해서, 포소의 개항과 왜관의 설치는 다른 문제가 아닌가 생각합니다. 왜냐하면, 고려사나 고려사절요를 보면 이미 고려말에 1389년부터 유구(현 오키나와)국 사자가 왕래를 하고 있습니다. 그리고 구주절도사 명의의 사자도 1392년 조선왕조 건국 이전에 여섯 차례나 왔다고 했습니다. 1392년 7월에 조선왕조가 건국됐는데, 8월에 유구국에서 사자가 오고, 10월부터는 축주태수의 사자가 온다고 되어 있습니다. 이를 보면 이미 고려말부터 남해안의 포소로 일본인들이 들어왔던 것 같고, 반드시 상경을 해서 조회에 참석하고 조선국왕을 알현하고 있습니다. 그런 것을 보면, 일단 남해안의 포소로 들어와서 일부는 머물러 있고, 일부는 상경을 해서 조선국왕을 알현하는 것이 아니냐 하고 생각하게 됩니다.

그렇게 본다면 잔류왜인들이 머물렀던 거처가 있었을 것이며, 따라서 이미 왜관이 있었을 가능성도 많다고 생각합니다. 다만 그 실록의 기사대로, 일본인이 마음대로 여러 포구에 드나드니까 그것을 통제한 것이 1407년 7월부터이고, 통제에 대한 기사가 처음 나오는 그때를 왜관설치의 기원으로 삼고 있다고 봅니다. 참고로, 서울에 상경했던 왜인들은 국왕을 알현하는 동안에 서울의 동평관이라고 하는 왜관에서 몇 달씩 머무르게 되는데, 그 동평관이 지어진 것이 실록에 의하면 1409년 2월로 되어 있습니다. 그러나 이상의 여러 기록과 정황을 종합할 때, 포소에 왜관을 설치한 것은 1407년보다 더 올라갈 가능성이 많다고 생각합니다. 하지만 현재로서 왜관에 관련된 기사는 1407년이 처음입니다.

셋째, 삼포 가운데서 염포는 제일 늦게 개항하게 됩니다. 공식적으로 개항하는 것이 1418년이고, 1510년까지 운영되었습니다. 그 사이의 기간이 정확하게 92년쯤 되나요? 삼포 가운데서 염포의 이용이 제일 적었던 것은 일본쪽에서 가장 거리가 멀리 떨어져 있기 때문이지 않나 생각합니다. 또 하나의 이유는, 입항을 해서 거주하다가 상경할 때의 상경로가 제포나 부산포에 비해서 불편하다는 데에 있습니다. 제포나 부산포는 낙동강을 끼고 있기 때문에 수로를 이용해서 상경하는 예가 많았습니다. 그러나 염포쪽은 육로를 이용하기 때문에 불편했고, 이에 따라 이용 빈도가 더 떨어지지 않았나 생각합니다.

[민덕기] 오늘 손승철 선생님께서는 울산이라고 하는 도시를 가지고 적절한 발표를 해 주신 것 같습니다. 왜관이 이미 고려말에 설립되었을 수도 있다는 점, 그리고 늦게 개항되었고 서울 가는 길이 불편했다는 염포의 특징에 대해 말씀해 주셨는데요. 어떻습니까, 김동철 선생님?

[김동철] 아주 좋은 말씀을 해 주신 것 같습니다. 왜관의 설치가 1407년보다 올라갈 수 있다고 한 점은 상당히 중요한 지적인 것 같습니다. 정말 선생님 말씀대로 그렇게 된 것이라면, 그 당시의 역사뿐 아니라 오늘에 있어서도, 예컨대 2007년에 왜관설치 600주년이라는 타이틀을 달 수 있을지 등의 사항이 관련된 문제라는 생각이 듭니다. 이런 부분은 학계에서 좀더 깊이 있는 논의가 필요하겠다는 생각이 듭니다.

[민덕기] 이제 하우봉 선생님의 「이예의 일본 인식」에 대한 토론으로 넘어가겠습니다. 하우봉 선생님은 손승철 선생님과 함께 한일관계사학회의 지주와 같은 역할을 해 주셨는데요, 손승철 선생님이 울산의 역사적 기능과 의미, 발굴, 보존 등을 중요한 전망으로 제시해 준 것처럼, 하우봉 선생님께서는 이예 선생이 일본을 있는 그대로 바라보고 배울 점은 배우려고 한 분이라고 평가하신 점이 와 닿았습니다. 토론하실 분은 로빈슨 씨입니다. 미국인이시지만 일본어에도 아주 능통하시며, 현재 일본 국제기독교대학의 교수로 계십니다. 조선시대 한일관계사를 전공하셔서 대일관계에 있어 아주 해박하신 교수님이십니다. 자, 말씀해 주시겠습니까?

[케네스 로빈슨] 네, 감사합니다. 소개를 받은 로빈슨입니다. 하우봉 교수님은 한일관계에 있어서 이예의 역할, 그리고 이예의 일본 인식에 대해서 발표해 주셨습니다. 이예는 일본에 대해 가장 많은 지식을 가지고 있었던 사람이었습니다. 이예는 아마 일본의 포로로 잡혀가 있을 때 일본어를 배웠고 그 후에도 일본에 대한 많은 정보를 수집했으며, 그것을 바탕으로 정책을 판단할 때에 조선왕조에 많은 도움이 되었을 것이라 생각합니다.

하우봉 교수님의 발표문에 대한 코멘트는 두 가지로 나누었습니다. 먼저, 전반적인 내용에 대해 질문을 하고, 이예에 대한 좀더 구체적인 질문을 하도록 하겠습니다.

첫째, 58~59페이지에서 15세기 초 조선과 일본의 국교정상화에 대해서 말씀하셨습니다만, 왜 중국 중심의 책봉체제 안에서 조선왕조와 무로마치막부(室町幕府)의 관계를 국교정상화라고 생각하시는지요? 일본과 중국의 조공관계는 800년 동안 이루어지지 않고 있었습니다. 이 시각에서 본다면 15세기 일본과 조선이 외교관계를 갖게 된 것은 비정상화라고도 볼 수 있습니다. 그리고 정상화라는 표현이 1965년에 한국과 일본의 외교관계를 맺을 때 사용되었습니다만, 조선시대 대외관계에서도 그 표현이 적합한지 질문하고 싶습니다.

둘째, 조선과 일본이 대외적 안정의 필요성을 공유하였기 때문에 적극적으로 교류했다고 말씀하셨는데, 대외적 안정의 필요성이 구체적으로 무엇인지요? 조선과 일본의 외교관계는 명나라와의 사대관계가 이루어지면서 자동적으로 이루어졌다고 볼 수 있습니다. 또 나아가 고려왕조와 조선왕조는 무로마치막부의 세력이 일본 전역에 완벽하게 미치지 못한 것을 잘 알고 있었습니다. 하우봉 교수님께서 이 논문을 확대해서 쓰실 때에는 무로마치막부의 대외적 안정의 필요성을 더 상세히 설명하시리라고 믿습니다.

셋째, 64페이지에서 '이예가 일본 유구 등지에 사행한 사실'이라고 하셨는데 여기서 '등'이라는 말은 무슨 뜻인지요? 69페이지에서는 사회학계와 미디어에서 자주 사용되는 '가치중립적인 입장'이란 표현을 쓰셨는데, 외국인이 다른 문화를 생각할 때 이른바 '가치중립적인 입장'이란 표현이 옳은지요?

지금부터는 이예에 대한 구체적인 질문을 하겠습니다. 63페이지에서, 조선왕조에서 향리출신인 이예가 그렇게 적극적으로 활동한 것은 독특한 예라고 하셨는데, 그렇게 볼 수 있는지요? 저의 지도교수님인 최영호 교수님의 연구를 보면 15세기에 향리들이 문과에 급제한다고 나옵니다. 이예 같이 특별한 능력을 가진 향리들도 왕조에 고용되었는지요? 코멘트를 보낸 후에 도서관에 가서 재미있는 사료를 찾았습니다. 여기서 소개하겠습니다. 『교남지(嶠南誌)』라는 읍지(邑誌) 안에 울산군조가 있습니다. 울산군조 안에 음사(蔭仕)라는 기사도 있습니다. 이 기사 안에 이예의 이름과 이예의 아들 이종근의 이름도 볼 수 있습니다. 향리 출신이라는 점을 감안하면, 이예가 국왕의 명령으로 음관으로서 활동했다고 생각할 수 있는 가능성이 많았습니다. 아시다시피 조선 전기에는, 저의 지도교수님이 소개하신 바와 같이, 과거에 급제한 향리들도 있습니다만, 대체로는 향리들은 거의 문과 무과 시험을 볼 수 없었습니다. 이와 관련하여, 고려말 및 조선 초기의 음관제도도 공부할 필요성이 있다고 생각하고 있습니다.

 마지막으로 하우봉 교수님께서 일본에 대한 이예의 실무적인 시각을 강조하셨습니다. 그런데 실무적인 시각과는 다른 이유에서 온 것이라고 볼 수는 없는지요? 조선왕조의 명령으로 일본, 중국 그리고 유구에 간 관리들이 자료를 수집했다면, 이예 또한 일본에 대한 정보를 수집하라는 명령을 받았다고 생각할 수 있지 않겠는지요? 특히 왜구에 대한 기억이 아직 생생하게 남아 있을 때이기에 말입니다. 저의 아주 미세한 질문이 이 논문을 하우봉 교수님께서 확대하실 때 조금이나마 도움이 되었으면 합니다. 이상입니다. 감사합니다.

[민덕기] 네, 아주 구체적이고 예리한 지적을 해 주셨다고 생각합니다. 먼저, 오랫동안 양국의 관계가 없다가 무로마치 시대에 관계가 시작하게 된 것을 정상화라고 표현할 수 있겠는가라는 질문이고요. 또 대외적 안정의 필요성이 무슨 뜻인가에 대해서 질문하셨지요. 그 나머지 질문들은 문장 자체가 쉽기 때문에 더 말씀드리지 않겠습니다. 자, 말씀해 주시겠습니까?

[하우봉] 네, 여섯 개 항목을 말씀해주셨기 때문에 간략하게 단답형으로 말씀드리겠습니다.

첫째, 국교 정상화란 표현이 꼭 조선시대에도 적당한 표현이냐는 말씀인데, 정확하게는 국교재개라고 하는 것이 좋을 것 같습니다. 신경을 쓰지 않고 무심결에 사용한 말인데, 이웃나라끼리 국교를 맺는 것이 정상이고, 맺지 않는 것이 비정상이라고 생각했기 때문입니다. 600여 년 간 국교를 맺지 않고 있다가 다시 국교를 재개하는 것 자체가 비정상적인 관계에서 정상적인 관계로 되는 것이라 생각해서 국교정상화란 표현을 썼는데, 국교재개란 표현이 더 정확한 것 같습니다.

둘째, 조선정부와 무로마치 막부가 600여 년 만에 국교를 재개하는 데에는 양국의 국내적인 상황과 대외적인 상황이 있었겠지요. 그런데 두 나라가 동시에 새로운 왕조를 개창하는 상황에서, 국내적으로 아주 복잡한, 권력관계에 있어서도 정리되지 않은, 그런 것이 많았을 것입니다. 대외관계를 안정적으로 유지해야만, 그와 같은 국내적인 문제를 해결할 수 있었겠지요. 그런 면에서 양국의 정부가 평화적인 교섭을 맺는 것이 좋겠다는 판단을 했을 것입니다.

또 전반적으로 동아시아의 질서를 보면, 전 근대까지는 주요 변수가 역시 중국의 정세입니다. 중국에서 분열왕조냐 혹은 통일왕조냐에 따라서, 특히 한국 같은 경우 중국의 영향을 받게 됩니다. 일본도 영향을 받고, 동남아시아의 국제관계나 내정도 영향을 받는 것 같습니다. 그래서 동아시아 국제질서 속에서는 서로가 밀접하게 연동되어 있다고 생각합니다. 원나라가 멸망한 후 명이 건국하게 되고, 다음에 일본과 조선에서도 각각 새로운 왕조의 개창이 큰 시차 없이 진행됩니다. 새로운 한족(漢族)의 통일정권이 성립하였기 때문에 새로운 국제질서가 강요되었습니다. 따라서 그런 대외적인 요소도 양국이 국교를 재개하는 데 중요한 요인이 되었다 생각하는데, 아까 질문하신 내용 중에서 '자동적으로' 그렇게 되었다는 표현에 대해서는 동의하지 않습니다. 한일 양국간에 전반적인 국제 정세는 그렇게 진행되어 가지만, 그러면서도 조선과 일본의 양국 정부가 상당히 적극적인 의지를 가지고 양국의 국교재개를 추진했기 때문에 이루어진 결과이며, 국제질서 때문에 자동적으로 국교가 재개된 것은 아니라고 생각합니다.

그 다음의 질문에서, 무로마치막부(室町幕府)가 중앙정부로서 약체정권이었다는 것을 조선정부가 잘 알고 있었다고 하셨는데요. 세종대에 충숙공 이예 선생을 비롯해 박서생, 송희경 등의 관찰과 보고에 의해서 조선 조정이 알게 됐고, 왕조가 개창될 때부터 일본의 국내

사정을 알지는 못했습니다. 무로마치막부의 약체성에 대해 안 것은 세종대의 중기쯤 이후였지요. 그때부터 비로소 조선정부가 이를 파악하고, 그에 따른 대책을 세우고 소위 다원적인 통교체제를 하게 됩니다. 그 과정에서 이예 선생의 역할이 굉장히 컸다는 것을 말씀드립니다.

다음에 '등'이란 표현에는 별다른 의미는 없었고, 사회가 가치중립적이라는 표현에서도 특별한 의미를 둔 것은 아닙니다. 유교적 명분론에 얽매이지 않은 비교적 실용주의 입장에서 보려고 하는 시각이 있었기 때문에 가치중립적인 것을 지향했다는 의미로 그렇게 썼습니다.

그 다음에, 조선 전기의 향리라고 하는 신분과 관련해서 향리출신의 이예가 고위관직까지 올라간 것과 관련하여 당시 신분제도에 대해 말씀하셨습니다. 실은 그 문제에 대해서는 이명훈 교수님의 발표에서 그것에 관해 굉장히 상세하게 서술했기 때문에 그것을 참조하시면 될 것 같습니다. 다만, 15세기 초기에는 제도적으로는 당연히 향리가 과거시험을 볼 수 있었지요. 그리고 학자에 따라서는, 15세기 조선 초기의 신분제도는 양천이원제(良賤二元制)라고 주장을 하기도 합니다. 중인(中人)은 16세기에 와서 분화되고 15세기에는 특별히 분화되지 않았고, 조선왕조 끝까지 제도적으로 양인(良人) 이상은 과거시험을 볼 수가 있었습니다. 구체적으로 그런 현실성 문제는 시대에 따라 다르고 학자들 판단에 따라 다릅니다만, 제도직으로는 당연히 시험을 볼 수 있었습니다.

또 조선왕조를 개창하는 사대부 신분이 지방향리에서 나왔기 때문에, 15세기 초반의 향리는 그 신분이 높다 할 수 있습니다. 그래서 향리신분을 규제하는 여러 제도도 나오게 됩니다. 그리고 세종대 같은 경우에는 여러 면에 있어서 개방적인 사회였던 것 같습니다. 정도전, 퇴계 이황 같은 분들도 향리 출신이거든요. 당시엔 향리들이 얼마든지 출세를 할 수 있었던 것이죠. 세종대의 과학자인 장영실은 경주의 관노(官奴) 출신인데 차관급인 고위관직까지 올랐습니다. 이처럼 세종대 같은 경우는 신분적으로 상당히 열려 있었던 사회였던 것 같아요. 이것이 경직화되는 것은 16세기에 들어서였습니다.

아까 음사(蔭仕)라고 하는 새로운 자료를 소개해 주셨는데, 제 생각에 이예의 경우는 음직(蔭職)으로 들어간 것 같지는 않습니다. 과거시험에 급제하지 않고 나중에 당상관 이상의 고위관직이 되었을 경우에 일반적으로 음사로 분류했기 때문에 읍지(邑誌)에서 음사쪽으로 간주되지 않았나 싶은데, 이예와 같은 경우는 구체적인 활동에 의해 고위관직으로 올라가는 그러한 사례라고 생각됩니다.

마지막으로, 일본을 본 이예의 시각의 특징이 실무적이라는 데에 대한 질문이군요. 이것은 이예만의 특징이 아니라 모든 사절단들에게 공통적인 것이고, 이는 일본에 대한 정보를 수집하라는 조정의 명령에 의한 것이 아니냐고 하셨습니다. 물론 그런 측면도 있겠습니다.

조선 전기와 후기를 합쳐서 일본에 파견되는 사절단이 국왕사절단만 하더라도 20회 정도 이상일 것 같은데, 구체적인 사명들은 다 다릅니다만 공통적인 것은 일본에 대한 정보수집입니다. 이는 중국을 비롯해 해외에 파견되는 사절단의 기본적인 임무로 너무나 당연한 사실입니다. 그렇기 때문에, 마땅히 실제상황을 보고해야 하는 것이 임무지만 보는 사람에 따라서 상당히 다른 보고가 나오게 되잖아요? 많은 보고 중에도 이예 같은 경우는 굉장히 실용적인 시각, 사물 자체를 있는 그대로 보고자 하는 시각을 지니고 있었으며, 다른 사신들과 비교해서 상대적으로 실용주의적인 입장 같은 것을 특성으로 볼 수 있겠다는 의미로 사용했습니다. 이상입니다.

[민덕기] 　　네, 시간관계상 진행을 조금 빨리 하는 것이 좋을 것 같습니다. 로빈슨교수님 어떠십니까?

[케네스 로빈슨] 　다른 질문은 없습니다.

[민덕기] 　　　조선과 일본의 외교관계는 중국과의 사대관계가 이루어지면서 자동적으로 이루어진다는 책봉체제론을 통해서 조선의 대일외교를 중국 중심의 질서에 무작정 집어넣는 연구도 있는데, 이에 대해서 하우봉 선생님이 반론을 하셨습니다. 그러면 다음은 나카다 선생님의 「『학파선생실기』의 종합적 검토」에 대해서 강원대에서 조선시대 후기 대일관계를 연구하시는 유재춘 선생님께서 토론해 주시겠습니다.

[유재춘] 　　나카다 선생님의 논문은 이예 선생과 관련된 행적과 후대의 사적 등을 모아서 편찬한 『학파선생실기』의 편

찬과정이나 게재내용에 관한 치밀한 분석을 통해서 그 사료적 성격을 규명하였다고 하는 데 큰 의의가 있다고 할 수 있겠습니다. 이미 『학파선생실기』 자체가 사료로 활용되고 있는 상황 속에서 이러한 분석이 나오게 되어서 앞으로 『학파선생실기』를 어떻게 어느 정도의 범위로 사료로 활용할 것인지에 대한 방향을 제시하였다고 평가될 수 있습니다. 그런데 그중에서 저와는 조금 의견을 달리하는 부분들이 몇 가지 있어서 정리를 해 봤습니다.

먼저 『학파선생실기』에는 두 종류가 있습니다. 국사편찬위원회에 소장되어 있는 것과 서울대학교 규장각에 소장되어 있는 것이 있는데, 지금 나카다 선생님은 국사편찬위원회에 소장되어 있는 목판본을 분석대상으로 이 논문을 작성하셨습니다. 나카다 선생님께서는 규장각에 소장되어 있는 필사본이 목판본을 필사한 것이라고 생각하셨는데, 그 이상의 확실한 설명은 없었습니다.

그러나 통상적으로 문집이 간행되는 과정을 본다면 오히려 그 반대가 될 수 있지 않나 생각합니다. 즉 목판본을 발행하기 위해서는 사전에 여러 가지 자료를 수집하고 그것을 교정하고 편집해서 최종적으로 필사본을 만들고 그것을 가지고 목판본을 제작하게 됩니다. 따라서, 서울대 소장본을 정확히 보지는 못했습니다만, 목판본을 만들기 전에 필사본이 만들어졌을 가능성도 있다고 생각합니다. 실기의 내용을 보면 1790년에 실기를 발간할 목적으로 정범조의 서문을 받아두었던 것이 있습니다. 그 서문을 받고서 실기를 즉각 간행하지는 못했던 것 같습니다. 그 이후 고종대에 와서 김병학의 서문을 받아서 실기를 간행한 것으로 보입니다. 그런데 제 생각에는 이 필사본은 고종대에 와서 실기를 목판본으로 제작하기 전에 편집되었던 것일 수도 있다는 의견을 제시해 드리고 싶습니다. 그 부분에 관련해서 나카다 선생님의 의견을 말씀해 주셨으면 합니다.

[나카다 미노루] 통상적으로 문집이나 실기 등 간행물을 만들 때에, 그것이 목판이든 활판 인쇄이든 간에, 인행을 하기 전에 여러 자료를 모아 편집하는 과정에서 필사본이 이루어질 수 있다는 데에 중점을 둔 질문이라고 생각합니다.

필사본과 목판본을 좌우에 같이 놓고 그것을 한 자 한 자 정확하게 제가 검토를 해 봤습니다. 그런데 목판본에 있는 두 가지 서문이 필사본에는 없다는 점이 나타나고요. 목차 뒷부분에 보면 굉장히 치밀하게 제시되어 있는데, 그중에서 글자들이 빠져 있는 부분이 간혹 보이기도 합니다. 필사본을 근거로 해서 목판본을 만들었다고 한다면 그 목판을 짤 때 여러 가지 글자의 조합이나 행간의 차이 같은 것을 조심했을 텐데 그렇지 못한 부분들이 나왔기 때문에, 목판본을 필사한 것이라고 제가 단정하게 된 것입니다. 이상입니다.

[유재춘] 발표자께서는 『학파선생실기』가 본격적으로 편찬된 시기를 1790년경 정범조로부터 서문을 받은 후라고 하였는데, 본인은 오히려 그전에 이미 18세기 중반경이라고 보고 싶습니다. 발표자께서는 『학파선생실기』가 발간되는 과정을 몇 단계로 나누어서 말씀하셨습니다만, 『학파선생실기』를 편찬하게 된 동기는 서원복설 운동

과 관계되는 것으로 최종결론을 내셨습니다. 그런데 저는 서원복설을 위해서라기보다는 오히려 후손들이 시호를 청하기 위해 여러 가지 자료를 모으는 과정에서 『학파선생실기』가 만들어졌다고 생각합니다.

제가 이 발표문을 준비할 때에는 충숙공이라는 시호를 언제 어떻게 받았는지를 몰랐습니다만, 오늘 이명훈 선생님의 발표를 듣고 보니 1910년에 충숙이라는 시호를 받은 것으로 밝혀졌습니다. 『학파선생실기』를 보면, 1700년대에는 시호가 수여되지 않았었고, 1800년대 중반에 김병학이라는 분이 시장(諡狀)을 써 주었을 때에 시호가 수여되었는지에 대해서는 기록에 나와 있지 않습니다. 그러나 이로부터 50여 년이 지난 후에 '충숙'이라고 하는 시호가 주어졌던 겁니다. 그렇기 때문에, 『학파선생실기』는 후손들이 청시(請諡)를 위해 노력한 여러 가지 과정 중의 하나로 이해해야 된다고 생각합니다. 그 점에 대해서 답변을 해 주시면 감사하겠습니다.

[나카다 미노루] 실기의 편찬을 위한 자료축적을 목표로 해서 자료를 계속 모아 온 것으로 생각되는데요, 그러나 청시(請諡)를 목적으로 했을 가능성이 없다고는 생각하지 않습니다. 그렇지만 다른 실기들과의 비교가 필요하리라고 생각됩니다. 그리고 김한구에 의한 시장(諡狀)이 허락을 받지 못했고, 김병학에 의한 시장이 있다는 지적이 있었습니다. 시장이 두 개나 존재하는 실기가 다른 데에 있는지 없는지에 대해서는 비교를 해볼 필요가 있다는 생각이 드는데, 그것은 금후의 과제로 삼겠습니다.

그리고 김병학에 의한 시장(諡狀)에 보면 충숙공이 시호를 받게 된 것은 이명훈 선생님의 발표에서 1908년에 요청이 있었고 1910년에 나왔다는 발표가 있었습니다. 이를 감안한다면 김병학의 시장과 『학파선생실기』와의 관계는 좀 멀어지지 않을까 생각하고 있습니다. 『학파선생실기』를 서원복설 운동뿐 아니라 이예 선생님의 청시(請諡) 운동과도 연관하여 생각해야 한다는 것은 아주 좋은 말씀이라고 생각하고 있습니다.

[유재춘] 『학파선생실기』의 「해외일기」에 대한 부분을 나카다 선생님께서 잘 분석해 주셨습니다. 여기서 발표자께서는 「해외일기」가 기존의 해동실기나 조선왕조실록, 명사 등의 자료를 보고 작성된 것이며, 1800년대에 한진정이라고 하는 사람이 「해외일기」를 작성하는 데에 주도적으로 참여한 것으로 가정하셨습니다. 「해외일기」에서 이러한 자료를 참고한 것은 분명하다고 저도 생각합니다. 그런데, 「해외일기」의 종사관소록(從事官所錄) 부분은 앞의 자료를 인용하지 않고 써 놓았다고 말씀하셨는데요, 그렇다 하더라도 학파실기를 편찬할 때에 본래 학성이씨 집안에 소장해 오던 이예 선생에 관한 단편적인 기록을 참조했을 가능성은 있다고 여겨집니다. 그 부분에 관해 조사하신 바가 있으면 말씀해 주셨으면 합니다.

발표자는 「해외일기」의 특정 부분, 즉 요동에서 왜구의 활동과 관련된 부분은 『명사(明史)』나 『명실록(明實錄)』을 보지 않고는 작성자가 그 내용을 쓸 수 없었다고 말씀하셨습니다. 또 조선시대에 『명사』가 들어와서 널리 유포되게 된 것은 1700년대 후반이라고 잠정적으로 보셨습니다. 그런데 「해외일기」가 언제 누구에 의해 작성되었는가에 대해 나카다 선생님께서는 1800년대 중반에 한진정이라는 분이 작성한 걸로 추정하셨습니다만, 『명사』에 관한 부분은 다소 이해하기가 어렵습니다.

『조선왕조실록』을 보면, 이미 효종대에 사신들이 중국에 가서 『명사』를 본 적이 있고 숙종 초기에도 중국에 갔던 사신들이 시내의 중국 서적 상인들이 『명사』를 판매하는 것을 직접 목격하고 왔습니다. 그런데 그 당시에 직접 이것을 들여오지는 않았던 것으로 생각됩니다. 『명사』에 인조반정에 대한 내용이 좀 불손하게 기록되어 있었고, 이것이 조정 내에서 문제가 되었기 때문에 널리 유포할 수 없었을 것으로 생각됩니다. 그러나 숙종 초창기의 다른 기록에 의하면, 이미 조정 내에서 조정 관료들은 『명사』를 보았다는 기록들이 있습니다. 1700년이 되기 전에 조선의 조정 관료들은 이미 『명사』를 다 보고 있었던 것입니다.

나카다 선생은 한진정이라는 사람이 「해외일기」를 작성하는 것에 맞추다 보니까 조선에 『명사』가 들어온 시기를 1700년대 후반으로 맞추신 것 같은데, 제 생각으로는 앞으로 수정되어야 할 부분인 것 같습니다. 혹시 한진정이라는 사람과 관련을 짓는다면, 서장관이라는 자격으로 한진정이 북경에 갔던 적이 있기 때문에 그전에 『명사』를 봤을 가능성이 얼마든지 있다고 생각합니다.

[나카다 미노루] 첫째, 학성이씨 가문에 기록이 존재했을 가능성이 있

지 않을까라고 말씀해 주셨는데, 제가 생각하기에도 문헌에 남아 있는 기록은 없지만 구전되었을 가능성은 있다고 생각합니다. 그 부분에 대해서는 좀더 조사를 해 보겠습니다.

둘째, 『명사』와 관련된 사항은 자세하게 조사하지 못한 부분이 있습니다. 그 부분에 관해서는 좀더 치밀하게 조사를 해 나가도록 하겠습니다.

셋째, 한진정과 관련한 부분에 있어서는 굉장히 귀중한 지적을 받아 감사하게 생각하고 있습니다. 제가 주로 15세기를 중심으로 조사를 했기 때문에 그 뒷부분에 관해서는 인명사전을 참조하는 것에 그쳤는데 앞으로는 조선 후기 자료에 대해서 좀더 치밀하게 조사하도록 하겠습니다.

[유재춘] 마지막으로, 『학파선생실기』의 성격을 명확하게 규명하기 위하여 제 생각을 말씀드리자면, 실기의 경우에는 대개 후손들의 청시(請諡) 운동과 관련된 사례를 많이 보았었기 때문에 『학파선생실기』도 그러한 과정에서 만들어진 것이 아닌가 생각합니다. 이 이야기를 끝으로 제 토론을 마치도록 하겠습니다.

[나카다 미노루] 다른 분들의 실기와 관련해서 실기가 어떻게 작성이 되고 청시 운동과 어떻게 관련이 있는가에 관해서는 좋은 공부가 될 것 같습니다. 지적에 감사드립니다.

[민덕기] 다음으로는 한문종 교수님의 「세종대 이예의 대일교섭활동」 발표에 대해, 조선시대 사상사를 전공하시는 국민대학교 지두환 교수님의 토론이 있겠습니다.

[지두환] 한문종 교수님께서 대일교섭에 대해 세밀하게 밝혀

주셔서 제가 많이 배웠습니다. 토론자로서 몇 가지 질문을 드리도록 하겠습니다.

첫째, 문인제도도 성리학의 기본 외교정책인 사대교린과 밀접한 관련을 갖는다고 생각합니다. 거꾸로 이런 외교관계가 이 당시의 성리학 정책이 무엇이었는가, 이런 것을 밝히는 데에 오히려 도움이 되지 않나 생각합니다. 사대교린 정책은 성리학을 전문적으로 연구했던 집현전 학자들이 수립하고, 이러한 정책을 실무자로서 충숙공이 집행한 것으로 봅니다. 따라서 충숙공이 체결한 문인제도가 정부에서는 어떻게 논의되었는지, 그리고 이러한 논의가 실무에서는 어떻게 절충되었는지, 이러한 것들이 설명되었으면 합니다.

둘째, 당시 대일외교에서 가장 중요한 것 중의 하나가 경제문제일 것입니다. 일본은 당시에 식량과 의복이 굉장히 필요했을 것이고, 노략질을 하지 않으려면 이를 무역이나 외교로 풀어야 했을 것입니다. 이 당시의 조선은 목화를 들여와 일본에 수출하는 수준에 이릅니다. 그리고 농업생산력도 150만 결에 이를 만큼 발전해 있었고 연작법이 행해졌다고 알고 있습니다. 이러한 식량과 면포를 수입하기 위해서 일본은 여러 가지 노력을 하지 않았겠는가, 이러한 것들이 외교관계에 굉장히 큰 변수이지 않았겠는가, 그리고 이러한 경제문제가 문인제도와 연관을 가지지 않았겠는가, 이러한 생각이 듭니다. 이것에 관해서 연관된 것이 있으면 설명을 해 주셨으면 합니다.

셋째, 상식적인 질문입니다만, 대일교섭을 하는 과정

에서 자주 왔다 갔다 했다면, 교섭의 핵심대상이 누구였을까 하는 궁금증이 있습니다. 혹시 조사하신 바가 있으면 말씀해 주시면 감사하겠습니다.

[한문종]　　　지두환 교수님의 지적에 감사드립니다.

먼저 첫 번째 질문인 외교정책과 성리학과의 관계 그리고 문인제도의 체결과정에 대한 답변입니다. 외교정책과 성리학과의 관계에 대해서는, 제가 주로 외교사에만 관심을 갖다 보니까 외교와 성리학의 관계가 어떠한가에 대해서는 미처 생각을 하지 못했습니다. 그 부분은 앞으로 연구를 해보도록 하겠습니다.

다음으로 문인제도의 체결과정에 대해 말씀드리겠습니다. 조선시대에 외교정책을 담당하는 관리는 아마 정부의 대신들, 그리고 예조와 승문원의 관원 정도를 들 수 있겠습니다. 그런데 이들 관원이나 기관에서 문인제도의 정약에 대해서 구체적으로 어떠한 논의를 하였는가에 대해서는 『조선왕조실록』에도 나타나지 않습니다. 그래서 구체적으로 어떤 논의 과정을 거쳤는가에 대해서는 확실히 알 수 없습니다. 다만 계해약조의 규정이 정해지고 그 규정이 어떻게 왜인들에게 적용되었는가, 또 그 규정이 실시되면서 어떠한 문제점이 생겨났는가에 대한 논의 과정은 계속해서 나타나고 있습니다. 이 점에 대해서도 앞으로 연구해 볼 필요가 있다고 생각합니다.

두 번째 질문과 관련해서는, 조선전기 대일외교의 목적은 두 가지였다고 생각합니다. 하나는 왜구문제를 해결하는 것, 다른 하나는 일본으로부터 조선에 들어오는 왜인들을 통제하는 것이었습니다. 조선정부는 건국 초부터 해양의 방어를 충실하게 하는 한편 왜구에 대한 회유책과 우대책을 시행하고 외교적 교섭을 실시하는 등, 왜구문제를 해결하기 위해서 다양한 노력을 전개하였습니다. 그 결과 대마도정벌을 계기로 왜구문제가 일단락되었습니다. 그러나 왜인의 통교가 계속해서 증가하고 그들에 대한 접대비용이 늘어나자 대일외교는 조선에 도항하는 왜인을 통제하는 것으로 전환하였던 것입니다. 그래서 문인제도가 체결되는데, 이 문인제도는 왜인들을 통제하는 중요한 통제책이었을 뿐만 아니라, 왜인에 대한 접대비용을 줄이는 데 매우 유용한 제도였다고 생각합니다.

세 번째로, 대일교섭의 대상이 어디냐 하는 문제는 조선정부가 어떠한 목적을 가지고 대일교섭을 행하였는가의 문제와 관련이 있는 것 같습니다. 앞서 말씀드린 조선전기 대일외교의 목적 중에서 왜구문제 해결의 목적을 위해서는, 왜구를 통제할 능력을 가진 막부장군과 지방호족인 대마도주·일기도주·구주절도사 등에게 사신을 파견해서 외교적인 교섭을 하게 됩니다. 그런데 이예의 경우에는 막부장군에게도 파견되지만 주로 대마도에 많이 파견되었습니다. 따라서 이예의 주요한 대일교섭의 대상은 대마도주와 막부장군이었다고 생각합니다.

[민덕기]   다음으로는 「세종대의 대일 통신사 이예: 인물탐구」에 관한 이명훈 교수님의 발표에 대해서 조선 전기 사

회사를 연구하고 계신 울산대 이종서 교수님께서 토론해 주시겠습니다.

[이종서] 이명훈 선생님의 발표는 주로 이예 선생에 대한 방대한 자료를 모으는 데에 초점이 맞추어졌다고 생각됩니다. 따라서 저는 토론이라기보다는 이명훈 선생님의 원고를 제가 아는 한도 내에서 조금 더 보충해 도와드릴 수 있는 부분을 찾아보았습니다. 제가 울산에 와서 갖는 처음 공식적인 자리이므로 제 얘기를 먼저 하고 넘어가도록 하겠습니다. 울산에 오기 전에 우연인지는 몰라도 고문서를 공부하면서 문서 하나를 번역한 적이 있는데, 그때에는 그것이 이예의 공패라는 사실밖에 몰랐습니다. 번역한 글을 실었는데, 지금껏 그 공패를 정식으로 소개한 글은 없었던 것으로 알고 있습니다. 그 후에 문화인물로 이예 선생님께서 추천된 것을 들었고 울산에 와서 석계서원 등을 둘러보면서 그분에 대해 잘 알게 되었습니다.

먼저, 토론이라기보다는 제가 도와드릴 부분이 되겠습니다만, 충숙공에게 시를 써 준 문절공은 이행(李行)이 아닐까 생각합니다. 왜냐하면 시대가 맞고 강직한 성향이 비슷하기 때문입니다.

둘째, 울산의 이칭 학성(鶴城)은 고려 성종 때의 별호입니다.

셋째, 리(吏)를 아전이라 번역했는데 아전이라는 것은 조선 후기 개념입니다. 특히 이것은 완전히 중인에게 적용되는 용어입니다. 지방 세력으로 보신다면 향리로 통일하시는 것이 좋습니다. 그렇지 않으면 정체가 모호해집니다. 향리를 중인으로 보는 것은 무리가 있고, 조선 전기에 향리출신으로 급제한 사람도 있었습니다. 학계의 견해도 2신분제와 4신분제로 나뉘어 있는데 조선 전기는 확실히 2신분제에 가깝기 때문에 조심스럽게 접근하실 필요가 있다고 생각합니다.

이예 개인의 성격과 역할에 관해서는 이번 발표에서 분명히 규명되었다고 생각합니다만, 제가 보완하고 싶은 점이 하나 있습니다. 어떤 인간이 어떠한 성향을 갖기까지는 주변의 영향이 분명히 크다고 생각합니다. 즉 성향은 어린 나이에 이미 형성된다고 하는데, 발표에서는 이예 선생님의 실무적인 면이 많이 강조되었습니다. 이예 선생님의 경우에는 향리이기 때문에 공부를 덧셈뺄셈에서부터 시작하고, 이두에서 출발합니다. 그래서 성향 자체가 그가 속해 있는 계층, 가족 등의 영향을 받았다고 생각합니다. 그래서 제가 주목한 부분은 이예가 왜적을 따라가서 지방관을 구한 것은 용감한 행위이지만 그것이 그분의 기관(記官)이라는 책무와 깊은 관계가 있을 것이라고 생각합니다.

고려시대 향리의 관청을 읍사(邑司)라고 하는데 읍사는 독자적인 권력기구로 기능했습니다. 지방관이 향리에게 말로 전달하는 것이 아니라 문서로 전달하고 읍사에서도 지방관청에게 문서로 전달했습니다. 그만큼 관계가 독립적이었습니다. 향리조직의 이와 같은 성격은 조선 초까지 상당 부분 지속됩니다. 향리가 육방관속으로 표현되면서 지방관에게 직속되는 체제는 그 이후의 일입니다. 그리고 고려시대 향리 조직은 역할에 따라

세 계층으로 나뉘며 몇 개의 성씨로 구성되는데, 여러 대에 걸쳐 통혼하면서 전체가 하나의 친족집단을 이루게 됩니다.

 고려 후기에 지방관의 권한이 강해지면서 지방관에게 직속되어 서기(書記) 역할을 하는 향리들이 차출되어 나가는데 이들을 기관(記官)이라고 부릅니다. 이 기관은 지방관의 권한이 강화되면서 점차 실무직까지 장악하게 됩니다. 충숙공 이예가 활동하던 시기는 고려시대와 비슷하면서도 일부 하급 향리가 기관이 되어 지방관에 직속된 과도기라고 할 수 있습니다. 따라서 충숙공은 직무상 울산군수와 가깝고 책임도 무거웠을 것으로 생각됩니다. 이예가 관청의 은물(銀物)을 가지고 자진해서 왜적을 따라간 데에는 관장에게 직속된 기관(記官)이라는 직책과 그에 따른 의무감이 크게 작용했을 가능성이 있습니다. 젊은 이예가 관청의 은물을 마음대로 가져갔다고 보기는 어렵습니다. 향리 전체가 그에게 주어 보냈다고 볼 수 있습니다. 그래서 향리의 일원이라는 점과 기관이라는 점을 고려해야 관장(官長) 이은을 구출하게 되는 경위를 이해할 수 있다고 생각합니다.

[이명훈] 말씀 잘 들었습니다. 첫째, 문절공이 이행(李行)이 아니겠느냐는 지적이 있었습니다. 옳은 말씀입니다. 이 논문을 준비하는 동안에는 잘 몰랐습니다만, 원고를 보낸 뒤에 이 점을 발견하게 되었습니다. 아까 발표 때 언급된 독곡집에 실린 시는 기우자(騎牛子)가 쓴 시인데, 이 시가 이행의 시와 비슷하다는 것을 알게 되었습니

다. 그래서 기우자가 누구인지 찾아본 결과 바로 이행 선생이었고 이분의 시호가 문절공(文節公)이었습니다.

둘째, 학성이라고 하는 칭호가 고려시대의 울산의 별호라고 말씀해 주셨는데 저도 그 점에 대해서는 적확한 말씀이시라고 생각합니다. 학성이라고 하는 별호에 대해서 실제로『세종실록지리지』와『동국여지승람』에 나와 있는데, "학성이라고 한다"라고만 나와 있습니다. 학성이라고 부르기 시작한 시기에 대해서는 두 사료 모두에 정확하게 언급되어 있지 않았습니다. 그런데『대동지지』에는 고려 성종 때에 지어진 것이라고 명기되어 있습니다. 이종서 선생님께서 지적해 주셔서 감사합니다.

셋째, 아전이라고 부르는 대신 향리로 부르는 것이 옳지 않겠느냐는 말씀과 조선 전기까지는 중인이라는 계급이 없었던 것이 아닌가라는 말씀이 있었습니다. 향리라고 할 때, 아전을 둘로 나누어서 서울에서 근무하는 아전과 지방에서 근무하는 아전이 있습니다. 서울에서 근무하는 아전을 경아전, 지방에서 근무하는 아전을 외아전 혹은 향리라고 불렀습니다. 아전을 통틀어서 향리라고 부르는 것은 정확하지 않겠습니다만, 충숙공은 분명히 울산이라고 하는 지역에서 아전이었기 때문에 향리라고 해도 문제가 없다고 생각합니다. 중인이라고 단정하는 것은 부적합할 것 같다는 말씀도 매우 좋은 지적이라고 생각합니다.

그리고, 충숙공의 성격을 이야기할 때 이두를 배우는 계층과 한문을 배우는 계층으로 구별하여 파악하는 것이 좋겠다는 말씀이 있었습니다. 그러나 충숙공이 향리였다가 입신해서 사대부계급으로 올라가신 것이 20대였기 때문에 그 이후에도 충분히 학문을 닦으실 기회가 있었을 것으로 생각합니다.

그 뒤에 기관과 호장에 대해서 말씀해 주신 것은 귀한 정보로 받아들이도록 하겠습니다.

[이종서]   제가 드렸던 이두와 관련한 말씀은 통상적인 얘기이고 양반들도 이두를 했었습니다. 이예의 공패도 아주 좋은 이두문인데요, 제가 말씀드린 것은 성향의 문제입니다. 신숙주와 비교했을 때 신숙주는 왜(倭)를 천시하는 데에 반해 이예의 경우에는 그런 면이 보이지 않습니다. 그것은 성장배경에 의해 영향을 받은 것이 아니냐 하는 면을 고려하자는 취지에서 말씀드렸습니다.

[민덕기]   이제 마지막 토론입니다. 사에키 선생님께서 잘 알려지지 않은 자료로 여러 가지 귀중한 연구 성과를 내놓으셨는데요, 이에 대해서 국사편찬위원회의 이훈 선생님께서 토론해 주시겠습니다.

[이훈]   저는 주로 조선후기한일관계사를 공부해 왔는데요, 조선 후기보다 훨씬 복잡하고 다양한 사에키 선생님의 논문을 읽고 이해하기 벅찬 부분이 있었습니다. 오늘 토론은 사에키 선생님의 논문에 대한 의의를 먼저 말씀드린 후, 질문은 제가 모르는 사항들을 중심으로 나중에 드리도록 하겠습니다.

사에키 선생님 논문의 의의는 조선 전기의 한일관계를 대마도 안의 권력관계와 연관시켜서 본 점이라고 할 수 있습니다. 조선 전기의 한일관계를 소선의 통제징책이니 통교구조 변화를 대상으로 시기구분해서 본 연구는 한국에도 있었습니다. 1419년 대마도 토벌 이후 조선 주도로 對일본 통교 구조를 정비하는 가운데에서 조선을 방문하는 여러 통교자들에 대하여 조선이 대마도주로 하여금 문인을 발행할 수 있는 권리를 독점하게 했습니다. 이것이 대마도의 중간 통교자로서의 위치를 확립하고 도내에서의 입지를 강화하는 데에 영향을 주었다고 이해하는 것이 기존연구에서의 경향이라 할 수 있습니다.

그러나 오늘 사에키 선생님 발표에서는, 조선으로부터 받은 여러 가지 특혜를 대마도주가 도내 권력 강화에 있어서 어떻게 운용하였는지에 대하여, 특히 1443년 계해약조 이후에 세견선 파견에 대한 권익 분배를 도내세력 통제와 관련시켜서 구체적인 사료를 들어가며 밝혔습니다. 이 점이 사에키 선생님의 발표에서 특히 주목해야 할 부분으로 생각됩니다. 조선과의 통교를 대마도 내의 정치사와 관련시켜 보는 시각은 한일관계사 연구자들에게 많은 자극이 되리라고 생각됩니다.

이제 질문을 드리기로 하겠습니다. 하나씩 질문하고 그에 대한 답변을 받도록 하겠습니다.

먼저 첫 번째 질문입니다. 조선과 대마도와의 관계를 변화의 계기를 바탕으로 나누어, 획기적인 변화를 가져온 시기를 전기 왜구진압 이후 실시된 왜인 통제책으로서의 삼포 운영을 지적하고 계십니다. 특히 삼포의 항거왜(恒居倭)에 대한 인구조사를 보면 제포는 308호에 1,731명, 절이 11개, 승려가 다섯 명으로, 조선 후기 부산 초량의 규모보다도 더 큰데요. 사에키 선생님은 대마도주가 이들에게 대마도 내의 종교 행사에 대한 비용 조달을 명하는 문서를 발급했음을 예로 들면서, "삼포는 대마도 주민에게 있어서 대마도 사회의 연장적인 위치에 있었다"라고 하셨습니다. 그런데 대마도 사회의 연장적인 위치에 있었다고 하는 것은 어떤 의미인지요?

[사에키 코우지]   일단 전제로 한 것은 삼포 항거 왜인의 대부분이 쓰시마(대마도) 도민이었다는 것을 들겠습니다. 자료에 제시한 부분에서는 권진행사, 종교활동에 대한 기부를 말씀드렸는데요, 그것은 일반적으로 쓰시마 도내나 일본 국내에서 행한 것이 일반적입니다. 그것처럼 기부금을 모으는 행사는 기본적으로 대마도 안이나 일본 국내에서 행하는 것이 원칙적인데, 일본 대마도민이 삼포에 나가서 거기에 살았던 대마도민들에게 기부행사를 권유했다는 것 자체가 대마도민이 삼포를 대마도의 한 연장선에서 인식했다고 판단한 이유입니다.

다음으로, 항거왜(恒居倭)에 대한 통제조치로서 귀국 외에 다른 조치가 없었느냐에 대한 질문에 대한 대답인데요. 그 당시에 항거왜인들에 대해서 상당히 많은 권리를 주고 있습니다. 그렇지만 그들에게 거주지의 제한을 두어서 왜관 거주지의 관문을 벗어나지 못하게 했다고 그러지요. 그렇지만 일본사람들이 관문을 벗어나서 밀무역을 한다든지 불법어업을 한다든지 그런 일이 실은 있기도 했습니다.

[민덕기]   시간이 많지 않기 때문에, 질문과 답변을 다 듣고, 신충균 교수님께서 통역을 하고, 그리고 발표자가 간단하게 답변해 주시는 것으로 하면 좋겠습니다.

[이훈] 　　예, 그럼 두 번째 질문을 드리겠습니다. 삼포 지정 및 문인 발급은 주로 대마도 내 흥리왜인들을 대상으로 한 것들이 많은데, 흥리왜인의 행방은 계해약조나 삼포왜란 이후에 어떻게 변화해 가는지요?
　　세 번째로, 계해약조 이후 세견선에 대한 권익을 가신에 대한 지행으로 부여하는 사례로 제시한 1513년의 사료에, 도주 세견선 이외에 히젠 치바도노쇼를 주었다는 부분이 있습니다. 즉, 대마도주 종씨(宗氏)가 1515년 이전의 어느 시점에서 치바씨(千葉氏)의 세견선 파견에 대한 권리를 이미 획득한 것으로 보고 계시는데, 왜 권익이 종씨에게 넘어온 이후에도 종씨 제 몇 대손 등과 같은 종씨 명의 대신에 치바씨라는 명의를 그대로 사용하고 있는지, 가신을 상대로 하는 대내 문서에 치바씨라는 명칭이 사라지지 않는 것은 당시 일본 사회의 어떤 상황을 반영하는 것인지 알고 싶습니다.

[사에키 코우지] 　두 번째 질문에 대한 대답인데요. 일본 중세 자료를 보면, 흥리왜인들의 활동은 여전히 남아 있었다고 합니다. 그것이 거의 없어진 것은 임진왜란 이후라고 합니다. 도주 50척을 세견선으로 가지고 있는데, 치바도노쇼라는 명의를 계속 사용한다는 것은 50척 이외의 다른 것들을 소유할 수 있게 되는 그런 것들을 납품하게 됩니다.

[이훈] 　　네 번째 질문은 위의 세 번째 질문과 같은 맥락이기 때문에 생략하겠습니다. 다섯 번째 질문입니다. 1510년 삼포왜란 이후의 임신약조 이후에 세견선 감소 및 조선의 대일 사행 파견 감소가 위사(僞使)의 발생 배경으로 지적되고 있는데, 사에키 선생님의 경우에는 대마

도의 위사 활동 시기를 15세기 후반으로 올려 잡는 것인지를 알고 싶습니다.

[사에키 코우지] 아까 세 번째 질문에 대한 통역에서 대답이 잘 이뤄지지 않은 것 같아서 제가 다시 질문을 드렸습니다. 대내(大內) 문서에서도 치바도노쇼라는 말을 계속 사용하고 있는 것은 대내(大內)에서도 만약에 소오씨(宗氏) 세견선이 50척을 넘게 되면 많이 갖고 있지 않으나 저항이 있을 것 같아서 자기들이 갖고 있는 것은 그냥 50척으로 해 두고 다른 사람의 명의를 사용했다고 그런 주지의 대답을 해 주셨습니다.

종래에는 1510년의 삼포왜란, 또 임신약조 이후에 위사(僞使)가 발생했다고 일반적으로 지적되어 왔습니다. 최근의 일본 학계에서는 위사의 활동이 15세기 중반, 특히 1450년대에 발생해서 1460년대 후반에 피크를 이루고 그것이 16세기에 이어지고 있다고 보는 의견이 주류를 이루고 있습니다. 저도 그와 같은 의견에 찬동을 하고 있습니다.

[이훈] 그러면 여섯 번째 질문을 드리겠습니다. 1510년 삼포왜란 이후 임신약조나 사량진왜변 이후의 약조에서는 조선의 대마도주에 대한 세견선 파견 감소 조치가 드러납니다. 이는 대마도주와 가신과의 관계에서 보면 일종의 구조조정으로 볼 수 있는데, 이것이 16세기에 들어 대마도 내에서 대마도주의 위치를 더 공고하게 했다고 볼 수 있을까요?

마지막 질문입니다. 최근 일본 중세 대외관계사 연구에서 동아시아 해역이나 환지나해에 면한 국가와 지역

간의 교류를 이해하기 위해서 위사(僞使)가 중요한 연구 주제의 하나로 부각되고 있는데, 위사의 문제는 한국에서도 15, 16세기 조선과 주변 지역의 교류실태를 규명하기 위한 주제가 된다고 생각됩니다. 『조선왕조실록』은 위사의 실태를 밝히는 데에 어느 정도 도움이 되는 자료라고 보십니까? 그 두 가지에 대해서 말씀해 주십시오.

[사에키 코우지]　예, 세견선 감소를 먼저 말씀하셨는데요. 임신약조 이후에 세견선이 50척에서 25척으로 감소하게 되는데, 이 외에도 여러 권익들을 도주가 잃게 됩니다. 그 이전까지는 소오씨(宗氏)가 조선 관계에 있어서 가신들에게 자신의 권익을 지행으로서 부여하고 자신들의 권력을 계속 유지해 왔었습니다. 세견선이 줄어들었다는 것은 권력이 감소했다는 결과가 되는 것이죠. 도주의 권리가 약화되었는데, 사실 이 이후로 쓰시마 도내에서 많은 반발들이 일어나게 됩니다. 그러자 대마도주는 16세기가 되면서 조직석으로 위사(僞使)를 많이 만들어 내게 되는 것이죠.

　　마지막 질문에 대해, 『조선왕조실록』은 조선 전기의 대일관계와 환태평양관계에 있어서 아주 중요한 자료라는 위치는 변하지 않을 것이라고 생각됩니다. 또한 해동제국기도 마찬가지고요. 위사에 한정해서 말씀드리면, 『조선왕조실록』에 보면 그 사람들이 위사라는 것을 조선정부가 명백하게 인식하고 있는 부분이 보입니다. 그런 것들은 당연히 위사 연구의 대상이 되는 것이고요. 실은 조선정부가 위사라고 판단을 못한 부분들이 있습니다. 이것이 더 어려운 문제이지요. 그런 부분들은 15세기 후반이나 16세기에 많이 나타나게 됩니다.

그처럼 조선정부가 위사라고 판단을 못하고 있었던 사람들의 활동에 대한 규명은 『조선왕조실록』 이외의 일본 자료, 또 여타의 자료를 함께 참고하면서 조사를 해야 될 필요가 있다고 생각합니다. 고맙습니다.

[민덕기]　　네, 사회자 능력의 한계 때문에 시간이 늦어졌습니다. 마지막으로 오늘의 리셉션과 내일의 일정에 대해서 말씀해 주십시오.

[한문종]　　이 행사가 끝난 후에 리셉션을 갖게 되겠습니다. 그리고 내일은 울산지역 역사유적과 충숙공 유적의 답사를 실시할 예정입니다. 학술행사에서 발표와 토론을 해 주신 선생님들과, 청중 가운데 답사에 참여하고 싶은 분은 내일 8시40분까지 울산롯데호텔 앞으로 나와 주시기 바랍니다.

[민덕기]　　긴 시간 경청해 주신 방청석의 여러분, 한일관계사학회 회원님들과 발표와 토론을 해 주신 교수님들께 감사드립니다. 박수 부탁드립니다. 이상으로 '충숙공 이예의 역사적 재조명'에 대한 국제학술대회를 마치겠습니다.

《국제학술대회 일정표》

주제: 忠肅公 李藝의 역사적 재조명
주최: 충숙공이예선양회
주관: 한일관계사학회
후원: 울산광역시
일시: 2005. 7. 8(금)~7. 9(토)
장소: 울산광역시 울산롯데호텔 대연회장

2005년 7월 8일(금)

제1부: 개회 및 기조강연(10:00-10:40)　　　사회: 남상호(경기대)
개회사: 한일관계사학회 회장 연민수
환영사: 충숙공이예선양회 회장 이두철
축사: 울산광역시장 박맹우

기조강연 1: 이원순(전 국사편찬위원회 위원장, 서울대 명예교수)
기조강연 2: 永留久惠(對馬市 문화재위원장, 芳洲會 회장)

제2부: 주제 발표
* 오전 발표(10:50-12:00)　　　사회: 남상호
 · 李藝의 일본 인식: 하우봉(전북대)
 · 『鶴坡先生實記』의 綜合的 檢討: 中田 稔(橫浜大)

* 점심식사(12:00-13:30)

* 오후 발표(13:30-15:50)   사회: 김동명(국민대)
- 세종대 李藝의 대일교섭 활동: 한문종(전북대)
- 세종대의 대일통신사 李藝: 이명훈(고려대)
- 조선 전기 한일관계와 염포연구: 손승철(강원대)
- 朝鮮前期 韓日關係와 對馬島: 佐伯 弘次(九州大)

제3부: 종합 토론(16:00-18:00)   사회: 민덕기(청주대)
- Kenneth R. Robinson(國際基督敎大學)
- 유재춘(강원대) · 지두환(국민대)
- 이종서(울산대) · 김동철(부산대) · 이훈(국사편찬위원회)

제4부: 리셉션(18:30-20:00)/ 울산롯데호텔

2005년 7월 9일(토)

- **충숙공 유적 답사**(충숙공유허비 · 석계서원 · 용연서원)
- **한일역사 유적 탐방**(염포 · 울산왜성 · 박제상 유적지 · 천전리 암각화)